安全管理與社會

虞 義 輝 編 著

文 史 哲 學 集 成
文史哲出版社印行

國家圖書館出版品預行編目資料

安全管理與社會 / 虞義輝編著. -- 初版 --
臺北市：文史哲, 民 100.01
頁; 公分（文史哲學集成；593）
參考書目：頁
ISBN 978-957-549-947-1(平裝)

1 公共安全 2. 安全教育

575.864 100000866

文史哲學集成 593

安全管理與社會

編著者：虞義輝
出版者：文史哲出版社
http:// www.lapen.com.tw
e-mail：lapen@ms74.hinet.net
登記證字號：行政院新聞局版臺業字五三三七號
發行人：彭正雄
發行所：文史哲出版社
印刷者：文史哲出版社
臺北市羅斯福路一段七十二巷四號
郵政劃撥帳號：一六一八〇一七五
電話886-2-23511028・傳真886-2-23965656

實價新臺幣六〇〇元

中華民國一百年（2011）元月初版

ISBN 978-957-549-947-1 00593

自　序

美國 911 恐怖攻擊事件以後，整個國際社會籠罩在一種不安、恐懼甚至無助的氣氛下，社會上到處瀰漫著要如何加強各項防範措施，如何強化安全作爲，首當其衝是機場安全檢查的不斷提升與強化，以及政府辦公大樓的安檢措施，接者國際知名旅遊觀光景點、國際飯店遭到恐怖攻擊後，又開始加強觀光地區、飯店旅館的內部控管與安全措施，這一連串的安全管理作爲引起社會上普遍、全面的關注，各行各業爲安撫不安的人心，無不打著「安全管理」的行銷口號與策略來招攬生意，塑造品牌，大打知名度。無形中，國際社會、台灣社會上對「安全管理」掀起了高度的重視與關注。

筆者雖從事安全管理實務工作數十年，但並未特別注意此類安全管理書籍在市面上或教學上的實際出版狀況，兩年前想找一本有關社會上如何從事安全管理的教科書，卻讓我有些失望，雖然社會各階層對安全管理的重心已轉移至各行業，但筆者發現國內外、大陸與「安全管理」有關之書籍，誰然很多，但幾乎仍著重在「工業安全管理」方面，如煤礦工廠、化學工廠、衛生、消防安全管理等範疇，對於美國 911 恐怖攻擊事件發生後，社會上面臨的各種危機、風險與安全管理方面之書籍並無一本較完整之教材可供學生參考。因

此，筆者綜攬國內外及大陸相關安全管理之書籍，將較符合今天社會實際所需之有關之資料收集彙整，並加入個人之觀察瞭解編成這本教科書，希望能讓同學對今天社會上所重視的安全管理有一個正確的方向、觀念和整體的面貌。但不可否認，安全管理涵蓋範疇甚廣。基本上在一個民主社會，安全分工可區分爲三個不同的領域，即國家安全（National Security）、公共安全（Public Security）和私域安全（Private Security）。國家安全強調的是主權的完整、國土的確保，軍隊是保障國家安全的主要力量；公共安全著重的是社會的安定、人民的安居，警察是維護社會安定的主要力量；私域安全則側重在企業與社區的安全、特定目標的保護，保全與物業管理業者是的主要力量。

而本書的範疇主要以公共安全和私域安全爲研究的重點，也就是整個社會的安全管理爲核心，當然本書不足之處仍非常多，要如何明確定位、分類恐仍有許多地方需要進一步釐清，也希望能藉此拋磚引玉，讓更多的學者、專家共同來思考，如何讓安全管理和今天的社會更加緊密結合。

本書共分五篇二十章，分別爲第一篇：認識安全管理、第二篇：安全與不安全行爲探討、第三篇：認識事故與處理、第四篇：企業 社區與公務機關之安全管理、第五篇心理協助與緊急避難等五大部分。最後也要感謝銘傳大學安全管理系各位老師的支持、鼓勵，以及同學張淑卿對本書相關資料繕打與校對所做的努力。

虞 義 輝 序於銘傳大學安全管理系
中華民國一百年元月九日

安全管理與社會

目　　次

第一篇

認識安全管理

第一章　安全管理緣起、轉型、架構、定義、內涵

第一節　安全管理緣起與發展

一、安全管理發展歷史及現狀

（一）安全管理的緣起

安全問題是伴隨著社會生產而產生和發展的。我國古代在生產中就積累了一些安全防護的經驗。隋代醫學家巢元方所著《病源諸侯論》醫書中就記有凡進古井深洞，必須先放入羽毛，如觀其旋轉，說明有毒氣上浮，變不得入內。明代科學家宋應星所著《天工開物》中記述了採煤時防止瓦斯中毒的方法，“深至丈許，方始得煤，初見煤端時，毒氣灼人，有將具竹鑿去中節，尖銳其末，插入炭中，其毒煙從竹中透上”就有著安全管理的雛形。而孟元志所著《東京夢華錄》一書記述的北宋首都汴京（現河南開封）嚴密的消防組織就已顯示出較高的安全管理概念：“每坊卷三百步許，有軍巡

鋪一所，鋪兵五人”，“高處磚砌望火樓，樓上有人卓望，下有官屋數間，屯駐軍兵百餘人。乃有救火家事，謂如大小桶、酒子、麻塔、斧鋸、梯子、火叉、火索、鐵錨之類”，一旦發生火警，由騎兵馳報各有關部門。

在世界範圍內，18 世紀中時，蒸氣機的發明引起了一場工業革命。傳統的手工業勞動逐漸爲大規模的機器生產所代替，生產率大大提高。但工人們在極其惡劣的環境下，每天勞動 10 小時以上，傷亡事故接連發生，工人健康受到嚴重摧殘。這迫使工人奮起反抗，維護自身的安全和健康。此舉得到了社會的進步人士的同情與支持。19 世紀初，英、法、比利時等國相繼頒布了安全法令，如英國 1802 年通過的紡織廠和其他工廠學徒健康風險保護法，1802 年比利時制訂的礦場檢查法案及公眾危害防止法案等。另一方面，由於事故造成的巨大經濟損失以及事故訴訟中所支付的巨額費用，使資本家出自自身利益，也要考慮和關注安全問題，這些都促進了安全技術和安全管理的發展。

進入 20 世紀以後，工業發展發展迅速，環境汙染和重大工業事故相繼發生，職業危害也日益嚴重。如 1984 年 12 月 3 日，美國聯合碳化物公司在印度博帕爾市的醫藥廠發生毒氣洩漏事故，45 噸劇毒物質甲基異氰酯使 3500 多人喪生，20 萬人受到不同程度的傷害，空氣、水等被嚴重污染，損失數以億計。1986 年 1 月 28 日，美國航天飛機挑戰者號在起飛 73s 後，由於機械事故不幸爆炸，7 名宇航員遇難。1986 年 4 月 26 日，前蘇聯基輔的切爾諾貝利核電廠第 4 號反應堆爆炸起火，大量放射性物質外溢，造成 7 人死亡，35 人重傷，

229 人受到嚴重的核輻射。這些震驚世界的慘禍，在社會上引起強烈的迴響，也使對安全的呼聲日益高漲。

與此同時，由於一系列惡性事故的發生，也使得人們對勞動安全與衛生這一在現代科學技術和工業發展中的重大課題，越來越給予廣泛的關注。1929 年，美國的海因里希發表了著名的《工業事故預防》一書，比較系統地闡述了安全管理的思想和經驗。美、英等發達國家，也相繼在 70 年代初建立了職業安全衛生法規，設立了相應的執法機構和研究機構，加大了安全衛生教育的力度，包括在高等院校設立安全類專業、開設安全類課程等，並通過各類組織對各類人員採用了形式多樣的培訓方法，重視安全技術開發工作，提出了一系列的有關安全分析、危險評價和風險管理的理論和方法，使得安全管理水平有了較大的提高，也促進了這些國家的安全工作的飛速發展，取得了較好的效果。

20 世紀 90 年代以來，國際上又進一步提出了“可持續發展”的口號，人們也充分認識到了安全問題與可持續發展間的辨證辦法，進而又提出了職業安全衛生管理體系（OHSMS）的基本概念和實施方法，使安全管理工作走向了標準化和現代化。

從安全管理的發展過程，我們可以看出，安全管理的發展是隨著工業生產的發展和人們的安全需求的逐步提高而進行的。初期階段的安全管理，可以說是純粹的事後管理，即完全被動地面對事故，無奈地承受事故造成的損失；在積累了一定的經驗和教訓之後，管理者採用了條例管理的方式，即事故後總結經驗教訓，制定出一系列的規章制度來約束人的行爲，或採取一定的安全技術措施控制系統或設備狀態，避免事故的再發生，這時已經有了事故預防的觀念。而職業安全管理體系的誕生則爲現代化安全管理的重要標誌。

（二）安全管理的演進

安全管理的實踐，係人類根據經驗法則，很早就運用「實體屏障」和「責任分工」來維護自身的安全，但是安全管理的學術研究卻是近幾年逐漸蓬勃的現象。

根據考古學家的研究，史前人類已經懂得使用不同的方法追求人安和物安，例如將居所置於懸崖上的山洞、外出打獵時用巨石擋住洞口和夜間時用火堆驅獸。始建於公元前 400 年的中國萬里長城，用以阻絕北方遊牧民族的入侵，其功用一直發揮到 17 世紀，被安全管理專家公認爲史上最偉大的安全建構。

前述的種種安全措施，安全管理學者通常將它們歸類爲「實體屏障」（Physical Barriers），實體屏障的功用在於防制外力的入侵，以達成人安和物安的目的，即使在今日的社會，實體屏障仍然是被人們廣泛的應用，例如人們在住家週圍興建圍牆、軍隊在陣地鋪設鐵絲網和挖掘壕溝。

除了實體屏障的運用外，安全管理實踐的另外一個重要策略是「責任的分工」（Division of Labor）。這個策略的基本假設是人人都需要安全，可是僅藉個人一己之力，是無法全天候照顧到己身的安全，更無法跨地區照料到所有財產的安全；但是如果將這個責任託付給專人、專責來處理，安全的境界將比較可能有效達成。

1.安全管理演進的三階段

（1）第一階段：從工業社會到 20 世紀 50 年代，事故學理論

工業社會初期人類對事故的防範無能為力也無概念，到 30 年代美安全工程師海因里希發表了『事故致因里論」的研究，奠定了安全管理的基礎。

重點為：以事故為研究的對象和認識為目標。建立在經驗和事後改善的認知上，是屬於「亡羊補牢」式的安全管理。進而形成了以事故為經驗值的分類法。並導出了以「調查、處理、報告」的事故處理模式。進而達到預防同樣事故再發生的意義。

（2）第二階段：50 年代到 80 年代，危險分析與風險控制理論

是以安全系統工程、安全機具、風險分析和評估為理論基礎，並以危險和潛在可能為研究對象，其理論是對事故因果性的認識，及對危險和潛在事件過程的瞭解，建立了事件鏈的概念，進而以人、機具、環境、管理等綜合性的要素為考量。主張以教育和管理為手段，達到事先防範和預先評估的概念，以避免安全事故的發生。

（3）第三階段：90 年代以來，現代安全科學理論

以完整的、獨立的研究對象，追求本質的，適應現代生產方式和環境的理論逐步形成，提出以安全系統為主的思路模式，並以人、物、能量、和信息為要素的安全體系，確立系統本質安全的目標。藉由安全系統、控制、信息、合作、行為、環境、文化全面關照安全理論的研究主軸，進而從人

的觀念、倫理、情感、態度、認知、品德等人文素質提出觀察，達到早期發現、先期預防的要求。

2.英國的公共安全角色

英國國會於 1829 年通過《都會警察法案》之前，世界各國的安全分工不外乎是由軍隊或具濃厚軍事色彩的武力來執行，因此，國家安全和公共治安的分際在那時並不是很清楚；但當皮爾爵士（Sir Robert Peel）在倫敦成立一支強調嚴格訓練、專業服務的警察隊伍時，公共治安的角色就逐漸開始有別於國家安全。

倫敦警察爲突顯它新的形象，穿著不同於當時英軍鮮紅制服的深藍制服，這支有別於傳統捕快的警隊很快地就以專業績效贏得了英國民眾的信任，目前，世界各國的警察組織，無論是大陸派或海洋派，在一定程度上，都與倫敦警察的模式有關。

（三）私人安全產業的興起

1850 年，一位芝加哥警探艾倫・平克頓（Allan Pinkerton）有感於警察辦案往往受到轄區的限制，於是成立平克頓國民偵探社，對企業界提供跨轄區的安全服務，爲現代私人安全產業的起源。

1.美國的私人保全

同一期間，亨利・威爾斯（Henry Wells）和威廉・發哥（William Fargo）合組公司，提供美國東西兩岸之間的運輸服務，由於當時尚屬西部開拓時代，道路治安不佳，公司就雇用武裝警衛和私家偵探。這些私人企業就成爲現代私人保全的先驅，透過他們的努力，私人保全的角色開始逐漸有別於公共治安。

第二次世界大戰結束後，私人保全業在美國更是蓬勃發展，如今在美國，私人保全受雇者的人數已遠超過維護公共治安的警察，約是警察人數的兩倍，而在企業合併的國際潮流下，平克頓國民偵探社已改名平克頓服務公司，是世界知名保全公司 Securita（總公司設在瑞典斯德哥爾摩）的下屬企業，富國公司（Wells Fargo）則成為另一家知名保全公司 Burns International Services Corporation 的分支部門。

2.日本保全業

世界主要工業國家的保全業發展也呈現與美國類似的趨勢，以鄰國日本為例，第一家保全公司成立於 1962 年，兩年後保全業因負責東京奧運警備工作而受到日本企業界的重視，自此日本保全業即蓬勃發展。

1972 年日本制定保全業法，當時日本保全人員計有 41,146 人，迄 2002 年，日本保全員人數已高達 436,810，三十年間成長十倍。同期的日本警察人數約 258,000，以此數換算，日本保全和警察的比例雖沒有美國來得高，但也趨近於兩倍。

3.保全業在台灣的發展

保全業在台灣的發展，始自 1977 年成立的中興保全股份有限公司，1980 年新光保全公司成立。1981 年行政院為管理這個新興的產業，開始研究擬定相關法令，警政署即派員赴日本考察，並參考日本「警備業法」擬訂「保全業管理規則」草案，該草案於 1991 年以「保全業法」的名稱經立法院通過，並經總統明令實施。

自此，保全業在台灣更如雨後春筍般地發展，至 2009 年，已有 569 家登記有案的保全公司。目前，台灣的保全人員雖已超過 4 萬名，但僅及警力之半數，以此數觀之，保全業在台灣似乎仍有很大的成長空間。台灣的第一個保全工會也於 98 年底正式在台北成立，並由中興保全公司董事長王振生擔任第一屆理事長

第二節　安全管理範疇的擴大與轉型

回顧過去安全管理發展的歷史，明顯的發現安全管理的主軸幾乎都在關注工業安全，如煤礦安全、衛生安全、化學安全等……方面。但 2001 年美國 911 恐怖攻擊事件發生後，安全管理的概念產生了重大的轉變，它從原來的工業安全管理重點，擴大到社會各個階層、行業和不同的領域，例如：社區安全管理、機場安全管理、飯店安全管理、國際博覽會安全管理、大型演藝活動會場安全管理等……，同時在政府部門、學術界，都受到高度的關注，並成為一門備受矚目的顯學，美國許多大學紛紛在原有的刑事司法（Criminal Justice）教育的基礎上教授安全管理課程，有的大學甚至成立研究所，致力於安全理論與實踐的研究，例如位於全美第四大城休士頓市中心的休士頓大學城中校區（University of Houston-Downtown，簡稱 UHD），於 2004 年 1 月開始招收安全管理碩士班（Master of Security Management，簡稱 MSM）

的學生。另外 University of New Haven 大學也成立了「安全管理學院」（College of Security Management）。在國內，中央警察大學「安全管理研究中心」也在 96 年 9 月正式設置成立。國內對安全管理的教學、研究，也在 911 之後結合國際整體形勢，做了大幅度的改變與轉型，也因爲這些原因，銘傳大學以高瞻遠矚的「藍海策略」走在時代尖端，掌握此一趨勢，於民國 95 年開始著手規劃成立「安全管理學系」，邀集了學術界、實務界的精英，成立了國內首創的「安全管理學系」。成爲今天台灣各大學「安全管理學」先驅與引領者的龍頭角色。

一、安全管理體系架構

美國 911 事件後，喚起了世人對安全管理的再度重視，也引發了民主社會對安全管理體系的重大轉變，雖然社會各階層對「安全管理」的重心已轉移至各行各業，但對於安全管理的範疇應包含那些仍無定案，作者認爲理想的安全管理應是全面性的，包括國家安全管理和社會安全管理，而社會安全管理又涵蓋公共治安維護和私域安全管理（也就是一般所認知的企業與社區安全管理），唯有這三者緊密結合方能落實安全管理，而本書即以社會安全管理作一初步之探討。

在現代的社會裏，安全分工逐漸區分爲三種不同的領域，即國家安全（National Security）、公共安全（Public Security）和私域安全（Private Security）。國家安全強調的是主權的完整、國土的確保，軍隊是保障國家安全的主要力量；公共安全著重的是社會的安定、人民的安居，警察是維護社會安定的主要力量；私域保全則側重在企業的安全、特定目標的保護，保全與物業管理業者是的主要力量。

民主社會安全管理體系架構圖：

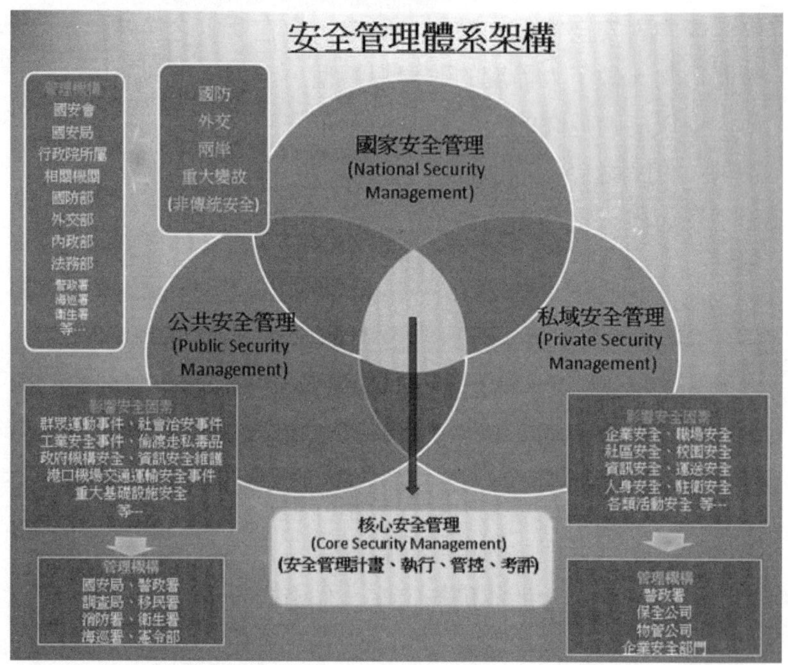

這三種角色的分際並不是很清楚，往往國家安全凌駕公共安全和私域保全的功能。從國家主權的觀點來看，國家安全含蓋公共安全和私人保全功能的做法，並沒有錯，因爲覆巢之下無完卵，國家滅亡了，即使有再好的治安、和保全也沒有用。此外，從歷史的角度來看，當國家安全受到嚴重威脅時，社會治安也往往會因此動盪，私人保全很可能成爲有錢有勢階層的工具，例如淪陷前的南越，因此，從現代安全管理的範疇看，國家安全是根本、公共安全和私域安全是兩大支撐，彼此看似各自獨立但又緊密結合，相輔相成，環環相扣（如上圖），方能確保整體安全管理功能之正常運作與國家、社會、企業之維繫生存。美國在911之後，將二十幾個聯邦執法機構合併成爲國土安全部（Department of Homeland Security），並賦予非常大的權力，就是爲了統合公共安全領域，以達成維護國家安全之最終目的。

二、我國安全管理的基本分工

（一）國家安全：

由國家安全會議主導，國家安全局執行，包括國家安全政策之研究和應變機制之統合。軍事安全是包含在國家安全之中，由國防部主其事。鑑於兩岸關係仍缺乏互信的機制，調查局主管的機關保防，亦屬國家安全領域。

（二）公共安全：

則由行政院主導，警政署、移民署、消防署、海巡署、調查局，各自在職權範圍內爲整體的治安，也就是國土安全而努力。

（三）私域安全：

在專業化、證照化之後，將物業管理與保全業整合成爲與公共治安並駕齊驅的主力。

而這三者的關係，公共安全與私人保全是合作關係、國家安全與公共治安是統合關係，接受國家安全的指導，而私人保全與國家安全是協調關係，當這三方面做好時，即達到所謂的安全和諧的社會，亦即沒有意外、沒有事件的境界。

第三節　安全管理概念、定義、內涵

一、什麼是「安全管理」？

（一）安全管理的概念

「安全管理」這個名詞是由兩個概念組成：「安全」和「管理」。「安全代表一種穩定的、在一定程度內可以預期的環境，讓個人或團體可以在追求目標時，不受干擾或傷害，也不必擔心任何動亂或意外」，簡單地說安全是一種無憂無慮的感覺。讓人們可以正常的從事各種活動。也就是英文的 Safety（No accident）和 Security（No incident）。

（二）安全的內涵

安全的內涵可區分成兩個層次，也就是英文的 Safety 和 Security，兩者在中文都是指安全，但是 Safety 指的是「沒有意外」（No accident），而 Security 指的則是「沒有事件」（No incident）。

（三）什麼是意外與事件（accident、incident）

例如：

員工在辦公室大理石地板走路摔跤，是意外；監獄發生鬧房、暴動，則是事件。

當意外或事件發生時，無憂無慮的感覺往往就再不存在了，也就是說人們的安全感開始消失了。總而言之，「安全」代表著一種無憂無慮的境界，在這個境界裏，人們得以正常地從事各種活動。

（四）無常即有常

俗語說：月有陰晴圓缺、人有旦夕禍福。這個境界看似簡單，卻不容易達成，因爲世事無常，現實生活中有太多的不確定因素威脅到安全的境界，這些因素包括天災（颱風、地震、水災等）、人禍（火災、戰爭、恐怖攻擊、犯罪行爲等）以及各種無法預測的意外（車禍、落石、跌倒）等人爲疏失。

二、現代安全管理的基本特徵

隨著現代企業制度的建立和安全科學技術的發展，大企業更需要發展科學、合理、有效的現代安全管理方法和技術。現代安全管理的意義和特點在於，要變傳統的縱向單因素管理爲現代的橫向綜合安全管理；變傳統的世故管理爲現代的事件與預防管理（變事後型爲預防型）；改變傳統的被動的安全管理轉向爲主動的安全管理；變傳統的靜態安全管理爲現代的動態安全管理；變過去企業只顧生產經濟效益的安全輔助管理爲現代的效益、環境、安全與衛生的綜合效果管理。

現代安全管理的第一重要特徵，就是強調以人爲中心的安全管理，體現以人爲本的科學安全價值觀。安全管理者必須時刻記牢保障員工、參與者的生命安全是安全管理工作的首要任務。

現代安全管理的第二個基本特徵，就是強調全方位的安全管理。也就是要從社會、企業的整體出發，實行全員、全程、全面的安全管理，因爲每一次的意外與不安全事件，幾乎都是那些未被注意、或未被提醒的少數造成。

（一）全員參加安全管理

實踐安全管理必須掌握群眾心理，切實做到專業管理與群眾管理結合，在充分發揮專業管理人員作用的同時，運用各種管理方法吸引全體員工參加安全管理課程，爲企業全員參加安全管理提供了制度上的保證。

（二）全程實施安全管理

系統安全的基本原則就是從一個新系統的規劃、設計階段起，就要加入安全管理的因素，並進一步貫穿於整個系統的壽命期間，直至系統的終結。因此，在企業生產、管理、或各類活動的全部過程都要實施安全管理，去探討、識別、評估、掌握、防範可能出現的危險因素。

（三）全方位實施安全管理

任何有人活動的地方，都會存在不安全因素，都會有發生意外事故的可能性。因此，在任何時段，開展任何工作，都要考慮安全問題，都要實施安全管理。企業的安全管理，不僅僅是專業安全管理部門的專有責任，同時也是企業各部門、各負責人都需分擔的責任，因此要如何做到上下觀念一致、各階層分工明確、方能確保做到全方爲的有效管理。

三、安全管理的定義

在管理系統中，含有多個具有某種特定功能的子系統，安全管理就是其中一個。這個子系統是由社會及企業中有關部門的相應人員組成。該子系統的主要目的就是透防範爲然、彌禍無形的安全管理措施，實現控制意外事故、減少災害損失的目的，使整個社會、企業達到最佳的安全水平，爲員工、參加活動者創造一個安全無慮的環境。因而我們可以給安全管理（Security Management）下這樣一個定義，即：

以安全爲目的，進行有關決策、計畫、組織和控制方面的活動。更具體的說安全管理的定義：是爲使工作或事情能安全平穩的執行，而運用人力、物力和財力等資源，藉由計畫、組織、指揮、協調、控制等管理機能，掌握各種物的不安全因素和人的不安全行爲，和事的不安全狀況，避免發生任何意外傷亡事故，保證工作人員的生命安全和健康，並確保工作環境之安全無慮，使工作、事情、生產或整個活動均能順利進行的過程。

控制事故可以說是安全管理工作的核心，而控制事故最好的方式就是實施事故預防，即通過管理和技術手段的結合，消除事故隱憂，控制不安全行爲，保障員工、顧客、勞動者的安全。

但根據事故的特性可知，由於受技術水平、經濟條件、個人因素等各方面的限制，有些事故是不可能不發生的。因此，控制事故的第二種手段就是應急措施，即通過搶救、疏散、控制等手段，在事故發生後抑制事故的蔓延，把事故的損失減到最小。所以，安全管理就是利用有效的管理手段，將預防意外事故、應急措施與保險補償三種手段有機地結合一起，以達到保障安全的目的。

四、安全管理與管理的差異

「管理」涉及一種綜合科學和藝術的方法或程序，目的在用最少的資源產生最大的效益。管理可以運用到各種領域，舉例來說，將最少的資金產生最大的孳息，可謂之「財務管理」將最少的人力發揮最大的功用時，則成了「人事管理」。同理，當「管理」運用到追求無憂無慮的境界時，就是「安全管理」，它的基本準則是「沒有意外、沒有事件」。

（一）現代社會中安全管理追求的目標是：人安、物安、事安

1.人安：

人安強調的是人身的安全（Personnel Security），係指個人生活上、工作中的安全保障。

2.物安：

物安重視的是實體的安全（Physical Security）係指物品的存放、搬運、管理、設置、操作等之安全保障。

3.事安：

事安著重行政事務處理的安全（Administration Security）

係指日常生活上、工作上、行政事務上、各種活動進行中，必須處理、面對、執行、管理等各種問題上的安全顧慮與保障。例如：大陸海協會長陳雲林訪台整個活動過程之安全維護，台北 2010 花博會期間之安全管理，大型演唱會期間的安全管理規劃執行等。

基本上，安全管理指的是運用管理的專業知能與方法，追求人安、物安和整件事情進行前中後安全的狀態，也就是做到「防患於未然彌禍於無形」的境界。安全管理作爲企業的組成部分，其主要控制的內容是：人的不安全行爲和物的不安全狀態，並以預防傷亡事故的發生，保證工作順利進行，使工作人員處於一種安全的狀態爲主要目標。

結　論

安全管理在現在的社會與未來的發展，將會越來越受到重視，因爲當人們變的越富足、越有錢，企業越做越大時，他的不安全感就越強烈，安全的需求就愈迫切，要化解這樣的疑慮只有透過專業的安全管理技術與安全管理專業人員，才能達到無憂無慮的境界。

而安全管理的事故控制與預防扮演著極重要的作用，主要體現在以下兩個方面：

首先根據事故的分析發現，絕大多數事故的造成，都是由各種原因引起，而這些原因中的 85%左右都與管理緊密相關。也就是說，如果我們做好安全管理，就可以有效地控制 85%左右的事故原因。舉一個最簡單的例子，某單位某一員工在儲藏室內登梯取物時因梯子斷裂而受傷，這是一個安全事故。但經分析發現，其原因可能是由於公司沒有要求對梯子進行定期保養檢查（管理缺陷）、員工不知道該檢查規則的存在（管理失誤）、採購部門購買時未充分考慮梯子的用途與質量（管理失誤）等。上述任何一個原因都與管理者的疏失或管理系統的不經心有著緊密的關係，而這些都是可以是先預防的。

其次「安全第一」的口號幾乎已經響遍了世界各個角落，但幾乎所有人，包括安全工作者都承認，但對於一個企業來說，安全並不是，也不可能是放在第一位，因爲他是付出而無收益的行爲。經濟效益、企業的發展、完成生產任務，才是企業最關心的。安全之所以放在特殊的位置，正是由於其與效益的關係就像水與舟的關係，亦即「水能載舟，亦能覆舟」。只有良好的安全管理才能保證良好的工作效率，只有減少事故的發生才有可能保證經濟效益。郭台銘的富士康員工跳樓事件，正說明了這個問題關連性。

本章重點題目：

一、試論述「安全管理」的定義、概念及其內涵為何？

二、試論述「安全管理」演進可分為哪三階段？

三、試論述我國現今「安全管理」的分工為何？

四、試問現今社會追求「安全管理」的目標為何？

五、試論述現今「安全管理」的特徵為何？

第二章　安全管理人員的定位與職責

第一節　安全管理人員的定位

隨著警察體系的不斷發展，在調查犯罪與追緝嫌疑犯方面，警察開始扮演較重要的角色，政府各機構之間的合作也更密切。隨著公共執法部門的演進，私人公司也從以往偏重於調查轉爲犯罪預防。因此，警衛服務日益增加，多半用於保護財產與維持秩序。但是其他的保護功能由誰提供呢？誰負責規劃與執行這些程序？私人安全管理者與警察的角色有什麼重疊？分際在哪裡？私人安全管理者的職責中有何特別危險之處？如何決定什麼狀況才算是造成威脅，因此可以採取保護行動？回答這些問題之前，必須先釐清「私人安全管理」的角色定義。

一、什麼是私人安全管理？

「私人安全管理」（Private Security Management）這名詞，在使用上雖然都沒有產生問題，但在定義上似乎並沒有達成共識，甚至這名詞是否適合，仍還莫衷一是。例如，美國蘭德公司有部分人認爲應該以「預防損害」（Loss Prevention）來代替安全管理（Security Management），但大部分人仍認爲安全管理這名詞較妥適。

美國蘭德公司對私人安全管理的定義是：不是由政府執法機構所執行的所有保護與預防損害活動，均屬於私人安全管理。詳細的定義如下：

「所謂私人安全管理，係指如私人警察、私人警衛、私人安全人員及管理者，其範疇涵蓋各種私人組織與個人所提供的各種安全相關服務，這些服務包括：規劃、管理、諮詢、調查、保全、警衛、巡邏、測謊、警報與運送服務等。」

另外一種看法，認爲「準公共警察」（Quasi-public Police），也就是一般所謂的「義警、義交、義消」應該除外，因爲基本上「準公共警察」雖然有時也會協助執行私人安全功能，卻是由政府提供經費，因此，不能算是私人安全管理。其分別在於，私人安全管理人員一定是營利組織或私人公司所僱用，獲利動機與利潤來源是「私人安全管理」的基本因素；而不是非營利組織或是政府機構所僱用。因此，對私人安全管理的定義認爲是：

「所謂的『私人安全管理』應包括：自己開業的個人以及民營的企業與組職，他們提供安全相關的服務給客戶，並且收取費用，目的在於保護客戶的人身、財產或是利益上的安全，免於遭受各種危險與損害。」

雖然這定義也可以被接受，但許多機場、醫院、學校等機構，僱用私人安全警衛，卻不完全是以獲利爲目的。

二、什麼是安全管理人員？

根據美國休士頓大學王曉明教授的論點，認爲執行安全管理工作的人通稱爲「安全經理人」（Security Manager），他們可能會督導一定人數的警衛或是單獨執行安全系統分析規劃的工作，但是安全經理人的業務與安全警衛的工作不可劃上等號，因爲安全警衛偏重技術或勤務執行面，而安全經理人則側重策略管理、規劃層面。此外，安全經理人不一定只是局限在私人產業服務，他們也有可能在公共領域服務，一般言之，可區分爲公務部門（政府部門）與私領域部門，前者如：國家安全局、內政部警政署、消防署、法務部政風司、調查局等官員、法警、負責監獄管理之官員、機場安檢人員、學校學務處、訓導處等安全行政管理人員及教官等；在後者私領域方面，如 101 大樓安全總監、各大公司或企業之安全顧問、經理、國際飯店旅館之安全經理及安全管理從業人員、社區安全經理、飛安人員、銀行、醫院安全人員、保全、警衛人員等，均屬於安全管理人員。

上述無論是在公領域或私領域從事安全管理工作的人員，他們的工作性質、內容與待遇，則視其所接受的教育程度、通過的考試、所受的專業訓練、經驗及所持有的證照，而有很大的差異，這些與大學安全管理課程設計的方向也有密切的關係。因此，廣泛的說，不管在公領域或私領域，凡從事安全管理工作者，均可稱爲安全管理人員，而其職稱則視其服務單位、工作內容、項目、資格有所不同，如公部門的安全局局長、處長、安全官等；私部門的如安全總監、安全顧問、安全主任、經理、保全員或警衛等。而本書探討的重點主要在私領域範疇內的安全管理工作。

第二節　安全管理人員的職責

安全管理人員，是企業中高階層的管理者或負責基層安全工作的人員，是在企業安全管理部門的指導下進行的專業安全工作人員。安全管理人員的基本工作內容與職責就是藉由管理手段，實現控制事故、消除隱患、避免意外、減少損失的目的，使企業、公司達到最佳的安全狀態，爲員工創造一個安全無慮的工作環境，但安全工作人員本身卻很可能會面對許多不確定的危險因素。

一、安全工作者所面對的危險源

危險源通常可以分成人爲的與天然的，私人安全則針對這些危險源提供對應防護措施。天然的危險包括火災、暴風雨、洪水、地震、以及其他引起建築物倒塌、設備毀損、意外與安全災害的自然因素。

人爲危險包括對人身的犯罪行爲（如搶劫、勒索或強暴），或是對財產的犯罪行爲（盜竊、詐欺）。此外，間諜活動、從事破壞活動、騷擾、劫機、炸彈威脅、火災（通常是人爲的，無論是有意或無意造成）、以及意外事故，也都是人爲的。

不同的機構有不同的危險源。化學工廠最容易發生火災與爆炸、百貨公司遭受順手牽羊或是內賊的損失可能最大。每個組織或是機構都必須妥善預防各種危險源，但是在實務上，針對不同的產業，有些特定的危險源必須特別注意。

在某些企業機構或組織裡，持別注重整體的意外防護與一般安全，主要是因爲各單位的性質不同，而關心的焦點也有差異，安全主任或經理必須負起整個團隊的安全責任，因此安全工作也得兼顧其他的損害。雖然有些大工廠設有專職的消防部門，但消防與意外防護大多屬於安全部門的工作。

二、安全管理者的工作重點、內容與權力

安全管理者是一個職責大權力未必相符的工作，凡是涉及安全方面的問題都是其職責範疇，但在實際作爲上，安全管理者只能在有限的權力下，以協調、溝通和建議的方式來開展其安全管理的工作。

（一）安全管理者的工作重點

1.傳播安全知識與信息：

負責向員工傳播有關保護、安全的信息，成爲企業安全部門與基層員工雙向溝通的渠道。一方面，將企業安全部門安全生產的指令、安全規章制度、安全技術知識以及其他部門的工作經驗、環境等傳達給員工；另一方面，將員工對工作環境的有關要求、安全狀態、設備和環境的安全狀態等信息上報給企業部門及各級主管。使組織員工學習認識有關安全法規、政策、規章制度和安全生產技術知識等經驗。

2.預防事故：

對預防事故的活動進行有系統的安排、管理和必要的調整。安全管理人員要全面了解安全方面的各種法規及企業的安全規章制度，了解關於一些設備的安全操作，個體防護用品的使用標準。爲預防事故做好監督工作，包括對各項設施安全狀況的一般檢查，對新進人員的安全訓練與對可能產生特別危險和危害的設備使用操作提醒。爲企業提供有關安全方面的研究建議，並對一段時間內企業發生事故的類型、人數、人員類別和事故原因進行統計分析研究。

3.彙報安全工作：

將部門的安全情況定期（每月、每週、每日）直接向有關主管匯報，報告要包括具體的不安全原因，潛在危險、各種設備、工具、消防用具等的安全狀況，並提出今後應採取的改善措施。

4.開展安全教育：

負責對全體員工進行定期與不定期的安全教育宣導。

5.適時對企業、機構、公司提出有關安全方面的建議。

三、安全管理者的工作內容

企業安全管理工作具有很強的綜合性，既包括具有政策性的社會科學方面的工作，又包括具有複雜的技術性的自然科學方面的工作。因此，爲切實做好企業的安全管理工作，安全管理者必須了解自己的工作內容，以便順利的開展工作。安全管理者的工作內容具體如下：

（一）初步擬定安全管理計畫：

1.檢視或草擬安全管理相關規定是否合宜。

2.制定安全管理規章、制度。

3.制定安全管理活動計劃。

（二）確保工作環境安全：

1.檢查工作環境，並採取相應的改善措施。

2.檢查設備的安全性。

3.注意可能造成的危害。

（三）安全作業管理：

1.確定正確的作業方式。

2.確定工作時間與輪班制度。

3.規範安全器材與危險有害物的使用規定。

（四）安全檢查作業：

1.確立安全檢查制度。

2.設計安全檢查圖表。

3.制定安全檢查標章。

4.選擇安全檢查方式。

5.選擇安全檢查人員。

6.制定安全檢查計劃。

（五）實施安全教育：

1.制定安全教育計畫。
2.選擇安全教育宣導人員。
3.確定安全教育對象。
4.編寫安全教育大綱。
5.開展與安全相關的宣導、訓練。

（六）有關安全事件處理：

1.對意外傷害及工作事故之處理、調查、分析、彙報。
2.對意外傷害及安全事故的後續關照、服務、協助等事項。
3.制止違規或違章現象。

（七）其他方面的安全工作：

1.紀錄及整理有關災害的發生情況。
2.進行安全改善活動。
3.建立與實施安全提案以及表彰制度。
4.實施針對有危險性的各種災害的預防對策演練。
5.接收各種安全指導與資訊。
6.開展安全管理各項交流活動。

四、安全管理者的權力

爲了貫徹安全管理的效能，各企業機構的負責人必須授與安全管理者一定的權力，以便其能在一些快速移動和迅速變化的狀況下採取適當的因應措施以確保員工、顧客或他人的生命、財產安全，其權力如下：

（一）緊急處理權：

當發現工作環境、作業現場有即將發生事故的危險時，安全管理人員有權立即停止作業、撤離現場人員，並直接向企業安全管理部門報告狀況，已採取緊急措施預防事故的發生。

（二）制止違規（法）權：

安全管理人員有權制止任何人的違規指揮和違章作業，制止任何只重經濟效益而忽視安全工作的行爲，並有權將違規情況和可能造成的安全問題向企業安全管理部門和上級安全監管部門彙報。

（三）越級報告權：

對任何拒絕安全管理人員履行其職責所做的行爲，對任何故意違反規定屢勸不聽的行爲，對隱瞞事故的行爲，安全管理人員有權越級報告，請求有關部門調查處理。

（四）學習安全新知權：

安全管理人員爲確保企業、公司員工的整體安全有學習的權利。對國家新頒布的各項安全管理政策、法規、標準以及有關安全方面的新技術、新知識，安全管理人員有權，也應該比一般員工了解更多、更及時，因此有權參加有關安全方面的訓練與知識的學習，以提高自身的素質。

五、安全管理人員的素質要求與職業道德

（一）安全管理人員的素質要求

企業安全、生產管理的好壞，除了企業的領導因素外，在一定程度上取決於企業安全管理人員的素質高低，特別是基層安全管理人員的素質高低，因爲他們的表現直接面對全體工作同仁。安全管理員的素質要求如下：

1.掌握基礎知識：

安全管理人員應該具有基本的科學、醫護、環境認知、社會學、心理學、生理學和其他有關科學的基礎知識，並能把知識、技巧、能力與器械、人和環境條件結合起來，方能預防意外、掌握事故的相關因素。

2.基本的管理能力：

安全管理人員藉由其專業知識，運用到安全工作當中，根據人的心理、生理特點，正確、合理地分配任務，實現最佳的組合，達到有管理的目的。

3.熟悉企業環境的相關知識：

熟悉企業的文化、特性等相關知識，了解企業在安全管理上的危險因素，熟悉現有的安全防護措施。

4.有較強的協調溝通能力：

面對問題時能深入瞭解，具有較強的組織能力、分析能力和綜合協調能力。並有較強的語言表達能力，敢於堅持原則，透過溝通達到安全的目的。

5.**有一定的安全工作經驗：**

安全工作不允許任何差錯，一個完全陌生的新手，本身就是安全管理上的隱憂，因此事前的訓練、實習是必要的過程。

（二）安全管理員的職業道德

安全管理員對社會、企業、員工負有高度的責任，因此安全管理員必須要有良好的職業道德。具體如下：

1.遵守國家有關安全管理的相關法令。

2.客觀、公正地開展安全工作，不弄虛作假，並承擔相應報告上簽署意見的法律責任。

3.維護國家、公眾和所任職企業、機構的合法權益。

4.嚴格保守在工作中所知道的企業、個人技術和商業機密。

5.定期接受業務培訓，不斷更新知識，提高自己的專業技術水準。

第三節　安全管理各階層之職責

一、安全管理部門的安全職責

安全管理部門基本上區分決策階層、部門主管、基層管理者、基層安全工作員四個層級，其主要職責為：

（一）決策階層：

負責企業、公司的整體安全發展方向、安全管理的標準、安全部門的層級、安全幹部的人選、安全管理經費的年度預算。

（二）部門主管的安全職責：

部門主管是一切事故預防的主要動力。有關安全計畫的擬定、效率及成果均是部門主管的主要責任。

1.安全諮詢服務：

對安全問題或其他有關防止事故上提供諮詢服務，並提出消除危險的建議。

2.安全檢查：

定期或不定期會同相關部門實施安全檢查，瞭解各項設備是否安全，安全防護措施是否得當，並提出檢查報告。

3.事故調查：

當接獲事故單位的報告時，應立即會同相關人員實施調查工作，並分析探究原因，提出調查報告。

4.擬定安全管理計畫：

針對單位特性，研擬單位之安全管理計畫。或安全守則之擬訂與修訂，會同現場工作人員及代表擬訂適用之安全守則，每年並加以檢討修正。

5.辦理安全教育訓練：

協助各部門辦理安全工作及預防災害所必要之安全教育訓練。

6.主持安全協調會報：

定期召開安全管理協調會報，掌握全班狀況，做好安全防護措施，轉向決策階層報告。

（三）基層安全管理者的職責

基層安全管理者是事故防止的關鍵人物。由於終日與工作人員接觸，能夠掌握最大最好的機會去以身作則、示範、引導或影響工作人員的安全態度。

1.分擔員工的安全責任：

對屬下的安全負責，所以在危險時刻，有權採取應對措施，以防止事故之發生。

2.負責轄區內人員的安全責任：

有些工作人員並非固定在其監督權限，可能只是暫時在其區域工作，但是，此時基層安全管理者應負起這些工作人員的安全責任，以免在工作中不慎遭受到傷害。

3.工作教導：

應對員工施予工作教導，使之明瞭安全守則、安全作業標準及與工作有關的潛在危險性。

4.安全態度：

必須要有正向的安全態度，也要帶領屬下具有正向的安全態度。

5.安全觀察：

基層安全管理者應隨時對所屬員工進行安全觀察，以便迅速糾正不安全的工作方法。

6.安全巡查：

基層安全管理者每日應巡視自己的轄區一次以上，若發現不安全的狀況，必須隨即導正，有立即危險，應即報告上級主管後停止作業，讓人員撤離到安全場所。

7.事故調查：

轄區發生事故時，應立即報告部門主管，並迅即進行急救、搶救措施，以減少事故繼續惡化。事後並應配合主管進行事故調查，填寫相關資料。

8.防護具檢查：

基層安全管理者在派工時，除要求工作人員檢點個人防護具外，並應檢查，以確保工作人員使用良好的個人防護具。

（四）基層安全員的安全職權

如欲做好安全管理工作，基層安全員扮演關鍵的角色，如每一位基層安全員都能盡本分做好自己的工作，則意外將可避免、損失也會減少。因此，就必須讓基層工作人員瞭解到自身對安全負有絕對的責任，而基層工作人員的參與損失控制工作，是安全管理成功的最大保證。

1.遵守安全法令：

基層安全員於值勤時，務必遵守法令、規定及工作安全守則，要確實執行責任區的檢查工作。

2.遵守安全程序：

基層安全員本身必須熟悉安全作業標準程序並徹底遵守之。

3.使用安全配備：

值勤工作時應嚴格依規定配戴個人防護裝備，使安全成爲自己工作的一部分。

4.隨時報告：

基層安全員一旦受到傷害或發現狀況異常時，應立即向上級報告，並採取因應措施，一面處理、一面報告。

5.安全建議：

對工作環境狀況隨時提出檢討，並提出改善建議。

第四節　保全警衛與政府執法人員的差異

在某些狀況下，警察與私人警衛可能爲相同的個人或是組織。執法人員有時候可能被派保護受到威脅的個人，而私人近身警衛經常受僱執行相同的保護功能。警察通常執行巡邏任務，包括巡視商店或是工廠的外部，但是巡邏也是私人警衛的主要活動之一。活動本身沒有什麼差別。私人安全功能基本上是客戶導向，公家執法人員則是社會或社區導向。

另一個重大差別是有沒有警察權，也就是逮捕的權力。大多數私人安全人員沒有警察權，他們是以平民的身分活動。有些地區以法規或是條例的方式，賦予私人警衛「特殊警察」的身分，在特定的地區或場所行使有限制的逮捕權。特殊警察權的行使當然受到限制，而且他們的行爲是客戶導向、受到客戶所控制的，因此，我們可以很清楚的區分，這些人仍屬於私人安全領域的從業人員。（有些執法人員夜間兼差當私人安全警衛，他的警察權是因爲有公家執法人員的身分，而不是因爲擔任私人警衛，這種情況不在討論之內。）

早在1975年，私人安全服務團就提到，「公家執法人員與私人安全機構應該密切合作，因爲他們防範犯罪的角色是互補的。事實上，犯罪的問題是很重要的，應該排除這兩者之問任何形式的競爭。」不過，即使這兩者的角色相似（實際上，有許多重疊），但究竟還是不相同的。兩者應該是互補的角色，但是實際上：也是相互關連與互動的。大多數公家與私人機構的接觸都是自發性的合作，但是也有造成兩敗俱傷的接觸。

安全專家指出，兩者之問的關係是競合的，這是因爲有幾個關鍵問題：

1.缺乏互相尊重；

2.缺乏溝通；

3.私人安全人員缺乏執法知識；

4.競爭心理；

5.私人安全人員缺乏標準；

6.少數警察形象不佳；

7.管轄區域有衝突，尤其是私人問題（像是企業內賊、縱火）；

8.私人警衛身分混淆；

9.彼此的形象與溝通有問題；

10.執勤的分界不清，或是責任與利益有重疊（像是罷工時的安全問題、交通管制、公共與私人消防人員一起救火時）；

11.警察兼差私人警衛的問題；

12.執法權力的差異，可能導致濫用權力的問題（像是警察下班後是平民，就必須遵守平民逮捕的法規）；

13.警報系統誤報在某些社區超過百分之九十（警察不希望為了誤報空跑一趟）。

警察往往指責私人安全人員處置不當、不遵守法律、訓練不足。私人安全人員總是認爲警察過於自大，以自我爲中心。而且公家執法人員經常兼差，搶走私人安全的工作。即使到了今天，警察還是認爲，私人安全只是對於減少財物犯罪有點貢獻。在減少犯罪案件、逮捕嫌疑犯以及維持治安上，警察認爲私人安全沒有效果。

基本上，兩者之問的衝突是誤會造成的，通常都是不了解對方所扮演的角色即使在自己的領域內，警察與私人安全警衛通常也不了解他們的共同目標是什麼。

一、互補的角色

雖然我們認爲警察局與私人安全公司很難一起爲共同目標努力，其實他們在不知不覺中已經開始一起工作。還有一個錯誤的觀念，以爲公家財產只由警察來保護。其實美國聯邦政府僱用一萬多名外包安全警衛，巡邏美國聯邦政府辦公室與建築物。在許多城市，警察局請私人公司保護法院、公共建築、機場與博物館。在其他方面，通常我們認爲保護私人財產是所有人的責任，不過，發生犯罪案件時，卻是報請當地警察處理。

第三個錯誤觀念是，私人安全公司主要是防止犯罪，而不是調查與逮捕。事實上，在許多大城市，私家偵探每年逮捕的犯人比當地警察還多。此外，某些型態的犯罪已經不再由地方警察局調查，而是由私人安全人員，包括信用卡詐欺、單一的假支票案件，以及一些竊盜案。工作場所日增的藥物與暴力案件，也是屬於私人安全範圍。

某些互補的行為早已存在，那麼應該如何改善兩者對彼此的認知，並且促進雙方的合作？一般認為，有許多方法可以改善雙方的合作。該研究指出，雙方可以合作研究重大的犯罪問題，並且建議一些減少損害的策略。另一個建議就是雙方的檔案應該更自由地交換。私人安全人員通常無法取得犯罪檔案的資料，即使最初這案件是由私人安全所提報，後續發展的資料也無法獲得。

一起舉辦企業犯罪的研討會，有助於雙方瞭解個別的角色，讓雙方分享資訊與經驗，並且了解對方的角色。私人安全在防止犯罪上將會逐漸加重角色，公家執法機構將會更專心處理暴力犯罪與犯罪反應。事實上，大多數安全經理願意接受更多的責任，處理一些罪行較輕的犯罪行為。新增加的安全責任大多是處理竊盜警報、調查輕罪以及其他犯法行為的初步調查。公家機構也願意釋放某些責任領域，因為「由私人安全來執行更合乎成本效益。」這些領域包括大樓安全、停車管理、法院安全。不過，其他有衝突的領域還有待解決。對於許多犯法行為，安全經理經常不報警處理，這是許多警官較關切的地方。安全經理不報警，可能有以下幾個原因：檢察官起訴標準太寬鬆、訴訟的行政程序冗長、法院處理過程可能洩漏組織的管理內幕，以及法院對於企業的損失不太同情。

事實上，私人安全能夠發揮多少效益，就看公家執法機構與私人安全人員能否密切合作。

二、一般建議：

1.提昇私人安全層級：州政府必須制定法規，要求背景查核、訓練、道德規範以及執照等事項。

2.增加私人安全人員的警察知識。

3.擴大互動關係：建立聯合工作小組，雙方應該分享調查資訊與特殊裝備。

4.進行警察功能轉移的檢驗。

本章重點題目：

一、試論述什麼是安全管理人員？

二、試述安全工作者的工作重點及工作內容？

三、試述安全管理者的權力？

四、試說明私人安全警衛與公家執法人員的差異點？

第三章　安全管理的職場認識

第一節　安全管理領域的職場機會

今天在美國的企業裡，安全是管理中不可或缺的一項功能。在三十年前，甚至二十年前，可能聽都沒聽過，不過現在許多公司都設有安全副總裁，直接向總裁報告，對於公司的決策，其影響力不下於營運副總裁或是銷售副總裁。

在不同的企業、產業和政府機構，安全領域的職涯機會也不一樣。許多企業都知道必須將管理的安全功能整合，因此未來可望成爲組織的標準建制。

一、安全領域職場機會增加的因素

安全領域的職涯機會增加，最重要的因素是社會越來越進步，人民的生活水準愈來愈富足，相較之下，不安全的因素與感覺就愈強，同時，安全防護的產品功能、設備、器材急速成長，不斷更新。從 1980 到 2000 年，美國從事私人安全行業的人數增加一倍，達到一百八十萬人。許多研究顯示，安全產品與服務的年成長率在百分之十到十五之間，並且沒有減緩的趨勢。電子科技的快速發展，幾乎每天都會爲安全工作創造新的機會。

美國安全領域的工作機會以及未來發展的有利因素，還包括下列各項：

1. 安全作業日趨專業，這表示教育水準與經驗的標準越來越高，相對地薪水也會增加，尤其是管理階層。
2. 預防損害功能的快速成長，因此具備管理潛能的合格人員因競爭相對減少，機會也增加。
3. 一般企業已經將重點從嚴格稽核控管，轉移到預防計畫或是服務，因此擴大安全功能。
4. 大學增設安全或是犯罪學科的兩年與四年的學位，並且有碩士學位，因此改變了新世代對此領域的看法，受過專業訓練的安全人員也可以進入企業的管理階層。許多公司，尤其是大公司，在僱用時更強調學歷。

女性、黑人以及其他少數族群，他們的需求與潛在貢獻，在安全領域還沒受到重視，這雖然是社會許多領域的普遍的現象，但也因此讓這些族群有更好的發展機會。據研究報告指出，安全領域所雇用的人員分佈不是很平均，不過研究報告也顯示，安全行業的女性從業人數，在過去十五年增加了一倍。少數族群，尤其是黑人，僱用比例則維持在 50%。

二、安全專業領域的職業

無論名稱是預防損害、安全管理還是產業安全，現代安全專業的基本保護功能還是一樣的，安全就是要協助阻止或預防損害。雖然全國犯罪調查與犯罪報告都說犯罪行爲已經減少，但是犯罪所造成的損失來是不斷的增加。每項產品在製造的過程中，總是會有人想要偷竊其生產過程或是紀錄，以獲取非法利益。每種安全設備，總是有人想要破解。卡曼夫（Steven C.Kaverman）是擁有 CPP 證照的專業人員，他指出，這一行業在 1990 年代的發展趨勢將影響到 2000 年以後。他說：「團隊管理概念、不斷變動的勞動力以及教育的需求，是安全專業人員與企業各階層主管將面對的三個議題。」

安全事業就像是執法機構，基本上不會蕭條，尤其是第一線的警衛人員，爲了對抗恐怖份子、電腦犯罪、盜用公款、員工竊盜、工作場所的藥物與暴力、詐欺與商店的順手牽羊，必須對警衛組長與管理階層進行教育訓練。美國勞工部認爲，安全行業是僱用率成長最快速的行業之一。估計公家執法機構僱用一位人員，私人安全行業就僱用三位。預測這趨勢將會不斷持續。

所有的組織都會僱用各階層的安全專業人員，無論是第一線，或是低層、中層、高層管理人員。銀行、大學、政府機構、醫院、公用事業、餐廳、旅館、零售商店、保險公司、博物館、礦業公司、石油公司、超級市場、電信公司、運輸公司以及辦公大樓，都需要執行安全措施。安全人員有許多不同的功能，包括人身保護、電腦安全、優待卷安全（Coupon Security）、災難管理（Disaster Management）、防止犯罪、重要資訊安全、白領犯罪調查、反恐怖主義分子、警衛管理、安全調查、實體安全、危機管理（Crisis Management）、航空安全、隱私與資訊管理、火警預防與安全、以及濫用藥物防止與控制。

美國產業安全學會（ASIS）學院課程委員會建議，想要從事安全工作的學生，應該選的課程包括安全、電腦、電子學、企管、法律、警察學、人事學以及資訊管理。《從事安全工作應有的準備》（suggested Preparation for Careers in Security/Loss Prevention）一書也認同這個建議，編者還建議這些學生應該對於各種紀律規範有詳細的了解，並應該具備通訊、管理與法律的專長，其他如火警與電腦安全，就看個人興趣而定。

（一）安全經理

1996 年，藍傑公司（Langer and Associates）調查發現，具有決策權的安全主管（Security Director），平均年薪爲 67,617 美元。具有三至四年工作經驗的主管，平均年薪爲 53,054 美元；二十五年以上工作經驗的主管，平均年薪則爲 78,363 美元。這比 1994 年的數字，提高了百分之七點二。1996 年的調查發現，高階安全主管（Security Executive）平均有二十五年以上的經驗，並且擁有碩士或博士的學位以及 CPP 安全專業人員證照，且在國防部與能源部都有相當的人脈，雖然平均年薪爲 67,617 美元，不過有許多安全主管年薪超過二十五萬美元。

（二）安全顧問

安全顧問是這領域的專家，銷售的是他們的安全專業知識。有些安全顧問每小時收費超過一百美元，年收人可達二十萬美元。安全顧問提供建議，收取費用，不是爲特定的設

備廠商或公司工作。顧問所提供的建議資訊通常包括三方面:

1.安全人員的數目與運用。

2.安全政策與程序的指導與內容。

3.工安安全硬體的選擇。

顧問也針對特定問題提供訓練研討會，例如對主管的保護與災害處理計畫。安全顧問通常其有調查或安全管理方面的工作經驗，更有許多顧問出版過專文或書籍。由於博士頭銜在法院做證時可以增加顧問的份量，因此完成博士學位很有幫助。民事訴訟越來越多，請「安全專家」上法院做證的需求也增加。

(三) 大型活動展場

近年來日益多元的社會提供了各種大型表演活動機會，如國際知名影歌星的表演、2010 台北國際花卉博覽會、2009 聽障奧運等等活動都需要各類行的安全管理人才，最重要的改變是過去安全管理均附屬在行政管理之下，但近幾年來安全管理已獨立成爲一支主要的工作項目。

(四) 安全服務業

一般而言，外包安全組織的低階安全人員，薪水要比建制內的警衛低。至於較高階層的調查員與其他人員，那就不一定。

MIS 公司(Management Safeguards Inc)總裁亞斯特(Saul Astor)說:「年輕人應該到安全服務組織工作，因爲安全服務成長迅速，未來前途無可限量。我們非常需要優秀的主管，年輕人從事這一行業可以得到很高的薪水。」

優秀的安全主管不像是警察，反而比較像是系統專家、稽查員與教師。亞斯特建議應該擴大教育與經驗的背景，像是會計、工業工程、管理、法律、統計、勞工關係與報告寫作。

另一方面，安全公司的數量不到十年就增加了一倍・也反映出市場對於具備合格技術人才的需求・從警報器的銷售、裝設、與服務，到警報系統的顧問。安全硬體與系統不斷改進・因此能夠提供使用者選擇與操作建議的人，也將大受市場的言睞。

（五）企業界的機會

安全從業人員在工業界最大的機會，還是大公司自行僱用編制內的安全人員。只要有證照或是具備相關的學位，在許多公司都很容易找到工作。

不過，混合制的安全作業模式，使得許多企業對僱用安全主管的需求降低。最大的雇主，像是通用汽申、約翰迪爾（John Deere）、卡特皮拉（Caterpillar），都轉變爲安全人員外包而由企業自行監督的制度。此外，這些工業界巨人都裝設精密的科技設備，也改變對於安全人員的需求。

儘管如此，需要完善安全計畫的大型製造業工廠，對於安全主管還是需求甚殷，不過申請人起碼必須擁有安全或是犯罪學的學士學位。

（六）零售業的機會

零售業提供許多安全的工作機會，從制服警衛的入門職務，到監視順手牽羊的調查員。零售店、連鎖店以及提供暗中監視與購物調查的安全服務公司都有工作機會。今天許多公司自己提供店員與其他調查員訓練，即使這些員工沒有調查的經驗。機警、足智多謀、勇敢與自信，通常要比特殊經驗更重要。

零售業雖有許多不同的作業方式，但安全對於每一項作業方式來說，無論是折扣商店、百貨公司、超級市場等的作業方式，都有相當的影響。另外，存貨損耗對於企業利潤的影響很大，因此大家都開始重視損害阻抑。正如有位零售業主管所說的，不重視損害阻抑的公司，將無法繼續生存。

至於安全相關科系畢業生所應徵的職務以及銷售人員跨領域所從事的安全工作，這些都屬於入門的工作，其中還有許多員工是半工半讀的學生。

（七）健康醫療業的機會

醫院安全警衛佔醫院僱用安全人員的大多數。全國健康醫療安全權威，也是《醫院安全》（Hospital Security）的作者柯林（Russell Colling）指出，警衛如果有心更上一層，可望升任爲督導、調查員、訓練、消防與安全主管的職務。

醫院安全警衛通常比其他行業的警衛薪水更高，因爲責任較多，需要更多的訓練。警衛必須能夠在經常不斷的壓力下，跟醫療團隊、病患與訪客溝通。不過，薪水也是因地而異。

安全主管的職務通常需要四年的大學教育以及相當的實務經驗，柯林認為，醫院安全跟其他領域的安全一樣，未來前途看好。

（八）機場與航空公司的安全

第一線以上的機場與航空公司的安全職務，大多是由執法人員所轉任，尤其是曾任職聯邦調在局的幹員。許多大航空公司的安全主任以及調查員，都曾是聯邦調查局的幹員。

這當然不是航空公司獨有的狀況，一般來說，曾任公家執法機構的幹員，都可以在美國各大企業找到安全職務。由於民營企業普遍認為他們的經驗與素質都很高，所以，胸懷大志的人在聯邦調查局工作一段時間之後，往往可以在企業界，包括航空公司，找到不錯的職務。

在這個安全領域中，要求的條件相當高，幾乎所有的員工都是大學畢業，其中還有許多擁有法律學位，或是多年的聯邦調查局工作經驗。

在機場的安全工作中，光是第一線的警衛就有各種不同的入門職務，尤其是在大機場之中。這個領域相當新，特別是 1960 年代後期劫機事件開始之後。由於法規的要求，機場必須做到實體安全、禁區管制、行李檢查、旅客與隨身行李百分之百篩檢、貨運安全及其他管制，因此需要增加安全人員才能滿足要求。

（九）國際旅館飯店業的安全經理

國際飯店或是高級旅館過去常忽略許多安全責任，雖然近年來法院判決飯店或是汽車旅館因爲沒有做好安全措施，尤其是沒有善盡保護客人責任，因此必須負擔巨額賠償，尤其美國 911 恐怖攻擊事件後，也爲安全人員創造更多的機會。

《飯店與汽車旅館安全》（Hotel and Motel Security）的作者巴茲比（Walter J. Buzby）曾說：「旅館業有許多機會，無論是第一線或是在企業的總公司，對於安全管理人才的需求越來越迫切。」，尤其是大飯店的總部管理階層。另一方面，只要有飯店經驗、安全管理的學位或經歷，進入這一行業很容易，也有很大的升遷空間。

（十）校園安全

全美知名的校園安全顧問包威爾（John W. Powell）——耶魯大學前任安全主任，觀察過去二十五年來的校園安全，認爲這是很有發展潛力的工作機會。許多校園安全工作，薪水高福利好，還有不錯的升遷機會。他們歡迎有進取心的年輕人，尤其是擁有法律學位的人加入。有趣的是，校園安全措施本來比較低調，現在爲了應付日益升高的校園問題，所以提高警衛的可見度，作風也比較像警察。

校園安全部門包括第一線警衛、現場督導、勤務指揮、第一線作業協調員、主任，還有許多特殊的職位，像是調查員與訓練組長。薪水則因各州各校而有不同。

（十一）銀行安全

1968 年，美國聯邦政府頒佈銀行保護法案（Bank Protection Act），銀行安全必須遵此法規辦理，照規定須設置安全經理。銀行以各種方法符合規定，小銀行通常以資深行員負起安全的職責，不過大銀行就會僱用安全經理，通常是前任聯邦調在局幹員，且對於通貨與詐欺的聯邦法規有相當的了解。銀行安全相當倚重電子科技與實體安全，而不是以人多取勝。

由於科技的進步，實體安全器材的改良，已能有效提昇防護能力，許多銀行基於成本效益的考量，可能加強科技器材的應用，並減少銀行警衛。

未來台灣各家銀行將不可能再如目前由警察來擔任其保安工作，警察勤務勢必要回歸本業，而銀行的相關保安工作將釋出給民間保全機構。

（十二）社區安全經理

目前高樓層公寓大廈與複合式集合建築的發展，也為安全專業人士提供了極大的就業潛力，因為大家越來越注重社區整體安全與保護的觀念，以避免居民或住戶的生命財產在社區中受到損害。

（十三）近身警衛

1995 年，全世界總共有 322 件恐怖事件，再加上綁票與各種威脅，包括不滿的員可能的攻擊。因此，對於高階主管的特殊保護，也就是近身警衛（俗稱保鑣）的需求有增無減。

紐約名人保護服務公司（Dignitary protection and Investigative Service）的威吉安諾（John Viggiano）說：「電視將近身警衛塑造成金髮碧眼的彪型大漢，實在是無稽之談。近身警衛應該具備的是常識、明察秋毫的能力以及耐心。」近身警衛也應該知道各地不同的法律與風俗，因爲保護對象可能住在不同的地區，或是到各地旅行。這個領域本來都是男性，不過也有越來越多的女性加入。大多數近身警衛都要能夠配合保護對象的工作與休閒與休息時問。

近身警衛學校現在越來越重要，許多學生以前是警察或是軍人，所學的技巧包括使用武器與徒手打鬥。此外，學校還有教授禮節、服裝、警報系統與閉路電視等專門技術的老師雖然薪水與福利都還不錯，但是人才的汰換率也很高，主要原因在於長期無法跟朋友與家人相聚，最後常導致他們萌生退意。

（十四）私家偵探

一般說來，私家偵探是找尋失蹤人口、發掘機密以及尋找犯罪證據。許多私家偵探爲企業與律師工作，不過大多是獨立執業。偵探社可能只有一個人、也可能僱用幾個人，或是有特約的兼差偵探這些獨立作業的偵探，每小時收費三十五美元至一百五計美元。私家偵探接到案子，往往必須長時問不斷工作。

好的私家偵探具備的技巧包括監視能力與背景查核。有些案子需要秘密調查，有時候會有危險，必須做掩護，不能洩漏身分。私家偵探必須學習法律以及偵訊與調查的技巧·最好的私家偵探還要具備很好的語言與寫作能力以及分析的技巧。加入全國法律調查員協（National Association of Legal Investigator）有助於改善基本技巧。一般來說，這個工作前途不錯，各州私家偵探的市場都十分穩定良好。

對這領域有興趣的人應該多比較。但各州的法律有很大的差異，這些差異也決定了考執照所需的條件。有些州根本沒有任何條件，有些要通過筆試或口試，並且經過州政有的面談。

（十五）技術專家

電子安全設備日益增加，了解警報系統、閉路電視以及其地高科技設備的專家也更加搶手，學會如何裝設警部將很有用。雖然這工作大多數是在經銷商與外包安全服務公司，不過企業在建制內設此職務也有增加的趨勢。透過全美警報協會（National Alarm Association of American）可以獲得資格檢定證照。

（十六）結　論

各地與各行業的薪資與安全應用有很大的不同，甚至同業間也有很大的差異。儘管如此，二十一世紀將是安全管理主導的時代。

根據蘭德公司的報告，描述安全警衛是年紀大、沒有訓練、薪水又低的工作，但 1990 年的報告已經很少有這種現象，今天的警衛比起 90 年代，年齡較輕、薪水較高、訓練也較好。黑人白人都有，私人安全公司的女性員工每十五年就增加一倍。全體從業人員的教育水準也提高了。

不過，對安全人員來說，還是需要提高訓練的標準，加強新進員工的篩檢，並且提高薪資，更需有暢通的升遷管道。由於社會的進步，人民的富足，安全功能日趨專業，因此，對安全的需求也相對增加，聘用安全人員與安全顧問將會日益受到重視。1989 年 2 月號的《安全》期刊預測，21 世紀的趨勢將是安全服務公司與顧問的時代。

第二節　安全服務

1990 年全美總共約有 107,000 家安全服務公司，營業額估計五百一十億美元，主要業務是警衛、調查、中央警報系統以及防彈車與護送服務。六家上市大公司主宰這個行業，營業額佔所有外包安全服務的一半。不過，目前小公司數目不斷增加，市場的佔有率也提高。

許多公司，尤其是小公司，專門提供特定的服務大公司人多提供全方位的安全服務。這些服務的主要項目是警衛、巡邏、顧問服務、調查服務、警報反應以及防彈車護送服務。

無論是外包或是建制內，警衛服務的需求比以往更甚。個人或是公司尋求警衛，因為心理上覺得技術或是硬體可能不足。不過 1990 年代建制內的警衛減少，內部與外部的安全決策重新分配，而且更加依賴設備。有些公司的警衛是建制內，但是為了降低警衛的人事成本，盡量多倚賴科技。

儘管如此，我們可以發現三個基本趨勢。第一法律問題以及警衛執行不當的案例增加，在眾怒之下州政府被迫要求制定訓練與標準的法規。美國聯邦政府正在立法規定安全人員最低的標準。第二，隨著這領域的成長，將會吸引更多優秀人才。第三，安全人員不攜帶武器，將是大勢所趨。目前只有百分之十的警衛攜帶槍械，而且數字急速下降，因此，安全管理將成爲另一種服務業。目前美國教授青睞的安全服務有：

一、警衛服務

警衛是安全這一行業的主要服務項目。大多數的警衛爲外包警衛公司工作，但是有許多公司自己僱用（編制內）。警衛的工作只有部分是跟犯罪有關，不過必要時警衛必須能夠防止犯罪，一旦發現有人犯罪就要報警處理。但是警衛的主要工作可能是指揮交通、管制門禁，且通常是執行公司的規定。現代許多警衛的角色比較偏向協助，而不是執行規定。警衛也許是在場所內指引或是護送人到目的地，有點像是接待員或是詢問處，或者主要負責一般安全工作。

由於許多警衛的工作內容只有一小部份跟犯罪有關，因此有些單位讓警衛穿著色彩鮮豔的運動上衣與便褲，而不是穿著制服，以免跟警察有任何的聯想。

不過，警衛畢竟還是警衛，即使從來沒有遇到任何犯罪行爲，對於所負責的區域，還是得負起保護業主財產利益的責任。私人警衛與警察的不同，在於法律地位不一樣，而且私人警衛所執勤的地方是警察無法執勤的。除非事涉重大刑案，否則警察無權執行私人的規定，也沒有責任對於私人財產進行調查（像是員工監守自盜等事件）。

私人警衛的工作是在私人業主的管控下提供特定的服務，對公司的財產或是貨品執行監督管制，或是提供警察所無法提供的額外服務。

二、巡邏服務

私人巡邏服務是一位或數位巡邏人員，以徒步或是巡邏車，定期到各地點檢查。巡邏路線可能包括單一客戶的各定點，或是地點相近但屬於不同客戶的各個定點。巡邏檢查也許是從外觀察，也許要進入仔細檢查。一般是客戶規定在一定時間內必須前往檢查多少次數，或是有特定的頻率。

巡邏人員與警衛的差別，就在於巡回不同地點執勤，而警衛是在固定的崗哨或是在有限的區域內行走。巡邏服務比較經濟，因爲警衛是全程都在一個位置。但是巡邏有個不利之處，就是侵入者可能探知巡邏的空檔時間。

三、顧問服務

許多公司可能尋求專家的協助，找出公司安全的弱點與危機。但是他們不會找警察，而是找私人安全公司的專業顧問來評估安全的需求以及提供建議。任何專業領域都有專家，他們銷售專業知識以賺取費用這些專家通常稱之爲顧問（Consultant），是以提供專業意見來收費的。根據報告指出，安全顧問的業務在未來十年將會增加。顧問服務通常分爲四類：（1）安全系統工程，（2）安全管理，（3）高階主管保護，以及（4）整體安全規劃。

四、調查服務

私家偵探就是蒐集事實的人。基本上，調查員的本質就是花許多時間爲他人蒐集背景資料，包括應徵員工的身家調查，保險或是信用貸款申請人的背景，以及保險理賠的調查。有許多調查工作跟犯罪無關，不過有一部份可能要秘密調查，像是員工盜竊或是商店偷竊。

與離婚有關的調查已經減少，因爲離婚的法律變得比較自由。不過，調查「第三者」卻增加，因爲現代人想要知道另一半在其他時間做什麼。追尋失蹤人口或是代表被告調查犯罪事件，只是私家偵探很小部份的業務。

有時，私家偵探可以填補警察的工作，就像美國銀行家協會（American Banker's Association）跟伯恩斯偵探社（Burns Agency）有著長期的合作關係，但是一般而言，大多數私家偵探的工作與公家執法機構形成互補。

現在，越來越多的私家偵探從事訴訟的調查，也就是爲被告與原告的法律事務所蒐集資料，以備民事法庭審理之用。

五、警報反應服務

中央警報站系統基本上包含設於保護地點的警報感應器，以及從感應器到私人擁有的警報站之問的線路，由私人安全人員負責監督與反應，許多城市的法規要求警報系統必須跟中央警報站連線。

六、防彈車運送服務

防彈車運送服務係指受業主之託，將金錢、珍貴物品或是任何東西，從甲地安全移送到乙地。最常見的就是運送現金與有價證卷到銀行或是其他存放地點。防彈運送服務的主要客戶是發放薪水時的公司，或是每天有現金收支的企業。

這種服務所僱用的人員通常與在現場執行安全的人不同，他們的職責只是按照顧客指示將物品安全送達。安全運送高價物品的服務也是一樣，主要的差別是使用其他方式運送，而不是使用特殊的裝甲車輛。

七、其他服務

除了上述服務項目，私人安全公司也提供其他服務，如群眾控制、警犬巡邏、近身警衛護送服務、主管保護、測謊器檢查、心理壓力評估、禁藥檢測、誠實測驗、員工助理服務，以及其他與損害預防有關的工商協助。

第三節　國內較具規模之安全管理企業

上述已說明安全管理之職場機會在今天社會可謂隨處都是，有些已具規模，有些尚待開發，以下再就國內安全管理領域目前較具代表規模的機構及基本方向做一說明，大致上區分三個面向，一、進入安全管理職場，二、進入政府相關機關，三、進入相關研究所或機構繼續進修，簡述如下：

一、國內安全管理產業

從 1978 年台灣第一家保全公司誕生，也是目前台灣保全產業的龍頭中興保全成立之後，陸續有其他保全公司成立，至 1991 年 12 月 30 日公佈實施「保全業法」，台灣保全產業如雨後春筍相繼成立，目前概估登記有案者約有 450 餘家，約有 3 萬 6 千 9 百多人，有股票上市者只有中興保全與新光保全兩家，保全業可以說是台灣社會的一股重要安定力量。以中興和新光保全爲例做一簡介：

（一）中興保全

中興保全公司成立於 1978 年，以經營關於辦公處所、營業處所、倉庫、演藝場所、競賽場所、住居處所、展示及閱覽場所、停車場等防盜、防火、防災之安全維護、現金或其他貴重物品運送之安全維護、人身之安全維護以及防盜、防火、防災等有關設備器具之系統規劃設計保養修理安裝爲業。中興保全是台灣保全產業的開創者。此後台灣保全產業幾乎都影隨著中興保全的腳步前進，經歷近三十年的發展，中興保全不僅長期執業界牛耳，更在專業多角化的發展策略下，將保全服務帶到科技、人性的新境。

1.概況描述：

中興保全市占率 57%（第二名爲新光保全，市占率 33%，用戶數達 11.1 萬戶，客戶來源分爲商業及住宅用戶，占總客戶比率分別爲 81.5%及 18.5%。

2.營運狀況：

保全業務主要分爲：系統保全、人身保全、駐警保全、現金運送，其中仍以系統保全占比達八成最高。近年來除了規模經濟效益逐步擴大市占外，另保全合約一簽爲三年，收益穩健，故營運每年皆維持平均 5%之成長幅度。近年來雖受不景氣影響，預估營收仍具 2%之成長幅度，相較近年 5%之自然成長較爲縮減，獲利達 14.7 億元，成長 6%。

3.未來發展：

在人力保全外，中興保全集團在運用科技強化居家保全及個人安全上更是不餘遺力。中興保全集團以龐大的數位網路架構及衛星定位科技，建構出一套自家庭到個人、從定點到移動、由保全到醫護的全方位安全服務體系，如創新研發的「衛星定位協尋服務」，能使保全服務跨越空間藩籬，爲幼兒安全、婦女夜歸、老人看護，甚至是移動財產提供即時守護；「e-home 數位生活平台」能在保全架構下，輕易升級數位生活品質；而監控系統與餵食器等看護器材的結合，更讓居家照護不再是沉重負擔。

（二）新光保全

1.理念願景：

新光保全在面對 21 世紀高科技、網際網路等國際化發展趨勢下，採取本業精耕、異業聯盟的策略，成功將高科技導入與保全結合，提供一次購足的『全方位保全』服務。新光保全以信實、專業、服務、創新，四大經營理念，不斷研發最先進的系統與設備，朝從有線到無線、從固定到移動、從類比到數位及從有形到無形的四大方向發展，將保全提昇引領進入社會安全產業的一環，讓傳統保全服務轉型，向科技領域邁進。新光保全成立於 1980 年，1995 年獲准上市，名列 300 大服務業之一。

2.**公司簡介：**

新光保全爲國內第二大保全公司，僅次於中興保全。新光保全成立於民國 69 年，爲新光集團成員之一。以台灣市場而言，屬寡佔市場，新保在台灣的市佔率約爲 33%，中興保全則爲 47%，其餘市場則由其他 30 多家公司各自經營，但是其他公司規模則與新保與中保相差甚遠。所經營業務包括電子保全系統服務（包含金融保全、一般電子保全、家庭電子保全、集合式保全、消防保全、門禁考勤系統）、現金（貴重物品）運送服務、駐衛保全服務以及人身保全暨特種勤務服務。下游客戶群極爲廣泛，在台灣的客戶數目前約在 68,800 個左右。

3.**現代及未來發展：**

目前台灣市場漸趨飽和，因此新保積極往海外發展，目前新保在大陸有五個辦事處，分別位於上海、崑山、蘇州、太滄與廈門；北京則成立北京誼光保全物業管理公司。目前在大陸投資金額約三千萬元，且因保全公司在大陸屬特許事業，需要當地政府同意才能與當地保全公司合作。除大陸之外，東南亞將成爲下一個發展重心，公司今年在泰國成立泰新保公司，新保共持股 29%，預計將於明年一月營運，打入泰國系統保全業務，未來目標則是朝越南與其他國家發展。

公司目前除積極開發保全客戶外，更朝全方位科技保全策略發展，將傳統保全服務提升爲高科技電腦、通訊爲主的安全服務，並朝向利用衛星 GPS 定位的人身協尋、汽車行動救援的移動式保全發展。

二、政府相關機關

政府機關從事安全管理工作者，主要有國家安全會議、國家安全局、國防部、內政部警政署、消防署、法務部調查局及法警、獄警、政風人員等相關機關，其負責之面向與管理之層級亦隨機關之特性有所不同。茲簡述如後：

1.**國家安全會議與國家安全局：**

依據國安會組織法第二條規定，國家安全會議，爲總統決定國家安全有關之大政方針之諮詢機關。前項所稱國家安全係指國防、外交、兩岸關係及國家重大變故之相關事項。

依據國安局組織法第二條規定，國家安全局隸屬於國家安全會議，綜理國家安全情報工作及特種勤務之策劃與執行；並對國防部軍事情報局、電訊發展室、憲兵司令部、行政院海岸巡防署、內政部警政署、法務部調查局等機關所主管之有關國家安全情報事項，負統合指導、協調、支援之責。

2.**內政部警政署：**

掌理全國警察行政，並指導監督各直轄市警政、警衛及縣（市）警衛之實施。

內政部警政署，承內政部部長之命，執行全國警察行政事務，統一指揮及監督全國警察機關執行警察任務。直轄市政府警察局及各縣市警察局：掌理各市、縣（市）轄區警察

行政及業務　。

3.警察區分：

（1）行政警察

指穿著警察制服，實際執行勤區查察、巡邏、臨檢、守望、値班、備勤等勤務方式，並依法令排除有關行政上之危害，維持公共安全與社會秩序等任務之警察。行政警察藉由執行上述勤務方式與民眾接觸，同時擔任治安維護、爲民服務、政令宣導等工作，與民眾關係最爲緊密。我國警察勤務基於任務分工各有專責，但一般勤務仍以行政警察爲主軸。

（2）刑事警察

係指職司犯罪預防與偵查之警察。犯罪預防旨在貫徹警察防制措施，喚起全民防範意識，以預防犯罪發生；犯罪偵查則以貫徹法治與保障人權爲基礎，遵循法定程序，執行搜索、扣押、拘提、逮捕等強制處分，並運用科學方法蒐集罪證，鍥而不捨追緝犯行，以確保社會安寧。

（3）專業警察

爲職司防護鐵路、公路、機場、港口、捷運、臺灣銀行等事業設施及重大民生設施之警察，如鐵路警察局、國道公路警察局、各港務警察局、臺北市政府警察局捷運警察隊、保安警察第二總隊及臺灣保安警察總隊、航空警察局、保安警察第三總隊。

（4）交通警察

以維持交通秩序、確保交通安全、防止交通危害、促進交通流暢爲主要任務。內政部警政署設交通組，負責全國交通安全維護及執法政策之規劃、督導，並設國道公路警察局專責維護國道高速公路及跨縣市重要快速道路交通安全及秩序。

（5）消防警察

民國 84 年 3 月 1 日內政部成立消防署，明訂「預防火災、搶救災害及緊急救護」為消防 3 大任務；九二一大地震後，於 89 年公布之「災害防救法」賦予消防新的任務，除了火災外，更包含各種天然與人為災害，由此，消防工作面臨全新的蛻變與挑戰。為健全公共安全防災體系、提昇緊急救護服務、積極推動各項消防專業系統與制度、強化消防救災效能，以確保民眾生命 財產安全。

4.法務部調查局：

依據調查局組織法第二條規定，法務部調查局掌理有關危害國家安全與違反國家利益之調查、保防事項。

5.司法體系（司法特考）

書記官　監獄官　執達員　觀護人　法警　監所管理員

三、進入相關研究所或機構繼續進修

如中正大學犯罪防治研究所、警察大學犯罪防治研究所、台北大學犯罪防治研究所、銘傳大學相關安全科系之研究所，及各大學相關科系或企業界贊助之研究機構等。

第四節　進軍中國大陸安全管理市場

中國應急管理市場及各大學相關學系亦如雨後春筍般蓬

勃發展，但很多仍在摸索當中。而保全業更是欣欣向榮，從中國總體保全未來發展觀察，大陸方面，自七十三年十二月，廣東省深圳市蛇口區公安機關成立第一家保安服務公司，至九十年十二月底，經公安機關審核批准，並在工商行政管理部門登記有案之保安服務公司有一三五七家，保全從業人員達四十六萬三千人，iSuppli 預測，2012 年中國安防產業的營業收入預計將從 2007 年的 151 億美元成長到 247 億美元，複合年成長率爲 10.3%。2008 年該市場的營業收入將成長到 176 億美元，比 2007 年上升 16.3%。同時，全球保全市場營業收入預計今年將達到 425 億美元，比 2007 年成長 6.7%。

這種強勁的成長反映出中國保全產業的大眾市場消費潛力。最近 iSuppli 進行的一項產業調查表明，當前的國際金融與經濟危機尚未對中國保全市場的成長預期造成明顯衝擊。另一方面，保全系統廠商應該注意的一個趨勢是產品標準化。它將推動保全應用得到更廣泛的採用。個人收入上升，以及公眾對於安全防範更加重視，將創造有利的市場形勢。住宅及消費市場將明顯擴張。因此，如何進軍中國大陸，拓展安全管理產業仍有很大空間。

本章重點題目：

一、試述安全管理職場機會增加的因素？

二、試列舉安全管理職場的相關五個職業項目。

三、試述政府機關那些部門屬於安全管理範疇。

第四章　企業機構內的安全組織與部門

安全問題在企業各領域的活動中日益顯得重要。對工商業而言，強力而且有制度地處理這些問題，是日趨迫切的需求。現在已有越來越多的企業組織將安全部門納入正式的組織結構中，而不是將企業組織所需之安全服務或是實體安全問題委由外包處理。1990 年赫可雷公司在美國司法部的贊助之下，出版了「赫可雷二號報告」（The Hallcrest Report Ⅱ）預測未來安全的趨勢：一般的安全管理作業是由組織自己控制，而一些特定的安全服務則由科技與外包警衛來提供。

組織內部建制的安全部門如何運作，以及跟整體安全政策規範有何關係，必須看組織的需求而定。一般原則固然可以應用到大多數的企業，但是每個企業各有其特定的問題，必須有特別的安排。接下來要討論的是，應該如何設計企業組織的安全部門。

第一節　安全部門在企業組織中的定位

一、決定需求

想要建立或是擴充企業的安全功能（Security Function），必須先考慮企業的現況與成長，如果已經有安全部門，還要考慮以前的績效表現，才能有效提昇安全。組織內部關係的特性，無論這關係是經過設計或是自然演進，都是一定要考慮的因素。企業成長的潛力以及員工活動的增加，也要一併列考慮。管理的基本原則就是決定安全功能的成本效益。目前的趨勢是找專業顧問來協助指導，決定需要什麼。這個趨勢使得安全顧問的業務大為成長，尤其是獨立的顧問，因為他們的建議比較不會牽涉到既得利益。決定成本效益只是第一步，然後還要面對一個重要問題：安全是否能夠真正完全整合在組織之中？如果分析發現，新增加的功能會妨害目前的組織結構，就得另外尋找替代方案。

這些替代方案通常包括各種實體安全對應措施的應用與監督。採行替代方案當然會造成企業內部損害阻抑及保護體系的分裂，不過有時候替代方案還是有其效益，尤其是那些整體的風險較低、受到侵害的可能性也較小的公司。不過，企業犯罪持續增加，而且犯罪手法日益精密，如果沒有切實整合，根本無法應付未來的狀況。

當管理階層確認目前或是未來面臨的安全問題之後，認為有必要設立或是擴充安全部門，就要設法開始營造氣氛，讓大家覺得安全部門可以達成企業需求的目標如果管理階層以模稜兩可的話說明安全的功效，那就無法得到內部的全力支持。

二、安全部門在組織中的定位

安全功能如果完全整合在組織內，安全經理得到授權等級的程度就變成最重要的事項。需要多大的職權範圍，才能有效執行安全，這要從組織架構內各種正式與非正式的因素來評估。圖 4.1 與圖 4.2 是兩家假想公司的組織結構圖，可以看出安全在其中的地位。

圖 4.1 製造業公司以功能來劃分部門

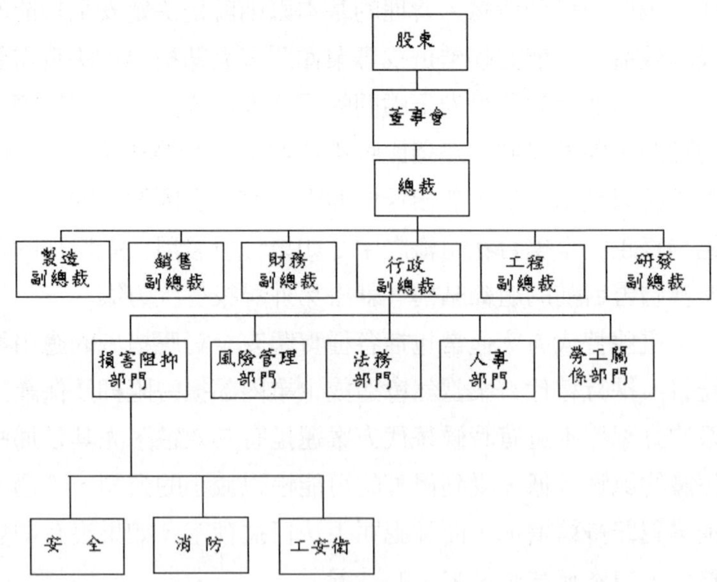

（資料來源：Philip P. Purpura, Modem Security and Loss Prevention Management, 2nd ed.〔Boston: Butterworth- Heinemann, 1989〕.）

圖 4.2 零售業公司以地區來劃分部門

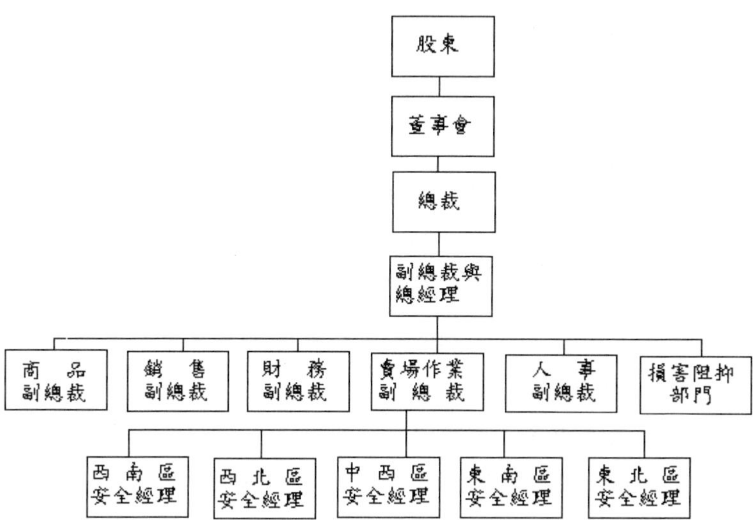

（資料來源：Philip P. Purpura, Modem Security and Loss Prevention Management, 2nd ed.〔Boston：　Butterworth-Heinemann,1989〕.）

整體而言，企業機構內安全部門的位階，取決於該公司負責人對安全的認知、對安全的需求、公司的財物狀況、社會的觀感與治安狀況、整體的經濟環境等因素影響，如果經濟衰退，企業經費緊縮，安全部門似乎首先就會面臨縮小的趨勢，並且隨同一些相關的職權被合併在同個大部門之中，因為安全單位基本上不是生產部門，雖然大家都知道安全非常重要，但在經濟不景氣時，他往往是第一個受到影響的單位。

第二節 安全部門的職權

（一）職權的定義

管理階層應該建立職權（Authority）制度，讓安全部門能夠完成任務。安全部門在獲得相關的職權之後，才夠建立安全制度，在公司各個領域中執行績效檢查，而且有立場評估整個公司的績效與風險。

這種職權關係必須明確，才能夠迅速傳達指令與必要的反應。不過，職權關係有許多形式，經常只是因爲過去的承諾或是按照慣例，就由某人在名義上負責該部門。這種情況下，因爲管理階層沒有重新定義職權，使得主管在這模糊不清的態勢下，無法獲得正式的地位。管理階層應該不斷重新評估職權關係，才能有效地運作。

一般而言，組織結構通常分有直線（Line）職權和幕僚（Staff）職權兩種關係。直線主管（Line Executive）通常獲有授權可以直接下令，以完成組織特定的目標。幕僚人員（Staff Personnel）一般而言提供建議，或是提供服務給直線主管。

通常，安全經理可以說是幕僚人員。按照傳統，安全主管是特別作業的主管，對資深主管或是總裁〔在完全整合的組織中〕負責，他們的角色是顧問，理論上來說，是總裁執行顧問所建議的行動。

實務上當然不是如此。由於安全業務的專業知識，資深主管通常授權給安全經理。如此一來，安全經理等於擁有直屬長官的部分職權這就是所謂的「功能性職權」。

在組織表中可以看出這樣的職權，但是上司往往可以收回職權。以安全部門來說，這樣的功能性職權可能包括建議執行安全事務的人事或是更完整的功能性職權，像是制定規定以及企業安全受到影響時的處置方法。

大多數部門經理都願意與安全主管合作，因爲他們缺乏安全高階主管的特殊知識，對於監督安全制度與程序通常也不熟悉。不過，安全經理跟其他部門來往，還是應該善加利用技巧與外交手腕，這樣才會有好的結果。在通知相關部門執行安全程序之前，應該先請教受到影響的部門主管。

（二）職權程度

安全經理的職權程度（Level of Authority）顯然有許多種可能性，在公司的基本政策中，也會限定他們的功能性職權範圍。

在安全調查方面，他們可能只有幕僚功能，可以建議或者協助調查，但是對於員工的日常工作就通常無權直接控制或是命令。

按照慣例，安全經理有執行公司防護活動的職權。在這情況下，只要是安全經理所管轄的所有事務，他們可以命令警衛，然後由警衛要求員工遵守。安全經理對自己的部門當然有完全的權力，有自己的幕僚人員以及代表行使職權的人員。

（三）如何減少損害

雖然安全屬於幕僚功能，但也可以視爲第一線的作業。有效的安全計畫在明智的管理之下，可以減少損害、增加利潤，貢獻不下於商品部門或是生產部門。隨著犯罪率日益升高，目前企業每年損失大約一千一百四十億美元，每家公司都可能遭受損害而使得利潤減少。許多經理卯足全力創造銷售新高紀錄，尤其是零售業者，但是他們卻漠視內賊與外賊所造成的存貨損失。有許多公司創造數百萬美元的銷售毛額，卻宣告破產。企業生存靠的是淨利，營收毛額也許很亮眼，讓人感到很興奮，但是淨利才是企業的生命線。任何將生命線吃掉的事務，都嚴重危害到組織。

有效的安全作業可以減少百分之七十五的損失，減少的損失扣除安全的投資就是淨利。以此來看，安全對任何公司的盈餘都有重要的貢獻。任何可以減少損失增加盈餘的安全作業，在獨立的組織功能中顯然有其地位，可以向最高管理階層報告。

（四）非整合的結構

將安全整合在組織內成爲一個建制的部門，如同會計部門或工程部門成爲公司的獨立基本單位，雖然有顯著的優點，但許多公司還是將安全歸類到其他完全不相關的部門，像是工程部門或行政部門。由於安全的工作往往是因爲有這需求才產生的，因此很容易認爲應該由行政部門來控制安全部門，直到安全部門擴大其作業活動，超出部門的界線涉及公司其他領域，才會獨立出來。

因此，傳統上安全部門是附屬於財務部門之下，因爲財務控制通常是公司最迫切的需求，否則無法提供內部的安全。但是，這樣的安排非常不利，足以影響安全的執行效率。

功能性職權無法超越授權者的職權。也就是說，如果安全經理是會計主管所授權的，他就無法超越會計主管的職權領域。如果會計主管從首席執行長得到特許，擴張安全的角色，這樣又會變成權責不分，也太累贅。

大多數企管專家都同意，爲了保持第一線功能的完整，功能性職權從授權者到直接採取行動的人，不應該超過一個階層。讓財務主管負責安全，顯然是拙劣的安排。

（五）與其他部門的關係

安全應該設法融入組織各功能中，不過，必須了解一點，這樣做等於創造一個新的功能，而且就像是人事與財務等功能，安全部門將會跨越各部門，涉及公司每個活動。

各階層做每個決策時，都應該考慮到安全問題，就跟考慮成本一樣。這不是說安全因素比生產或是商品之類的因素重要，任何會影響成本的因素都應該優先考慮，但是安全是一定要考慮到的。有時候要克服某些風險，所花的成本比風險本身還大，這時候推翻安全的建議倒也不失爲明智的決策，不過要徹底明瞭所涉及的風險才行。

安全部門的管理與目標，必須與組織的目標相容才行。這表示安全部門必須提供保護，但是不能妨礙到組織的基本活動。安全制度是要保護公司的活動，但是必須維持企業正常運作的氣氛，而不是硬性要求遵照某些抽象的安全標準。有些部門功能本來是協助企業達成目標，但是組織整體的目標如果被迫配合這功能，那麼整個組織就會被扭曲。

安全部門與其他部門的關係應該和睦相處。部門之間的衝突與共同的問題，要有介面來化解。消除這些問題，才能達成企業的目標，不過，實際上很難如此和睦。企業要進步，部門之間的合作是很重要的，但是憎恨與權力失落感往往破壞合作關係。安全的職權如果有明確定義與了解，就可以減少這樣的衝突。

（六）安全經理的角色

現在討論安全的概念與經理的角色，可以發現許多共同因素。在組織的功能上，安全可能有不同程度的範圍，其基本活動包括以下四種：

1.管理：

包括所有部門經理所具有的傳統管理功能，如規劃、組織、僱用、領導、監督以及創新。

2.行政：

像是預算、財務監督、行政事務、制定安全事務政策以及制度與程序、制定安全人員的訓練計畫以及其他人員的安全教育、各部門之間有關安全事務的溝通聯繫。

3.預防措施：

包括：警衛、巡邏、消防與安全人、管制區的檢查、定期稽核安全人員的績效、儀態、理解與能力、交通管制、所有安全設備，如警報器、燈光、圍籬、門窗、鎖具、障礙物、保險箱與通訊器材的狀況。

4.調查：

包括安全狀態確認、損害事件或是違反公司規定的調查、檢查、稽核、與警察局和消防隊的聯繫、以及保管機密文件。最後三個功能必須達成，才能進一步滿足組織的安全需求。安全經理必須非常熟悉所有的技巧與技術，不能有效執行這些功能。但是爲了完成這些目標或是組織的目的，安全經理必須具備管理技巧，才能有效規劃與督導部門的績效表現。

以前的觀念認爲安全經理只是一個「安全專家」，具有充足理論或實務知識的技術人員，有資格從事基本的防護或是調查工作；現在則不然。安全經理如果親自做太多這些工作，相對就會忽略管理的功能，安全的角色就會受到影響。

有些企業認爲，應該將安全融入組織，這樣才會有效率，於是就著手創造一個新的組織功能。安全跟行銷、生產、財務與人事等傳統功能一樣，將對公司的日常運作與未來命運扮演重要的角色。

以往對於安全經理的刻板印象，就是權力有限、主要負責竊盜警鈴與檢查手提包的角色。現在，安全經理已經是幕僚中不可或缺的一員。這並不是說安全管理有建立權力基礎的趨勢，而是現代企業經理知道應該優先整合安全制度，因爲這是企業生存很重要的因素。

安達信會計師事務所（Arthur Andersen）的安全顧問戴維斯（Ron D.Davis）說：「成功的經理必須發展某些技巧，包括規劃、激勵技巧、演講、人事管理、執行預算這不只是爲了未來做準備，也使目前的工作更有效率。」

第三節　公司安全部門的特點架構與功能

一、無論安全或是資產保護部門是如何成立的，都應該具有以下的特點：

（一）致力於保護資產；

（二）以最少的人力解決複雜的問題；

（三）爲公司找出潛在的風險；

（四）擬定管理風險的計畫；

（五）將成果以數字表現出來；

（六）研擬安全管理保護可能的計畫；

（七）提出安全問題的解決方案；

（八）降低保險費率；

（九）利用資源分享管理成本；

（十）建立安全管理與內部稽核的共同認知目標。

二、組織安全部門

安全部門的組織與管理基本上是一門專業的課程，儘管如此，對安全組織在企業機構中扮演的功能與幕僚有個大致的認識，其實是很重要的。從管理的觀點來看，安全工作的架構功能包括：

（一）規劃；
（二）建立控制；
（三）組織安全部門；
（四）僱用人員；
（五）訓練；
（六）監督；
（七）執行安全事務；
（八）部門檢討與評估；
（九）擔任最高管理階層的安全與損害預防顧問。

僅將上列九項做一說明。

（一）規　劃

安全規劃常犯的錯誤，就是將馬車放在馬的前面。也就是說，先成立一個部門、僱用人員，然後再找事情給這部門做，也許是某地的犯罪率升高，或是某地確定有損害發生必須派人去處理。

事實上，應該先有需求。確實有危險存在，然後才有必要建立一套有組織的方法去阻止或降低損害。安全規劃的第一步，就是仔細分析損失風險、損害發生的可能性，以及影響企業目標的嚴重性。這樣才能明確定義安全部門的目的。

簡而言之，如果企業的目標是提高盈餘，而員工偷竊行爲很普遍，將盈餘給侵蝕掉，那麼安全部門的主要目標就是降低員工偷竊率，對於提高盈餘的公司目標就有貢獻。

（二）建立控制

安全規劃與威脅評估，將決定企業各領域需要什麼程度的安全，並且決定以什麼方式達成才能最有效率也最經濟。也許要制定新的規定與程序，購買實體安全器材協助運作，和決定僱用多少安全人員。所有這些因素必須平衡，才能以最少的經費達到最好的保護！

裝運、收貨、倉儲、現金處理、稽核、會計等作業程序，都必須建立控制制度。執行控制最有效的方法，就是提出一套控制制度給相關的部門經理，經理就此制度表達意見與建議，這樣就產生大家都滿意的控制程序。目前許多作業都使用電腦，稽核的能力也因此提昇。不過，電腦卻帶來安全的新挑戰。通常，只有在控制程序故障或是程序確實有不適當的時候，安全經理才可以直接介入處理，損害預防控制可能也涵蓋所有的實體保護設施，包括內外的障礙物、警報與監視系統、以及通訊系統。損害預防也要配合風險管理的原則，身分辨識與交通管制也是必要的控制，身分辨識指的是讓經過認可的人員進出，並管制非認可的人員、訪客、車輛、貨物與材料。

（三）組織安全部門

組織是人所組成的，所以安全部門的組織結構，就是個人的責任與職權劃分，以指揮命令的關係完成既定的目標。

首先找出工作任務內容，然後成立組織來執行這些工作。換句話說，將部門的目標劃分成實際的工作單位，在這些單位內，定義明確的工作。

圖 4.3 是小型產業安全部門的組織簡圖，人數約二十人。即使是這樣的小組織，上至經理下至巡邏警衛，都要詳細說明其責任與職權。以這家小公司的安全經理爲例，比起較大的部門，經理有較多的第一線責任，直接介入每日的勤務工作〔像是調查〕較多。而較大部門的安全經理可能完全做規劃、顧問、溝通、公關與其他行政事務，執勤工作就交給屬下。

安全組織就像其他組織結構，必須符合特殊的需求。因此即使是相同型態的企業〔如製造業或零售業〕，也無法採取相同模式的組織。風險等級、企業規模、實體環境、預算高低，都會影響安全事務，以及組織所需要達成的安全目標。但是，一個對某家公司而言是理想的組織結構，卻不見得適合另一家公司。這並不表示不能借用他人的實務經驗，重點是不要完全抄襲，應該依照特殊情況調整實際作業標準。不過有些事務是任何組織結構都有的，像是授權、控制的範圍、以及需要多少人員。

任何組織一定都有職權，由最高權力的人授權其他人執行。

圖 4.3

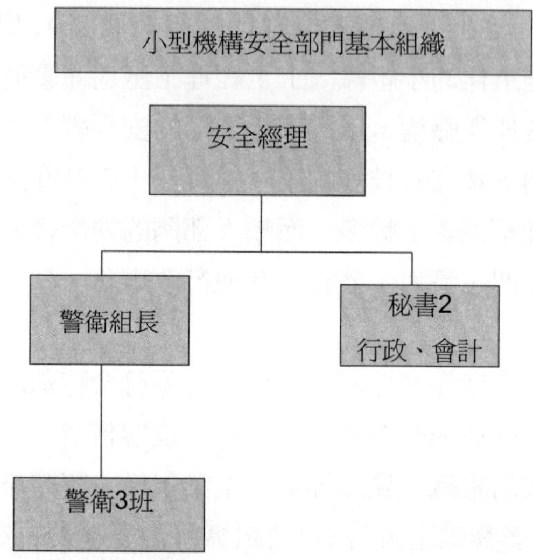

圖 4.3 顯示，安全經理將監督警衛執行的責任交給警衛組長，組長直接督導三班的執行。

託付工作，一定要真正授權，不可以反反覆覆。經理決定督導有能力監督警衛，就要放手讓督導負責。在組織的每個階層，得到授權的屬下得承擔責任，否則整個指揮架構就會崩潰。

經理無法事必躬親，因此授權的程度是管理能力很好的指標。管理失敗最常見的原因，就是無法授權或是不願授權，而每件事情都想要親自去做。這不只是安全部門如此，所有其他的組織都一樣，結果就造成管理上的瓶頸，所有的事情都要一個人去做，或是經過某人的批准。在這個階層以下的整個指揮體系，必然變得很弱。

控制範圍（Span of Control）是指任何人可以有效直接行

使監督權的人數。如圖 4.3 所示，這個小安全部門的警衛組長，手下有 4-5 名警衛，一般而言，這是相當理想的狀況，人數太多太少都不好。有效的控制範圍應該視責任的複雜度、事情的多少、區域的大小，以及許多其他因素而定。如果只是例行工作以及處理相同的事務，一名監督人員可以管十到十二名警衛，超過的話可能會有問題。

需要多少警衛人員通常是按照場地面積以及總員工人數的比例來推算。二十到三十名員工的小企業通常不需要任何安全服務，甚至也養不起。較大的組織才會需要安全人員，至於需要多少人，可以先調查公司的特殊需求，並且考慮有多少經費。

公司的安全需求是安全計畫中最重要的因素，所以用多少人力必須能反映安全需求。只有仔細分析各公司的需求，才能決定用多少安全人員是最理想的。例如，周圍如果沒有完整的界線區隔，就需要較多的警衛。因此，決定安全需求必須謹慎考慮所有的因素。

有個簡單的法則：一個崗哨需要多少人，才能二十四小時分三班都有人執勤？答案不是三個人，而是四個半或是五個人，因為還要考慮到休假、病假、離職還有訓練。較大的組織在人力配置上比較有彈性，四個半就足以應付。較小的組織一個崗哨就需要五個人，才能二十四小時都有人執勤。

（四）僱用安全人員

必須事先仔細分析需要多少人才足以執行計畫，然後再挑選安全人員。先寫好工作內容，再到人力市場招募。

無論工作內容爲何，安全人員除了其他技巧與訓練之外，必須成熟穩中，才在任何壓力狀況下執勤。挑選有潛力想要晉升成爲管理階層的人，也是很重要的。

（五）安全人員的責任

安全人員的責任繁重，以下所述是任何一位安全經理都應該負起的責任：

1.保護管轄區內的建物與地面，包括所有的事物、人員與訪客；

2.執行公司管理的規定；

3.指揮交通，包括行人與車輛；

4.維持秩序，提供協助或是答覆詢問；

5.熟悉所有的特殊命令與一般指示，並且照章執行；

6.管制與執行人員車輛辨識系統，檢查行李與車輛，拘捕未經許可擅自進出的人；

7.依照規定時問巡查所有的區域以確保安全；

8.代表管理階層維持秩序，發生破壞秩序的事件立刻通報；

9.發現員工胡鬧、遊蕩或是明顯違反規定，立即報告。發現員工生病或是發生意外，也要報告；

10.發現火警，立即啟動警報，並且做出反應；

11.失物或是沒人認領的財物，做成記錄並往上呈交。有人報告遺失財物，處理之前先查看失物登記；

12.有任何不尋常的狀況，就提出完整的報告；

13.必要時負責處理緊急狀況或是進行急救。

企業因爲安全疏忽而被控訴的案件越來越多，因此安全人員的選擇與訓練，成爲安全經理重要的課題。

（六）崗哨與巡邏

安全人員可能被指派到各種崗哨，崗哨可以分成幾大類別，分別是固定崗哨、巡邏隊或是後備隊。

固定崗哨可能在大門口警衛室、大樓大廳或是任何中要或危險的地點巡查狀況，巡邏倉庫與露天堆放貨物區域的周圍。後備隊是待命人員，緊急時援助固定崗哨或是巡邏隊。

安全巡邏人員有固定路線，或是按照督導人員指定路線巡查，他們比須完全了解所有的規定與程序。

1.確定無人入侵，所有的大門與入口都已經關閉上鎖。在建物內部，檢查所有的門窗、天窗、通風口都已經關閉，不僅防止外人侵入，也避免風雨天候造成損害：

2.無人使用時，關掉電燈、風扇、暖氣以及其他電器設備；

3.檢查不尋常狀況，包括垃圾或是資源回收物堆積太多、防火逃生門被堵塞以及消防設施故障這些情況如果無法立即處理，必須立刻報告；

4.檢查不尋常的聲音，調查聲音來源。可能有人企圖侵入、閒雜外人活動、機器故障聲音或是其他的問題；

5.檢查不尋常的氣味，如果找不到來源，立刻向上級報告。奇怪的氣味通常是有氣體洩漏或是火警；

6.檢查門窗是否遭受破壞，或是被人用楔子撐開或繩索綁住，因而無法關閉。如有這種情況，立即排除並且報告上級；

7.檢查所有區域的水龍頭，包括洗手間；

8.檢查所有的消防設施，是否在正確的位置，取用有沒有困難；

9.檢查這區域所有的巡邏程序是否都照規定執行；

10.檢查所有易燃物的存放處，像是瓦斯、煤油以及揮發性清潔劑，確定密閉良好，不會被引燃；

11.檢查煙蒂，如果在非吸煙區發現，就要提出報告；

12.發現損害或是任何危險狀況，無論能否處理，都要報告；

13.管制巡夜人的鑰匙，避免流出；

14.發現違反安全規定的狀況，立即報告。一再違反規定的話，就得調查並且糾正。

安全人員必須符合高標準，而且品格忠誠，才可能執行這些任務肩負這些艱鉅的責任，體能狀況必須很好，四肢健全、視力聽力正常。雖然也有例外，不過只限於不需要靈巧身手與強健體能的部分崗哨。安全人員必須個性穩定，判斷正確而且聰明敏捷。

仔細調查每一位申請人，由於安全人員經常處理機密文件與高價值的物品，而且受到相當的信任，所以必須有高尚的品格。每個申請人應該留下指紋檔案，在法律許可下，透過地方與聯邦的機構查核。申請人的生活習慣與親友也要經過調查，有不穩定的跡象或是不負責任的行爲時，就應該淘汰。

雖然這些對安全人員的要求標準看來頗高，但是安全部門已經日趨專業，事實上其要求標準只會越來越高。

（七）督　導

除了規劃、建立控制、組織部門、僱用人負及訓練之外，安全經理的責任還包括安全督導。從督導過程可以看出整個安全計畫到底有沒有效果。

安全經理必須跟自己的部門保持聯繫，經常督導。向下傳達部門的指令與規定，也接受屬下定期的報告。安全經理必須經常研究分析溝通管道，確定所收到的訊息、準確無誤，而且是即時相關的資訊。

此外，安全經理必須設計一套制度督導整個部門的人員，包括績效評估與必要時要採取的導正行動，經理最重要的是領導，優良的領導是嚴有效的督導方法。

從許多角度來看，人才是最有效的安全設施。正常情況下，人不會發出假警報，人能夠偵測與回報，能夠處理不正常的事件，能夠避免意外發生和及時撲滅火警。簡而言之，許多人能做到的事情，機器是做不到的。但是，人也有人的缺點。必須有適當的督導，確定遵照規定處理，安全人員都要熟悉規定，要有充足的訓練，所有的人員都必須知道紀律守則。警衛違反規定務必接受懲罰，這時候經理要確定被罰者知道違反什麼規定。

這些規定事項必須定期加以檢討檢查。擁有良好訓練與接受嚴格督導的安全人員，才是最好的安全保護。如果安全人員沒有經過仔細挑選，也沒有嚴格督導，不僅沒有效益，反而對安全造成危害。他們可能跟其他人一樣，受不了誘惑，但是比起一般職員，他們有更多偷竊的機會。

倉庫、金庫以及其他高價商品或物質貯存所的鑰匙不能任意發放，並且必須嚴格限制使用。這些地方若不在火災警報偵測器或是消防灑水系統的涵蓋範圍下，通常不致釀成重要的問題，但仍不可掉以輕心。如果有火警發生，可以打破門，或是用警衛室的備用鑰匙打開危險的區域。

雖然所有的安全人員在任用前都已經調查過背景，不過在任用初期還是要仔細觀察，因爲他們有很多機會接觸到公司所有的貨品，可能禁不起誘惑。雖然對於盡忠職守的安全人員而言，不信任的態度可能不是很好的帶人方式，但是沒有適當的督導，風險更大。畢竟，我們都是凡夫俗子，這就是人性！這樣的問題只有以英明的領導與監督才能處理。

（八）領　導

安全經理應該是組織內安全問題的領導者與專家。即使是專家也很難定義什麼是領導什麼是跟隨，限於篇幅，無法多討論領導這個重要特質。不過，領導與「跟隨」相比較之下，那就容易瞭解多了。在群體中最有影響力，並且最能夠執行領導功能的，就是領導者。雖然領導很難定義，成功領導者應該具備什麼技巧，倒是比較容易明白。卡茲（Katz）以及後來曼恩（Mann）所提的領導技巧分類，是最爲大家所接受的。下圖 4.4 說明這些技巧。

高階幹部在領導上是著重概念，第一線幹部則著重實務處理能力與溝通協調能力，領導者的技巧可以大致分類，領導者的角色也是一樣。管理學者明茲堡（Mintzberg）認為領導者有十種：

1.名義上的領袖。
2.實際的領導者。
3.聯絡人。
4.監控者。
5.傳播者。
6.發言人。
7.創業家。
8.排解糾紛者。
9.資源分配者。
10 協調者。

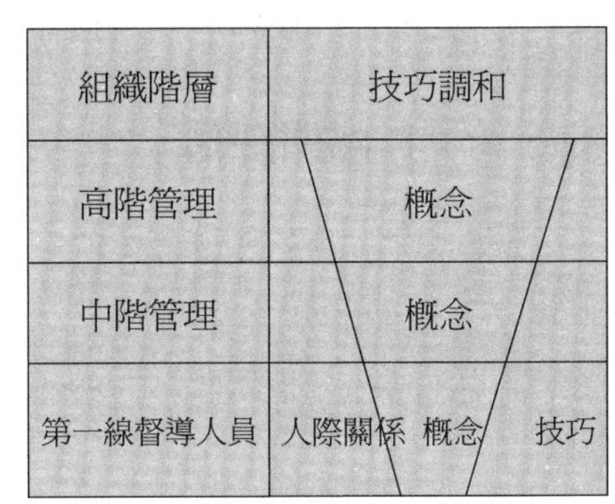

組織階層
技巧調和
高階管理
概念
中階管理
概念
第一線督導人員
人際關係
概念
技巧

圖 4.4

（九）安全的執行

安全經理也必須處理好安全部門的形象，安全要在組織中有效能，必須得到組織的認同與信任。如果警衛態度跋扈，或是安全體系太過於龐大而沒有效率，形象就會受到影響。

安全經理的一個重要工作是定期進行教導計畫，組織中的安全以及安全人員，在角色的扮演上有明確的定義。任何安全作業都需要員工的參與合作，因此要培養安全人員的良好態度，才能得到各部門的支持。同時也要讓所有的安全人員知道公共關係的重要，對內代表安全部門對外代表公司，都要做好公關。無論部門的組織架構有多麼好，若沒有組織內其他人的全力支持，是不可能有效率的。要得到他人的支持，就要有正確的態度與責任心，而且經常督導，確定沒有鬆懈下來。安全人員控制指揮其他人的活動，因此本身務必嚴格要求，才不會惹人反感。安全部門個人的行爲不當，可能造成普遍的仇視敵意，結果受害的是整個組織。

（十）部門評估

定期部門評估應該考核的是，安全規定與程序是否確實被遵守，目前的規定與程序是否需要修改，才能達成預定目標。評估作業也要檢討人力與設備需求，是否足以執行安全計畫。

安全是要防止損害或災害，效果很難評估。沒有事故發生，並不能證明什麼，除非有先前的實際犯罪數據，才可以當作比較的標準。

即使有這樣的比較標準當作安全效益的客觀分析，但因環境改變、人員離職、動機因素改變或是消失等因素，其價值也是令人半信半疑，由於企業犯罪其實不容易察覺，因此如果犯罪案件減少或是沒有發生，反而讓人覺得安全程序沒有效果，心裡更覺得不安。

（十一）人員評估

評估部門績效時，也要同時評估個人的績效。對於責任的熟悉程度、職權的範圍、部門與組織的目標爲何，都應該詳加考核。得過什麼獎懲、身體健康狀況、儀態與精神士氣，都應該註明。

（十二）裝備檢查

所有的安全裝備應該定期檢查，看看目前狀況是否需要更換、修理或是換新的裝備。裝備檢查應該包括所有執勤與非執勤人員使用的器材、制服、武器如果有的話以及通訊與監視裝備車〔輛、鑰匙與報告表格〕沒有妥善維護這些裝備的話，應該立即糾正。

（十三）程序檢查

安全部門的程序檢查，關係著部門的功效是否持續。定期檢查所有人員是否盡忠職守，是否熟悉部門的規定，發現不尋常事物是否採取必要行動。不管規定程序再好，如果應該改變就要改變。

本章重點題目：

一、試述安全部門的職權中，「職權」的定義為何？

二、試述在組織的功能上，安全的基本活動包括那些？

三、試從管理的觀點來看，安全工作的架構功能包括哪些？

第二篇

安全與不安全行為探討

第五章　安全行爲理論

安全行爲科學建立在社會學、心理學、生理學、人類學、文化學、經濟學、語言學、法律學等學科基礎上，是分析、認識、研究影響人的安全行爲因素及模式，掌握人的安全行爲和不安全行爲的規律，實現激勵安全行爲、防止行爲失誤和抑制不安全行爲的應用性科學。安全行爲科學的研究對象是以安全爲內涵的個體行爲、群體行爲和領導行爲。安全行爲科學的基本任務是通過對安全活動中各種與安全相關的人的行爲規律的揭示，有針對性和實用性地建立科學的安全行爲激勵理論和不安全行爲的控制理論及方法，並應用於指導安全管理和安全教育等安全對策，從而實現安全環境安全生活得境界。

安全行爲科學與安管理科學有必然的聯繫。首先安全管理是一門科學，所謂科學是人類社會歷史生活過程中所積累起來的關於自然、社會和思維的各種知識的體系。人類知識長期發展的總結。科學研究的任務在於揭示社會現象和自然現象的客觀規律，找出事物的內在聯繫和法則，解釋事物現象，推動事務發展。安全管理就是研究人和人關係以及研究人和自然關係的科學。具體的說，就是研究日常生活、工作環境、例行或特殊活動過程中的不安全、不妥當因素；研究工作過程中使用工具、機器設備和工作環境等方面可能潛在的不安全因素，提出檢討、注意、改善等方式，以便確保員工與整體環境之安全。

根據安全管理的職能來看，其管理的內容同其他安全學科一樣，分爲兩個範疇，即對人的管理和對事、物的管理。在這兩大範疇中，人的因素顯得重要的多，因此，安全管理要注重人的因素，強調對人的正確管理，這就必須要求人們對企業經營過程中的人的心理活動以及他們在執行保護和安全過程中的行爲規範與行爲模式等問題進行必要的分析和深入的研究。安全行爲科學就是承擔這一任務，去研究如何進行有效的安全管理和安全作爲的一門科學。

行爲科學是從社會學和心理學角度研究人行爲的一門科學，主要研究工作環境中個人的和群體的行爲。目的在於控制並預測行爲；強調做好「人的工作」，通過改善社會環境以及人與人之間的關係來提高工作效率確保安全。人的行爲是個人生理因素、心理因素和社會環境相互作用的結果。因此，行爲研究廣泛地涉及許多學科的知識，例如生理學、醫學、精神病學、政治學等。可以應用於教育與醫療工作，研究糾正不良行爲，治療精神疾病；亦可以應用於政治領域，作爲尋求緩和矛盾，解決衝突的理論依據等。

顯然，安全行爲科學是行爲學科的重要應用分支。安全行爲學科不但將行爲科學研究的成果爲其所用，同時安全行爲科學也爲行爲科學豐富了內容，擴大了內涵。因此，安全行爲科學與行爲科學是相互交叉和兼容的關係，是行爲科學在安全中應用而發展起來的應用性學科。

第一節　安全行爲基本理論

一、安全行為科學的研究對象

安全行爲科學是把社會學、心理學、生理學、文化學、語言學、法律學等學科基礎理論應用到安全管理和事故預防的活動中，爲保障人類安全、健康和安心服務的一門應用性學科。安全行爲科學的研究對象是社會、企業或組織中的個人和群體之間的相互關係以及與此相聯繫的安全行爲現象，主要研究的對象是個體安全行爲、群體安全行爲和領導安全行爲等方面的理論和控制方法。

（一）個體安全行爲

首先要知道什麼是個體心理。個體心理指的是人的心理。人既是自然的實體，又是社會的實體。從自然實體來說，只要是在形體組織和解剖特點上具有人的形態，並且能思維、會說話、會工作的動物，都叫做人。從社會實體來說，人是社會關係的總和，這是它最本質的特徵，凡是這些自然的，社會的本質特點全部集於某一個人的身上時，這個人就稱之爲實體。

個體是人的心理活動的承擔者。個體心理包括個體心理活動過程和個體心理特徵。個體的心理活動過程是指認識過程、情感過程和意志過程；個體心理特徵表現爲個體的興趣、愛好、需要、動機、信念、理想、氣質、能力、性格等方面的傾向性和差異性。

任何企業或組織都是由眾多的個體的人組合而成的。所有這些人都是有思想，有感情的有機體。但是，由於個人先天遺傳素質的差別和後天所處社會環境及經歷、文化教養的差別，導致了人與人之間的個體差異。這種個體差異也是決定了個體安全行爲的差異。

在一個企業或組織中由於人們分工不同，有領導者、管理人員、技術人員、服務人員、工作環境、工作條件等方面也不一樣，加之個體心理的差異，所以在安全管理過程中產生的安全心理活動也是複雜的。因此在分析人的個體差異和個體安全心理，對於了解安全行爲、控制和規範管理安全行爲是很重要的，這對於安全管理來說是基礎的工作之一。

（二）群體安全行爲

群體是一個介於組織與個人之間的人群結合體。這是指在組織機構中，由若干個人組成的爲實現組織目標利益而相互信賴、相互影響、相互作用，並規定其成員行爲規範所構成的人群結合體。對於一個企業來說，群體構成了企業的基本單位。現代企業都是由大小不同、多少不一樣的群體組成。

群體的主要特徵表現爲：1.各成員相互依賴，在心理上彼此意識到對方；2.各成員間在行爲上相互作用，彼此影響；3.各成員有“我們同屬於一群”的感受。實際上也就是彼此間有共同的目標或需要的聯合體。從群體形成的內容上分析可以得知，任何一個群體的存在都包含了三個相關聯的內在要素。這就是相互作用、活動與情緒。所謂的相互作用，是指人們在活動中相互之間發生的語言溝通與接觸。活動是指人們所從事的工作的總和，它包括行走、對話、行為、工作、飲食、睡眠等，這些活動被人們直接感受到。情緒指的是人們內心世界的感情與思想過程。在群體內，情緒主要指人們的態度、情感、意見和信念等。

群體的作用是將個體的力量組合成新的力量，以滿足群體成員的心理需求。其中最重要的是使成員獲得安全感。在一個群體中，人們具有共同的目標與利益。在工作過程中，群體的需求很可能具有某一方面的共同性，或工作內容相似，或服務方式一樣，或在一個工作環境之中具有同樣的條件等。他們的安全心理雖然具有不同的個性傾向，但也會有一定的共通性。分析、研究和掌握群體安全心理活動狀況是確保安全管理的重要條件。

（三）領導安全行為

在企業或組織各種影響人積極性的因素中，領導行為是一個關鍵性因素。因為不同領導的心理與行為，會造成企業不同的社會心理氛圍，從而影響企業員工的積極性。有效的領導是企業或組織取得成功的一個重要條件。

管理心理學家認為，領導是一種行為與影響力，不僅是指個人的職位，而且是引導和影響他人在一定條件下向組織目標邁進的行動過程。領導與領導者是兩個不同的概念，他們之間既有聯繫又有區別，領導是領導者的行為。促使集體和個人共同努力，實現企業目標的過程，即為領導；而致力於實現這個過程的人，則爲領導者。雖然領導者在形式上有集體個人之分，但作爲領導集體的成員，在他履行自己的職責時，還是以個人的行爲表現來進行的。從安全管理的要求來說，企業或組織的領導者對安全管理的認識、態度和行爲，是確保安全管理的關鍵因素。分析、研究領導安全行爲，是安全管理的重要內容。

二、安全行為科學的研究任務

安全行爲科學的基本任務是通過對各種活動中與安全相關的人、事、物的瞭解、觀察、預測和控制的研究，有針對性和實用性地建立科學的安全行爲激勵理論，並應用於提高安全管理的工作效率，從而合理地發展人類的安全活動，實現一個無憂無慮的工作與生活環境。

對於研究來說，任何科學的形象、發展以及成果的取得，都比須遵循一定的基本原則，同時，還要掌握科學的研究方法。安全行爲學可以說是一門新興學科，但就目前的發展趨勢來看，它是一門正在發展的科學，是社會化大眾發展的必然趨勢。

三、研究安全行為的方法

研究安全行爲的方法有如下幾種：

（一）觀察法

通過人的感官在自然的、不加控制的環境中觀察他人的行爲，並把結果按時間順序作系統紀錄的研究方法。

（二）談話法

通過面對面的談話，直接了解他人行爲及心理狀態的方法。應用前事先要有周詳的計畫，確定談話的主題，談話過程中要注意引導，把握談話的內容和方向。這種方法簡單易行，能迅速的取得第一手的資料，因此被行爲科學家廣泛應用。

（三）問卷法

是根據事先設計好的表格、問卷、量表等，由被識者自行選擇答案的一種方法。一般有三種問卷式：判斷式，選擇式和等級排列式。這種方法要求問題明確，能使被試者理解、把握。調查表回收後，再運用統計學的方法對其數據做進一步的處理。

（四）測驗法

採用標準化的量表和儀器來測量被試者有關心理品質和行爲的研究方法，如常見的智力測試、人格測驗、特種能力測驗等。這是一種較複雜的研究方法，需要受過專門訓練的人員負責測驗。

四、安全行為科學的研究內容

安全行爲科學的主要內容包括：**（一）人的安全行為模式分析和認識**。包括認識人的個體自然生理行爲模式和社會心理行爲模式；分析影響人的安全行爲心理因素，如情緒、氣質、性格、態度、能力等；分析影響人的安全行爲的社會心理因素，如社會知覺；價值觀、角色作用等；分析群眾安全行爲的因素，如社會輿論、風俗時尚、非正式團體行爲等。**（二）安全需要對安全行為的作用**。需要是一切行爲的來源，安全需要是人類安全活動的基礎動力，因此，從安全需要入手，在認識人類安全需要的前提下，應用需要的動力性來控制和調整人的安全行爲。**（三）工作過程中對安全意識的認知**。安全意識是良好安全行爲的前提條件，是控制人行爲要素之一。這部分內容研究工作過程的感覺、知覺、記憶、思維、情感、情緒等對人的安全意識作用和影響，從而達到強化安全意識的目的。**（四）個體差異與安全行為**。主要分析和認識個性差異和職務（職業、職位）差異對安全行爲的影響，通過協調、適應、調控等方式，控制、消除個性差異和職務差異對安全行爲的不良影響，促進其良好作用。**（五）導致事故產生的心理因素分析**。人的行爲與心理狀態有著密切的關係。探討事故形成和發生的過程中，導致人失誤的心理過程和影響作用規律，對於控制和防止失誤有著重要的意義。這部分主要探討人的心理因素與事故的關係、造成的原因、作用的方式和測定的技術等。**（六）挫折、態度、群體與領導行為**。研究挫折這種特殊心理條件下人的安全行爲模式；態度心理特徵對安全行爲的影響；群體行爲與領導行爲在安全管理中的作用。**（七）注意在安全中的作用**。探討人注意力的模式，即注意的分類、功能、表現形式、屬性，以及在生產操作、安全教育、安全監督中的應用。**（八）安全行為的激勵**。應用行爲科學的激勵理論，如權變理論、強化理論、期望理論、公平理論等，來激勵員工個體、企業群體和領者導的安全行爲。

第二節　人的行爲模式

研究人的行爲模式是探討行爲規律的重要工具。由於人具有自然屬性和社會屬性，人的行爲模式通常也從這兩個角度來研究。一是從人的自然屬性，即從生理學意義上來研究人的行爲模式，二是從人的社會屬性角度，即從心理學和社會學意義上來研究人行爲模式。

一、人的生理行為模式 — 自然屬性模式

人的自然屬性行爲模式是從自然人的角度來觀察，人的安全行爲是對刺激的安全性反應，這種反應是經過一定的動作實現目標的過程。比如，行車過程中，突然有小孩橫穿馬路，司機必須要緊急煞車的動作，並安全停車，保證沒有事故發生。這裡，小孩橫穿馬路是刺激源，煞車是刺激性反應，安全停車是行爲的安全目標，這中間又需要判斷、分析處理等一連串的安全行爲。由此可歸納出人的生理模式：外部刺激（不安全狀態）→肌體感受（五感）→大腦判斷（分析處理）→安全行爲反應（動作）→安全目標的完成。各環節相互影響，相互作用，構成了個人各種模式的安全行爲表現。這種安全行爲有兩個共同點：（一）相同的刺激會引起不同的安全行爲；（二）相同的安全行爲來自不同的刺激。正是

由於安全行爲模式的複雜性，才產生了多種多樣的安全行爲表現，同時也給人們提出了研究各個方面安全行爲科學的課題。從這一行爲模式的規律出發，外部刺激（不安全態度）→肌體感受（五感）和安全行爲反應（動作）→安全目標的完成，兩個環節要求，我們研究安全人體機能反應，大腦判斷（分析）這一環節是安全教育學解決的問題。

安全行爲是人對刺激的安全反應，又是經過一定的動作實現目標的過程。比如，石頭砸到腳，腳馬上就會彈開，並且用手按摩被砸處，有可能會讓人發出痛叫聲，腳被砸是被刺激的連結，離開被砸位置和用手按摩是安全行爲的刺激性反應，而這中間又需要一連串需要自己實現的安全行爲。由此可歸納出人的一般安全行爲模式：

S → O → N → M

刺激　人的肌體　安全行爲反應　安全目標的完成

刺激（不安全狀況）→人的肌體→安全行爲的反應→安全目標的完成，這幾個環節相互影響、相互聯繫、相互作用，構成了人的安全行爲表現和過程。這種過程是由人的生理屬性決定的。人的安全行爲從因果關係上看有以下兩個共同點。

第一，相同的刺激會引起不同的安全行為。同樣是聽到危險的信號，有的積極尋找原因，排除險境，臨危不亂；有的會膽小如鼠，逃離現場。

第二，相同的安全行為來自不同的刺激。幹部重視安全工作，有的是有安全意識，受安全科學的指導；有的可能迫於監察部門監督；有的可能是受到重大事故的教訓。正是由於安全行爲模式的複雜性，才產生了多種多樣的安全行爲表現，同時也給人們提出了研究幹部和員工各方面的安權管理行爲科學的課題。

二、人的心理學行為模式 — 社會屬性模式

從人的社會屬性角度出發，人的行爲遵循如下行爲模式反應；

需要 → 心理緊張或興奮 → 動機 → 目標導向 → 目標行動 → 安全行爲 → 需要滿足，緊張消除 → 新的需要

因此，需要是一切行爲的來源。一個珍惜生命與健康的人，一個需要安全來保護實現企業經濟效益的老闆，他一定會做好安全工作。因爲，人有安全的需要就會有安全的動機，從而就會在公司內部或行爲的各個環節進行有效的安全行動。因此，需要是推動人們進行安全活動的內部原動力。動機是指爲滿足某種需要而進行活動的念頭和想法。在分析和判斷事故責任時，需要研究人的動機與行爲的關係，透過現象看本質，實事求是處理問題。動機與行爲存在著複雜的聯繫，主要表現在：（一）同一個動機可以引起不同的行爲，如同樣爲了公司安全，有的會從加強安全、提高工作效率等方面入手；而有的人會從裝備、組織、從改革方面著手。（二）同一行爲可出自不同的動機。如積極做安全工作，有可能出自不同的動機：有些迫於政府規定檢查；有些基於企業發生重大的事故教訓，真正建立了"預防爲主"的思維，意識到了安全的重要性等等。（三）合理的動機也可能引起不合理的甚至是錯誤行爲。經過以上對需要和動機的分析，我們可

以認識到，人的安全行爲是從需要開始的，需要是行爲的基本動力，但必須通過動機來付諸實踐，形成安全行動，最終完成安全目標。

安全行爲科學認爲，研究人的需要與動機對人的安全行爲模式有重要的意義。人的安全活動，包括制定方針、政策、法規及標準，發展安全科學技術，進行安全教育，實施安全管理，進行安全工程設計等，都是爲了滿足發展社會經濟和保護員工安全的需要。因此，研究人安全行爲的產生、發展及其變化模式，需要研究人的需要和動機。其基本的目的就是尋求激勵人、調整人的行爲去從事安全活動的積極性和創造性，使人的安全工作按一定的規則和組織目標去進行，最終使安全活動變得更有成效和貢獻。

第三節　人爲的不安全因素

有一天清早趕搭台北市捷運，在市政府站我以方便的悠遊卡刷過後，很自然的利用電扶梯下去月台搭捷運。請問你會走向右側的電扶梯下去，還是左側的電扶梯下去？

那天我很自然的走向右側的電扶梯準備下去月台，但令我困惑的是我一直後退，因爲不知怎麼搞的，此電扶梯被改爲由月台上來的方向在運轉。一般而言，右側應當是下月台的才對。事實上，下午從高雄回來，我再次確認一下，發現那部電扶梯的運轉方式以恢復大家熟悉的方向了。

我的問題是我的認知告訴我，右側的電扶梯是下去的，哪知道它臨時改了運轉的方向。當然，我踏進前沒有確認，也因趕捷運而未專心，才弄錯的。

人就是容易犯錯，認知、專心度、思考邏輯等心理層面問題都會造成錯誤。在安全管理因素中，安全的心理層面無疑是令人感到關切的，各級安全人員及主管應對此問題有基本瞭解。本節將探討人的心理層面的許多相關問題，接著將探討一個人爲何有不安全行爲的問題。而中外有許多研究者花了很多精神去研究心理與行爲的本質。他們所得到的結果均試圖將問題給與分類，這是一個仍待學術界提出完整答案的課題。

一、「不小心」一辭之濫用

對意外事故原因最古老及最不正確的歸類，是將之視爲由於「不小心」（carelessness）所引起，但越來越多的人認爲精神與情緒的因素，不僅會影響一個人對社會需求與生活問題的反應，而且也會或多或少導致傷害。

意外事故的發生，每一次的傷害，都有一個以上的原因，這些原因可能是外來的，也可能是當事者本身造成的問題，而且，原因可能與上述兩個情況都有關。而「不小心」則需被強調爲人們自己造成的最重要的因素。事實上，「不小心」這辭只是說明原因之一小部份而已，易於誤導觀念，且有太多人接受這觀念，因此有必要加以深思。

例如，一件汽車事故中，司機在溼滑的路上高速駕車時，無法在轉彎處順利轉彎而衝撞一顆樹，導致司機斷了一條腿，臉部與頭部也嚴重受傷。他的 10 歲女兒傷重送醫不幸死亡，妻子受傷非常嚴重變成永久殘廢。或許，又有人說是由於司機之「不小心」而造成這次事故。

有一個機工雖知安全實務告訴他修理機械前要關掉機器，但是有一次他在設備運轉時，調整機器而被切掉一隻手指，他不認爲這是由於自己不小心；事實上，他的理由是不想打斷作業，不想損失寶貴的時間，而且也不想要受傷！

因此，將「不小心」當成傷害的原因之一，即無法對傷害原因的改善提出說明或定義，也無法顯示人類行爲的現象對於傷害的原因的改善有效性。相反的，正如快速的搖動毯子，覆蓋事實真相，遮蔽真理一樣，容忍傷害原因不見，而將傷害因素歸之於所提出的假設中。每次一但傷害原因屬人爲時，就歸咎於「不小心」。是不願面對現實的不正確思維！除了「不小心」外，欠缺思考也是原因之一，而只要改進人的習慣，將人加以訓練，或增加專心的能力，都可以達成改善的目標。

二、有事故傾向的人

早期的安全事件相關文獻中，指出有部分的人是有事故傾向（accident proneness）的，這可能是誤導人們的另一個辭彙。

事實上，這是有待商榷的。一個人若老在發生事故。原因可能是本身情況涉及個人身體上或是精神上的缺陷，或其工作環境有所欠缺。每一個人都應努力去發掘事實的真相，而不要偷懶就指出當事人是有事故傾向的人。

人被稱爲有事故傾向的主要因素，乃是其發生傷害之頻率高，比其他人易於受到傷害，因此，應將這種人從工作場所剔除，就會減少事故傾向者。事實上，在統計上這不是不切實際的。第一，整個傷害事件中，這些人僅是小部份罷了；其次，把這些人剔除，代之以新的一群人，仍難免會有較多傷害事故時，這是正常的統計分布特性。

其實較佳的辭彙應是「重複受傷者」（injury repeater）。一個人只要被發現比其他人易於受到傷害，他就是這類的人。這樣的分類，並不能表示其爲何重複遭到傷害。欲加以解釋，就需要辨認傷害原因，但結果並不一定與個人的缺陷有直接關係。

工作場所環境因素的影響，也是不可忽視的，例如，有些單調枯燥的工作很容易使人精神不濟、昏昏欲睡，這些都容易導致事故。有些工做場所的照明情況不良，而視線不良的結果是導致傷害的發生。因此，即使傷害與個人無關也需加以瞭解，原因不一定在人們的身上，而可能是外界因素的結果。冥想的影響，可能比傷害本身更是一個嚴重的因素；工作的疲累、一氧化碳及有毒物質，在事故中都有可能占一席之地；酗酒及藥物使用，也都可能有關。

斯酷泰格（M. S. Schulzinger，1954）曾於美國工業醫藥研究雜誌上，發表其就兩萬七千件安全事故傷害案件及八千件非安全事故傷害案件所做的研究報告，結論顯示，重複受傷者在安全計畫中並非明顯因素。報告內容包括：（1）在三年期間，每年經常受到傷害的人，僅佔傷害數的千分之五而已；（2）大多數的人（86%中有 74%的多數受傷者）是由於非常不尋常的獨特經驗；（3）受傷的組群研究發現，最多數的傷害發生在 20~24 歲間，其比率比 40~44 組的多 2.5 倍，比 50~54 歲的組的多 4 倍，比 60~64 歲組的多 9 倍，而且在安全工作界與非安全工作界的都一樣。這顯示易受傷害程度，隨年齡之增加而減少。

在我國就民國 71 年至 86 年間的 8,821 位重大罹災者加以統計分析發現，這些罹災者工作未滿 1 年者共有 4,675 人，占 53%；1~5 年者有 2,086 人，占 23.65%；5~10 年者有 764 人，占 8.46%；而 10 年以上僅有 967 人，占 11.19%；其他不詳者有 327 人，占 3.71%。這些罹災者中，年齡在 15 歲以上未滿 16 歲者有 75 人，占 0.85%；16 歲未滿 20 歲者有 597 人，占 6.77%；20 歲以上未滿 40 歲者有 4,624 人，占 52.42%；40 歲以上未滿 60 歲者有 3,055 人，占 34.63%；60 歲以上者有 451 人，占 5.11%；其他不詳者有 19 人，占 0.22 %。這份資料顯示罹災者中年齡增加，人數有減少的情形。

對事故傾向員工的基本觀念，主要是由於無法了解機率分配的特性。在常態分配上，僅有少數人比其他平均的人傷害多。敏慈與布魯姆（A. Mintz & M. D. Blum, 1940）在應用心理學期刊上告訴我們，重複者傷害頻率大約是機率（即 Poisson）分配。而英國工業心理學學會出版的《職業心理學》一書中，A 赫爾與 M 赫爾（A. R. Hale & M. Hale,1970）在一篇文章指出，早期研究者均假設事故傾向者是一種固定的人格特質，但近來的研究並不支持這樣的論點。

三、相關的生理因素

在考慮可能的不安全原因時，對某些事故是由於個人生理上的缺失或失調所導致的可能性，幾乎沒有任何爭執。在生理方面的範圍內，來考慮這些因素並非不尋常，因爲這些因素均可以經由討論員工的安全計劃加以偵測、修飾或改正。

（一）視　力

視覺表現在傷害間的關係，已有許多學者加以研究並提出報告，在每一個不同的研究中，結果都顯示眼睛有問題的組群，與其他無問題的組群中，傷害經驗明顯不同。

（二）反應時間

一個類似的邏輯假設，可能是反應時間會對一個人防止事故的能力有明顯的影響。然而，證據卻相當有爭議性，因反應時間對傷害因素並無重要關係。

法瑪與簡伯斯（E.Farmer & G.Chamber,1926）的研究結果即發現反應時間與傷害頻率的關係並不一致！不過魏契斯樂（D.Wechsler,1926）及美國安全學會（NSC,1946）的研究卻相當的有意思。前者研究計程車司機發覺，比普通人反應時間較快或較慢的，其意外的事故也比平均反應的普通人爲多。而後者研究報告指出，快速反應者比反應慢者的司機有較多的事故經驗。

（三）知覺、肌肉反應及傷害間關係

得雷克（C.A.Drake,1942）在一本書中指出，其研究結果發現於視覺偏差、肌肉反應速率與是故之間可能存有一種相關性。他的結論爲一反應較知覺快的人比那些知覺比反應快的人有較多的事故。

（四）智力與傷害經歷關係

一般均覺得一個人若要避免受到傷害，必須具有某種程度的智力。很多研究均顯示，智力與傷害經歷間存有關係。《美國國家安全訊息》第 25 期裡，勞兒（A.R.Lauer,1932）即指出 IQ 低於 75 的汽車駕駛員，有較多的事故紀錄。簡伯斯（Chambers,1939）在第 85 期的精神科學期刊上指出，重複事故者中很少有比普通人的學習、智力及手藝上表現高超。而黑尼格（ M.S.Henig,1927）在《教育研究》期刊第 16 期的一篇〈智力與安全〉文章中，指出事故與智力測驗低分數間有一定關係。

當然，有些報告也指出，傷害重複者與智力水平間並無相關性，這樣子的差異可以解釋爲，某一最低智力是爲避免傷害與損害所需，在這最低水平之上，毫無疑問地，可以發覺在傷害與智力間，有某種相關存在。

因此，智力測驗，對區別一般員工與智力極低員工是有幫助的。

（五）聽　力

聽力受損對一個人傷害經歷有一定程度的影響，因一旦聽力受損，其對警告訊息及機器運作正常的聲音有所改變時之辨識能力即受到影響。

哈偉與陸翁格（U.K.Harvey &E.P.Luongo,1945）在美國醫學會刊物第 127 期指出，聽力受損的殘障者比其他部分殘障的較易受到傷害。

（六）年　齡

年齡對事故紀錄有些關係。蘇利（Jean Surry,1969）指出，20~27 歲的員工傷害率穩定的下降。然而，因安全事故的死亡率則在 20~26 歲間無多少差異。

由密西根州立大學企管研究學院的謝懷一沙賴（Shaffai-Sahrai,1973）的研究報告，也支持勞工年紀增加，傷害率降低的結論。

（七）經　驗

傷害與經驗之密切關係，正如年齡的情況一樣，費謝（Fisher,1922）的報告即指出當個人工作經驗年資累積，在潛在傷害即告減少。二十五年後吉謝里與布朗(E.E.Ghiselli & C.W.Brown,1947）的報告也一樣支持費謝的結論。

然而值得注意的是史蒂芬斯（A.F.Stevens,Jr,1922）與史洛斯布利（G.Shrosbree,1933）的不同結論，工作傷害隨年齡的增加而增加。相牴觸的原因何在？道理很簡單，結果之變化起因於研究群組的改變，而某些需能力與重體力的工作，對年紀大的員工較危險！

（八）情緒不穩

謝赫（R.B.Hersey,1936）在一篇事故的情緒因素研究中，指出情緒與傷害是相關的。針對400位小傷害的治療研究，過半數以上的人均有憂心、掛慮或情緒低落的情況。平均20%的員工都會因工作、家庭困擾、失眠、疲勞等而導致情緒低落。

雖則情緒狀態非安全主管人員所能控制的，但這卻是工作安全的特徵。因此，主管人員可控制工作環境，以減少使勞工有生氣、害怕或激動的感覺。改善之道，首在良好的安全溝通，當然也不要造成過度安全溝通，因後者也會產生不必要的憂煩，此乃有些問題是某些高級主管或一般主管的責任，而若公開給那些權限不相關，或無法了解背景的員工，只會導致無謂的擔心而已。這點特別值得那些大開溝通之門的主管人員注意。

安全溝通是預防情緒不良的好方法，一旦員工已陷於情緒困擾時，則需求助於專業諮商員的諮商了，也就是員工協助服務中心的協助、解決。

（九）婚姻狀況

研究發覺婚姻狀況良好的員工，比婚姻狀況差的有較好的安全表現紀錄。事實上，員工大部分都已婚的公司，與只有較少部分員工結婚的公司有較少的傷害事故率。這主要是已婚者較穩定，較有責任，也對傷害結果較關心；婚姻不和諧的、快要破產的，或家庭成員生病或受傷的員工，都易造成情緒沮喪，對工作不專心，而連帶地導致不安全行爲及傷害。

（十）其他因素

除上述因素外，尚有一些其他因素與職業傷害有關：

1.疲　勞

疲勞的人，不易專心於工作上，很容易造成意外事故是很明顯的，特別是夜間失眠，導致工作時打盹而發生意外。如經常在高速公路上飛馳的司機，易因疲勞陷於精神無法集中，因此而發生意外事故的例子時有所聞。

另外，人在疲勞時，對危險的情況較無法感覺出，以致身陷險境而不自知。有的人反應很差，所以常無法避免受到傷害，而這也是爲什麼操作人員不得連續值班的主要原因。其它防止疲勞的方式，如改善工作環境之照明、噪音與空氣情況。

2.照　明

照明不足，是造成傷害的重要因素，無法看清自己的工作位置及所做的事情，被炫光或陰影所混淆的勞工，較易受到傷害。葛雷（J.S.Gray）曾指出，旅行家保險公司的估計，美國有 24%的事故，是由於照明不良所造成，而一項在英國所做的研究，顯示照明不良或導致總傷害案件的增加 25%，而其中墜落事件約增加 75%。一些照明不完善的老工廠，夜間的墜落案件爲白天的一倍。

3.噪　音

大家對噪音都很清楚，但許多人卻忽視其對生理與心理的影響。人在嘈雜的環境容易心神不寧，自然容易出事。哈佛大學史蒂芬斯（S.S.Stevens,1941）等即指出噪音、速度及表現精確度間的相關度。而葛里馬（J.V.Grimaldi,1955）在噪音與安全表現中，也有相同的結論，他指出噪音存在的場所，平均反應時間、總失誤次數均告明顯增加。

4.空氣情況

工作場所室內的空氣特性，對員工安全表現之品質有很大的影響。例如有些氣體，一旦吸入時，即會造成精神錯亂、興奮、無精打采、頭痛或視覺受阻。

奧斯朋與佛儂（E.E.Osborne &H.M.Vernon,1922）的研究指出。溫度與傷害率之間有關，溫度比華氏 70 度增高或降低時，傷害率也增高。

5.工作環境

要決定許多身心與環境因素間的因果關係是很難的，因為幾乎無法隔斷相關之變數。但舒適感及清潔、整潔有序，似乎與傷害事故之減少有關。在某種程度上，這可能是由於這類的環境較無危害。另一方面，零亂無序會影響員工的精神狀態，至少事情太多就會分散其注意力，並且更易暴躁。

姬南、克爾與謝爾門（V. Keanan, W. Ker &W.Sherman, 1951）曾試著就心理情況或物理環境的十項因素與傷害經驗找出相關度，結果發覺沒有多少證據可以說明有關，不過良好的工作環境倒是安全行為的主要因素。

6.工作壓力

自從謝宜（H.Selye）於 1970 年開始提出壓力的觀念以後，壓力這一主題即引起了科學界與社會大眾極大的注意。有關工作引起的壓力，造成職業上補償性疾病的文獻日漸增加，另一方面，壓力影響行爲，道致事故的發生也漸漸地增多。

雖然人人都受到壓力的經驗，然而要對壓力下一個定義卻不容易，事實上，也沒有一個大家都能接受的壓力定義。華沙（Warshaw）稱壓力爲一個物理的、化學的、生理的、精神的、情緒的，甚至形而上學的過程。壓力的方向與強度是動態的，常由於知覺、能力即個人之抗拒性的改變而變化。

噪音、振動、熱、冷、輻射等情境，都有可能在人的工作場所存在，而這一些都可能是壓力源（stressors）。

本章重點題目：

一、試述安全行為科學主要的研究對象？

二、試述研究安全行為的方法有哪些？

三、試論述人的行為模式從哪兩個角度來研究？

四、試述人為不安全因素中的其他因素為何？

第六章　不安全行爲分析與控制

人的不安全行爲是導致意外事故最直接的原因，而造成人的不安全行爲卻是非常複雜的問題，基本上與我們的生理、心理狀況有密切的關係，因此分析和控制人的不安全行爲，是預防並掌握意外事故的必要條件。

第一節　行爲科學基本原理與人的不安全行爲

行爲科學認爲，人的行爲是由動機支配的。動機是引起個體行爲、維持該行爲並將此行爲導向某一目標的念頭，是產生行爲的直接原因。引發行爲的動機可以是一個，也可以是若干個。當存在多個動機時，這些動機的強度不完全一致且隨時發生變動。在任何時候，個人的行爲受其全部動機中最強有力的動機即優勢動機所支配。

激發人動機的心理過程即叫做激勵，通過激勵可以使個體維持在興奮狀態中。在安全工作中，激勵是指激發人們的正確動機，以調整人的積極性，做好安全管理。

需要是指個體缺乏某種東西的狀態，包括維持生理作用的物質要素和社會環境中的心理要素。為了滿足這種不足，就產生慾望和動力，並推動個體活動。需要（需求、期望、慾望）是激勵的基礎，是為了個體所感覺到並認可的激勵力量。當個體感到某種需要時，就會在內心中產生一種緊張或不平衡，進而產生企圖減輕緊張的行為。需要是人一種複雜的心理現象，它既受生理上自然需求的制約，又受後天社會需求的約束，兩者整合於個體之中，而產生各種不同的反應與行為。

行為科學中關於行為的理論很多，與安全管理最密切的有以下幾種理論。

一、需要層次理論

1943 年美國心理學家馬斯洛提出“需要層次理論”。馬斯洛認為，人具有內在的動機（需要）來指導或推動他們走向自我完善和個人優越的境地。較高的層次需要，只有在較低層次的需要滿足溝通後才能佔有優勢；每個人的動機結構不相同的，各層次的需求對行為的影響也不一致；各層次的需要相互依賴和重疊，並且是不斷發展與變化。因此，需要層次是一種動態的，而不是一種靜止的概念。只要有未被滿足的需求就可能會影響行為。馬斯洛提出人類需要五層次如下：

（一）生理的需要

指物質需要，維持生命的基本需要。例如，飢和渴就是普遍的生理基本趨動力。馬斯洛說：“缺少食物、安全、感情及尊重的人很可能對食物的渴望比對任何東西的需求都更爲強烈。”

（二）安全的需要

不僅包括身體的實際安全，也包括人心理上的和物質上免受損害的需求。從管理上來說，就是要注意不安全的行爲、保障工作的穩定性及良好的工作環境。

（三）社交的需要

前兩者需要都反映在個人身上，而社交需要反映了與其他人發生的相互作用，亦稱爲社會性需要。它包括跟別人交往、歸屬於群體、得到別人的支持、友誼與愛情等需要。這一層次的需要脫離了前面所強調的生理方面的內容，並開始強調精神的、心理的、感性的東西。這類的需要若得不到滿足，會影響人的心理健康，產生心理病態，甚至行爲失常。

（四）尊重的需要

人們按照自己的標準和別人的標準期望得到尊重，這一層次包括自我尊重和受人尊重兩方面。這可以表現爲具有對工作的積極態度，通過努力取的成績來贏得別人的尊重需求。應該注意的是，字碑或過於自尊是有害的；尊重別人通常會導致自我尊重和受人尊重；對直攻的成績給予適當的鼓勵和賞識，有能促進人們繼續完成工作任務和取得新的成就。

（五）自我實現的需要

人們通過自己的努力，實現自己對生活的期望，從而認爲生活和工作很有意義，這樣就能充分發揮個人的潛力。用馬斯洛的話來說："一個人能是怎樣的人，必須使之成爲什麼樣的人。"這即是自我才幹的實現。從管理上看，就要量才使用，他有多大的本事，就要他做多大的工作。

上述五種需要，以層次形式依次由低及到高級排列，形成金字塔式逐層梯升（圖 6-1），只有當低層次的需要相對滿足後，高一層次的需要才可能會出現。

馬斯洛指出，人的需要層次結構不是固定不變的，而是與人的生理狀況、文化程度、環境因素、社會發展等諸多原因有關。

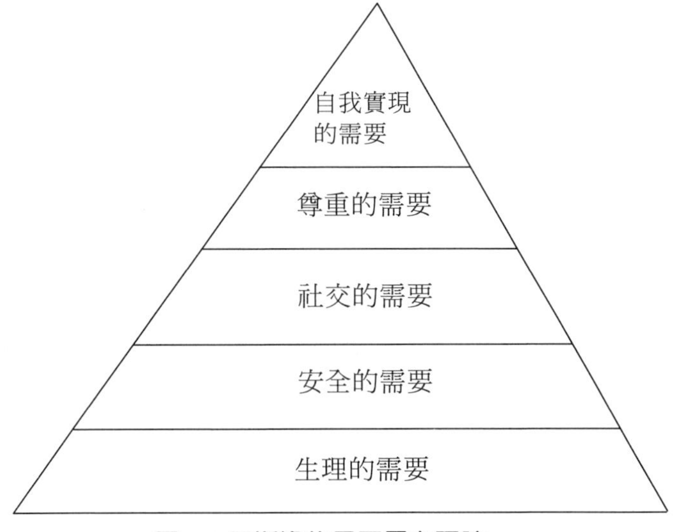

圖 6-1 馬斯洛的需要層次理論

馬斯洛的需要層次理論對揭示人類需要的規律性做出了貢獻，他將人的需要區分爲不同的內容與層次，並將其作爲一個完整的體系與以研究，從而推進和深化人們對需要的認識水平。由於此理論的直覺邏輯性強，易於理解，因而在管理領域中影響較大，它促使管理人員注意與人的需要的多樣性，人除了生理的和物質的需要外，還有精神上的需求，在企業安全生產管理工作中，應根據企業的具體情況，滿足人的各種合理需求，以激發員工的安全動機。依據“只有低層次需要基本上得到滿足後，才會有趨向於產生高層次需要”的觀點，企業安全管理人員首先應注重滿足員工的需求，並在此基礎上善於引導員工的思想境界向高層次發展，以進一步有利於安全管理工作順利進行。

二、雙因素理論

美國心理學家赫次柏格（F.Herzberg）通過調查發現，職工不滿意的情緒往往是由工作環境引起的， 而滿意的因素通常由工作本身產生。於是，他提出了“激勵因素-保健因素理論”，簡稱爲“雙因素理論”。

所謂激勵因素是指使人得到滿足感和激勵作用的因素，即滿意因素。其內容包括成就、讚賞、工作本身的挑戰性、負有責任的及上進心等。激勵因素的滿足能激勵員工的積極性和工作熱情，從而做好工作。因此，可以說激勵因素是適合個人心理成長的因素，是激發人們工作熱情的內在因素，及避免產生不滿意的因素。其內容包括企業的政策與管理、監督、工資、工作環境和同事關係等。改善保健因素、消除不滿情緒使員工維持原有的工作狀況，保持正向心理，但未必能使員工感到滿意。“保健”兩字表示像預防疾病那樣，防止不滿意的負面情緒產生，但不起激勵作用。

雙因素理論捨棄了“人主要爲錢而工作”的觀念，強調工作本身的激勵作用和精神需要對物質需要的調節作用。

三、期望理論

心理學家佛羅姆認爲，在任何時刻人類行爲的激發力量決定於人們所能得到結果的期望價值與人們認爲這種結果實現的期望值的乘積。可以用下式表達個人行爲與其結果間的關係： 激發力量=效價×期望值。

這裡激發力量表示使人們被激勵的強度；效價指達到目標對滿足個人的需要的價值如何；期望值指根據個人經驗的估計的目標實現的概率。效價和期望值的不同結合，決定著激發力量的大小。期望值大，效價大，則激發力量大；期望值小，效價小，或者兩者中某一個小，則激發力量小。

佛羅姆提出了人的期望模型（圖 6-2），用以表示人們的努力與所獲得的報酬之間的因果關係。該模型把激勵過程分爲 3 個部份，即要使激發力量大，必須處理好以下 3 個關係：從事某項工作本身的內在效價及報償與滿足之間的關係；完成工作任務的期望值，及個人努力與工作成績之間的關係；獲取報償的期望值，及工作成績與報償之間的關係。

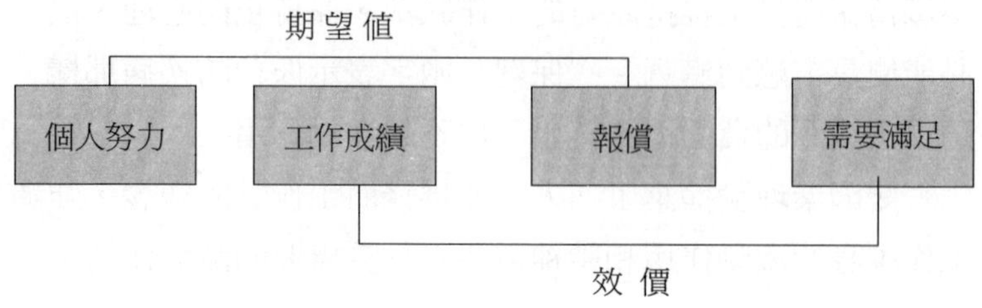

圖 6-2 人的期望模型

工作成績稱爲一級結果，即組織目標；報償稱爲二級結果，即個人目的。對一級結果激發的動力，還要看是否確信會導致二級結果，即事先能否看出成績和報酬之間的因果關係，這一關係被稱做媒具。總之，人們趨向於做出很大努力去達到目標，那是因爲：他們能夠完成任務；事先知道報償的內容和得到報償的可能性很大。

四、動機 — 報償 — 滿足模型

勞勒（Lawler）和波特（Porter）在期望理論的基礎上，提出了更完善地激勵模型。他們認爲，努力取決於報償的價值、報償的概率和個人認爲需要的能力。好的經驗會影響個人的價值系統和今後付出類似努力的傾向性。

努力和工作成績之間的關係，除了主要取決於努力外，還受人們對任務的知覺（對目標、所需活動以及對任務的其他因素的理解）和對個人能力的影響。內在的報償包括具有挑戰性的或令人愉快的工作、成就感、責任感及自尊等。外在的報償包括工資、讚揚、工作條件及地位等。

第二節　不安全行爲的生理因素

人的不安全行爲生理因素主要感官系統爲視覺、聽覺及接收訊息後的反應時間，以下作進一步說明：

一、視　覺

人在接受外界信息時，通過視覺器官接收的信息約佔全部信息的 80%以上。可見視覺是接受外界信息的主要手段，其餘的大部份信息又主要是靠聽覺來獲得的。

（一）常見的幾種視覺現象

由於生理、心理及各種光、形、色等因素的影響，使人在利用視覺的過程中，會產生適應、眩光、視錯覺等現象。這些現象在安全生產管理過程中應該加以分析利用。

1.暗適應與明適應

人眼對光亮度變化的順應性，稱爲適應，適應有明適應和暗適應兩種。

（1）暗適應

暗適應是指人從光亮處進入黑暗處，開始時一切都看不見，需要經過一定時間以後才能逐漸的看清被視物的輪廓。因爲在這個過程中，瞳孔逐漸放大，光度是增加的，使進入眼中的光線隨之增加，提高眼的感受性，從而能看清所視物的輪廓。暗適應的過度時間較長，大約需要 2~3 分鐘才能完全適應。

（2）明適應

明適應是指人從暗處進入亮處時，能夠看清事物的適應過程。這個過度時間很短，大約需要 1 分鐘，明適應過程即趨於完成。

人在明暗處急具變化的環境中工作，會因爲受到適應性的限制，使眼力出現短暫的下降，若頻繁地出現這種情況，會產生視覺疲勞，並容易引起事故發生。因此，在需要頻繁改變光亮的場所，應採用緩和照明，避免光亮度的急遽變化。

2.眩光：

當人的視野中有極強的亮度對比時，由光源直射或由光滑表面反射出的刺激或耀眼的強烈光線，稱爲眩光。眩光可使人眼感到不舒服，使可見度下降，並引起視力的明顯不良。

眩光造成的有害影響主要有：破壞穩定光線，產生視覺後像；降低視網膜的照度；減弱觀察物體與背景的對比度；觀察物體時產生模糊感覺等，這些都將影響操作者的正常能力。

3.視錯覺：

人在觀察物體時，由於視網膜受到光線的刺激，光線不足使神經系統不斷產生反應。而且會造成橫向現象擴大的影響，使得視網膜印象與物體的實際大小、形狀存在差異，這種現象稱之爲錯覺。視錯覺是普遍存在的現象。其主要類型有形狀錯覺、色彩錯覺及物體運動錯覺等。其中常見的形狀錯覺有長短錯覺（圖 6-3）、方向錯覺、對比錯覺、大小錯覺、遠近錯覺及透視錯覺等。色彩錯覺有對比錯覺、大小錯覺、溫度錯覺、距離錯覺及疲勞錯覺等。在工程設計以及安全管理時，若未達到預期效果，此項因素應考慮。

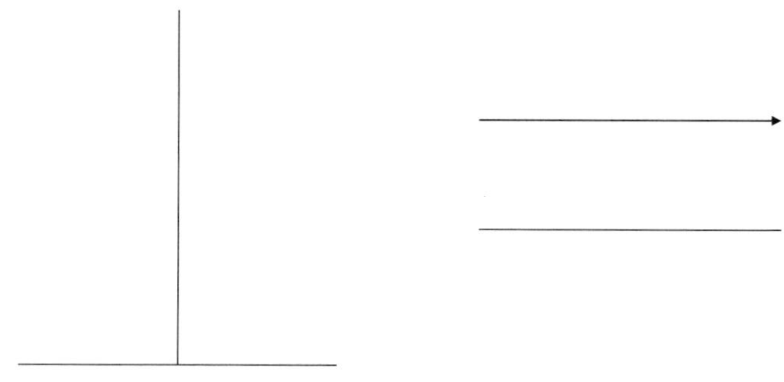

圖 6-3　視錯覺現象

（二）視覺損傷與視覺疲勞

1.視覺損傷

在生產過程中，除切屑顆粒、火花、飛沫、熱氣球、煙霧、化學物質等有形物質會造成對眼的傷害之外，強光或有害光也會造成對眼的傷害。

研究表明，眼睛能承受的可見光的最大亮度值爲 106cd/m²（亮度單位：坎德拉每平方米）。如越過此值，人眼視網膜就會受到損傷。300mm 以下的短波紫外線可引起紫外線眼炎。紫外線的照射 4~5h 後會使眼睛劇痛而不能睜眼，這一般是暫時性症狀，大多可以治癒。常受紅外線照射可引起白內障。直視高亮度光源（如激光、太陽光等），會引起黃斑燒傷，有可能造成無法恢復的視力減退。低照度或低質量的光環境，會引起各種眼的折光缺陷或提早形成老花。眩光或照度劇烈而頻繁變化的光可引起視覺機能的降低。

2.視覺疲勞

長期從事近距離工作和精細工作者，由於長時間看近物或細小物體，睫狀肌必須持續的收縮，這將引起視覺疲勞，甚至導致睫狀肌萎縮，使其調節能力降低。

長期在劣質光照環境下工作，會引起眼睛局部疲勞和全身性疲勞。全身性疲勞表現爲厭倦、食欲下降、肩上肌肉僵硬發麻等自律性神經失調症狀；眼部疲勞表現爲眼病、頭痛、視力下降等症狀。此外，作爲眼睛調節睫狀肌的疲勞，還可能導致近視。

視覺損害和視覺疲勞引起的視力下降，常會導致工作降低和事故發生。因此，保護員工的視力十分重要。

（三）視覺的運動規律

人們在觀察物體時，視線的移動對看清和看準物體有一定規律。掌握這些規律，有利於在作業過程中提高工作的可靠性。

1.眼睛的水平運動比垂直運動快，即先看到水平方向的東西，後看到垂直方向的東西。所以，一般機器的外型常設計成橫向長方形。

2.視線運動的順序習慣於從左到右、從上而下、順時針進行。

3.對物體尺寸和比例的估計，水平方向比垂直方向準確、迅速，且不易疲勞。

4.當眼睛偏離視野中心時，在偏離距離相同的情況下，觀察率優先的順序是左上、右上、左下、右下。

5.在視線突然轉移的過程中，約有 3%的視覺能看清目標，其餘 97%的視覺可能不真實的，所以在工作時，不應有突然轉移視線的要求，否則會降低視覺的準確性。如需要人的視線突然轉動時，也應要求慢一些才能引起視覺的注意。爲此，應給出一定標誌，如利用箭頭或顏色預先引起人的注意，以便把視線轉移放慢。

6.人眼看一個目標要得到視覺印象，最短的注視時間爲 0.07~0.30 秒，這裡與照明的亮度有關。人眼視覺的暫停時間平均需要 0.17 秒。

二、聽　覺

聽覺的功能可以分辨聲音的高低和強弱，還可以判斷環境中聲源的方向與遠近。

（一）聽覺特性

1.聽覺絕對閾限

聽覺的絕對閾限是人的聽覺系統感受到最弱的聲音和痛覺聲音的強度，它與頻率和聲音有關。在閾限以外的聲音，人耳的感受性降低，以致不能產生聽覺。聲波刺激作用的時間對聽覺值有重要的影響，一般識別聲音需要的最短持續時間爲 20~50ms。

聽覺的絕對閾限包括頻率閾限、聲音閾限和聲強閾限。聲強是指在垂直於聲波的傳播方向上單位時間內通過的單位面積的平均聲能，單位爲 W/㎡。頻率爲 20Hz、聲壓 2x105Pa、聲強 10-12 W/㎡的爲聽閾。低於這些值的聲音不能產生聽覺。而痛閾聲音的頻率爲 20000Hz、聲壓爲 20Pa、聲強爲 102 W/㎡。人耳的可聽範圍內的就是聽閾與痛閾之間的所有聲音。

2.聽覺的辨別閾限

人耳具有區分不同頻率和不同強度聲音的能力。辨別閾限是指聽覺系統能分辨出兩個聲音的最小差異。辨別閾限與聲音的強度都有關係。人耳對頻率的差異是最靈敏，常常能感覺出頻率微小的變化，而對強度的感覺次之，不如對頻率的感覺靈敏。不過兩者都是在低頻、低強度時辨識較高。另外，在頻率 500Hz 以上的聲頻及聲強辨別閾限大體上趨於一個常數。

3.辨識聲音的方向和距離

正常的情況下，人的兩耳聽力是一致的。因此，根據聲音到達兩耳的強度和時間先後之差可以判斷聲源的方向。例如，聲源在右側時，距左耳稍遠，聲波到達左耳的時間稍長。聲源與兩耳間的距離每差 1 ㎝，傳播時間就相差 0.029ms，這個時間差足以讓判對聲源的方位提供有效的信息。另外，由於頭部的屏蔽作用及距離之差會使兩耳感到聲強的差別，因此，同樣可以判斷聲源的方位。以上這兩種判斷方法，只有聲源恰好在聽者的左方或右方時，才能確切判斷聲源的方位。如果聲源在聽者的上方、下方或前方、後方，就較難確定其方位，在危險的情況下，除了聽警報聲之外，如能識別出聲源的方向，往往有利於避免事故的發生。

判斷聲源主要依靠聲壓和主觀經驗。一般在自由空間，距離每增加一倍，聲壓級將減少 6dB。

（二）聽覺的掩蔽

當幾種聲強不同的聲音傳達到人耳時，人耳只能聽到最強的聲音，而較弱的聲音就聽不到了，即弱聲被掩蓋了。這種一個聲音被其他聲音的干擾而使聽覺發生困難，只有提高該聲音的強度才能產生聽覺的現象，稱為聲音的掩蔽。被掩蔽聲音的聽閾提高的現象，稱為掩蔽效應。

員工在作業時由於噪音對正常作業的監視聲及語言的掩蔽，不僅使聽閾提高，加速人耳的疲勞，而且影響語言的清晰度，直接影響作業人員之間信息的正常交換，而且可能導致事故的發生。

噪音對聲音的掩蔽與噪聲的聲壓及頻率有關。當噪音的聲壓級超過語言的聲壓級 20~25 dB 時，語言將完全被噪音掩蔽，掩蔽聲對頻率與其相鄰近的掩蔽聲的掩蔽效應最大；低頻對高頻的掩蔽效應較大，反之則較小；掩蔽聲越強，受掩蔽的頻率範圍也越大。當噪音的頻率正好在語言頻率範圍內（800~2500Hz）時，噪音對語言的影響最大。所以在設計聽覺傳達裝置時應儘量的避免聲音的掩蔽效應，已確保信息的正確交換。

需要注意的是，由於人的聽覺復原需要經歷一段時間，掩蔽聲去掉以後，掩蔽效應並不能立即消除，這個現象稱為殘餘掩蔽或聽覺殘留，其量值可以代表聽覺的疲勞程度。掩蔽聲也稱為疲勞聲，它對人耳的刺激時間和強度直接影響人耳的疲勞持續時間和疲勞程度，刺激越長、越強，則疲勞程度越高。

三、人的反應時間

人們在操作或觀察識別事物時，從開始操作、觀察、識別到動作，存在一個感知時間過程，即存在一個反應時間問題。

（一）反應時間

反應時間是指人從操作、觀察或外界獲得訊息後，經過大腦加工分析發出指令到四肢運動器官開始執行運動所需的時間，即反應時間。包括感覺反應時間（從信息開始刺激到感覺器官有感覺所用的時間）到開始動作所用時間（信息加工、決策、發令開始執行所用的時間）之和。

由於人的生理、心理因素的限制，人對刺激的反應速度是有限的，一般條件下，反應時間約爲 0.1~0.5 秒。對於複雜的選擇性反應時間達 1~3 秒，要進行複雜判斷和認識的反應時間平均達 3~5 秒。

爲了保證作業安全，一方面在機器設計中，應使設計的操縱速度低於人的反應速度；另一方面應通過訓練不斷提高操作者的反應速度。

（二）減少反應時間的途徑

一般來說，訊息的強弱和信息的明顯與否等外界條件是影響反應時間的重要因素；而器械的外觀造型和器具的是否使用恰當及操作者的生物力學特性等，則是直接影響動作時間的重要因素。

1.合理的選擇感知類型

在各類感覺的反應時間中，聽覺的知覺反應時間最短，約 0.1~0.2 秒，其次是觸覺和視覺。所以在設計和選擇各類機器的操縱系統時，應根據操縱控制的情況，合理的選擇感覺通道，儘量選用反應時間短的通道去控制和調節機器。

2.適合人的生理、心理要求，按人體工學原則設計類器具

3.熟練的操作技術

操作者操作技術的熟練程度直接影響反應速度，應通過訓練來提高人的反應速度。

縮短操作者的反應時間、提高操作者的反應速度，對於操作者即時正確應對突發事件具有重要意義。

第三節　不安全行為的心理因素

據事故統計資料表示，由人的心理因素而引發的事故佔70%~75%，甚至是更多。心理學是研究心理過程發生、發展地規律性，個性心理形成和發展的過程，以及心理過程和個性心理相互關係的一門科學。

心理學涉及的基本內容如下所述：

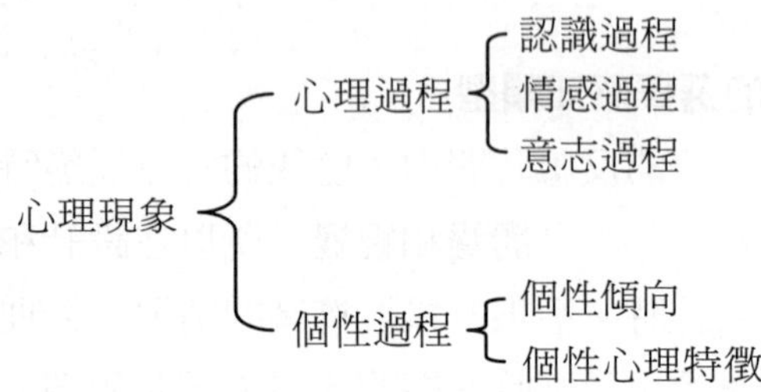

人的心理是同物質相連繫的，是起源於物質，是物質活動結果。人的心理是大腦對於客觀現實的反應。因此，研究人的心理，離不開客觀事實。

心理傾向是人進行活動的基本動力，決定人對現實的態度。個性心理特徵是個體的穩定地、經常地表現出來的能力、性格、氣質等心理特徵的總和。不同的個性心理，特質是不同的，個性心理特徵在先天素質的基礎上，在一定的社會條件下，通過個體具體的社會實踐活動，在教育和環境的影響形成和發展。

一、能　力

能力是指一個人能夠完成一定任務的本領，或者說，能力是人們順利完成某種任務的心理特徵。能力標誌著人的認識活動在反應外界事物時所達到的水平。影響能力的因素有很多，主要有感覺、知覺、觀察力、注意力、記憶力、思維想像力和操作能力等。

（一）感覺、知覺和觀察力

感覺是大腦對直接作用於感覺器官的客觀事務個別屬性的反應，而知覺則是大腦對客觀事物的整體反應，即對感覺到的客觀事物所做出的反應。一般情況下兩者密切相關，感覺是知覺的基礎，沒有感覺，也就不可能有知覺，感覺越豐富，知覺就越完整、越正確；知覺是感覺的升華。另外客觀事物的屬性和整體總是密切相連的，因而人們很少有單純的感覺，而總是將感覺的事物以知覺的形式直接反應出來。所以人們通常把感覺和知覺合稱為“感知”。例如汽車修理員通過聲音或跳動等現象感覺到“螺絲鬆動”後，便會立即做出“拴緊螺絲”的反應。

感覺的產生決定於客觀的刺激程度，而知覺在很大的程度上依賴於人的知識、經驗等。由於人們在實踐活動不斷積累經驗，而使知覺形象變得更精確、豐富。

觀察是有目的、有計畫、比較持久地認識某種對象的知覺過程，是一個知覺、思維、言語等綜合作用的智力活動過程，是知覺的高級形式，它在感知中占有很重要的地位。人們全面、深入、正確地觀察事物的能力，叫做觀察力。觀察力是智力結構的重要組成因素之一。在工業生產的和科研等活動中，要求操作者以及安全管理人員具有敏銳的觀察力，善於及時發現生產中的不安全因素和潛在的事故隱患，以便採取相應措施減少或避免事故發生。

（二）注　意

在安全管理工作中，調查和了解事故的原因時，許多人會簡單地回答："當時沒注意"。可見，"沒注意"或"不注意"常常是導致事故發生的一種原因。其實"沒注意"、"不注意"是和"注意"密切相關的，而且是和"注意"相比較而言。因此，要了解為什麼會出現"沒注意"、"不注意"等心理現象，首先有必要了解和認識"注意"。

注意是指心理活動對一定事物或活動的指向或集中。其中指向是指在每一個瞬間，心理活動都有選擇地朝向一定事物而離開其餘事物。集中是指把心理活動傾注於一定事物，使活動不斷深入，使對該事物的反應達到一定的清晰和完善的程度。注意本身不是一種獨立的心理活動過程，而是伴隨著感覺、知覺、記憶、思維、情感、意志等心理過程存在的心理特性，能保證人及時發現客觀事物極變化，使人更好的適應環境，在安全生產中有著特別重要的意義。員工在工作時集中注意力，是減少操作、避免事故發生的重要保證。

1.注意的分類

根據保持注意有無明確的目的性和意志的努力程度不同，一般把注意分為無意注意、有意注意和有意後注意三種。

（1）無意注意

無意注意也稱不隨意注意。它是指事先沒有預定目的，也不需作意志努力的注意。也就是說，它不是由自覺意識控制的注意。無意注意一般表現為在某些刺激物的直接影響下，人不由自主的把感受器官朝向這個刺激物，以求了解它的傾向，無意注意的突出特點是被動性。

（2）有意注意

有意注意是一種有預定目的、必要時需做一定意志努力的注意。有意注意的突出特點是他的主動性，即它是一種主動地、服從一定活動任務的注意，它受人的意識自覺調節和支配。有意注意是具有自覺性的人類在從事一切有目的性的活動中，由於活動的結局有較深刻的認識和較強烈的期待時必然發生的一種心理現象。人類在從事那些複雜的工作，甚至自己不感興趣的作業時，需要借助有意注意來完成。

（3）有意後注意

有意後注意是通過有意注意，達到不需要特別的意志努力也能保持自己注意的一種注意。比如，對某些事情或工作，本來自己沒有興趣，但由於工作或任務需要，所以在認識它、思考它時或完成某些操作的動作時，需要以意志的努力強制自己對他進行注意（即有意注意）。堅持一段時間後，自己可能對此發生了興趣或對此事的注意形成了習慣，因而即使不是有意注意，但也能注意它。有意後注意的突出特點是自動性。

2.注意的品質

注意的品質主要包括四個方面。

第一是注意的廣度即注意的範圍大小，它可分爲兩個方面：其一是在同一個時間內能清楚地知覺到對象的範圍大小；其二是把握在時間上連續出現的刺激物的數量多少。

第二是注意的穩定性。注意的穩定性是指注意長時間保持在某種事物或活動上的特性。在生產活動中，許多作業要求人們必須持續穩定的注意，此時神經常處於高度的集中狀態。例如船舶及飛機的雷達監視、機電設備顯示裝置的監視作業等，必須時刻保持覺醒狀態。人在這樣的連續作業中能保持高度的集中注意的時間相當有限的，心理學家的基本結論：任何人的注意不能以同樣的強度維持在 30min 以上，超過 30min，作業效率將明顯的下降，錯誤率上升，此為“三十分鐘效應”。

第三是注意的分配。注意的分配是指在同時間進行兩種或兩種以上活動時，把注意指向不同對象的特性。嚴格來說，在同一時刻，注意不能分配，即所謂“一心不能二用”。但在實際生活中，注意分配不僅是可能的，而且是必要的。例如司機開車，不僅要注意前面的路面，而且還要不時的用眼睛的餘光掃視後視鏡或周圍的景物，同時耳朵還得聽著機器轉動是否正常等。這時，注意就不僅只專注一種事物，而是多種事物。能否合理分配注意，是有條件的。

一般來說，在同時間進行的幾種活動中，每一種活動都是熟悉的且其中的一種活動在某種程度上已達到了自動化的水平時，才能做到注意的分配。一個初學開車的司機、一個初上車床的工人，往往是眼睛死盯在對象上，不敢稍加懈怠，因而很難做到有餘力將注意分配在其他事物上。能否做到注意分配，還依賴活動的複雜性程度。一般在進行兩種智力活動時較困難；在同時進行智力和運動活動時，智力活動的效率會降低得多些。

第四是注意的轉移。注意的轉移是指根據新的任務而主動地把注意由一個對象轉移到另一個對象上去的現象。這裡強調地是轉移的主動性。

注意轉移的快慢難易主要取決於以下因素：其一，前後兩種活動的性質，如果從易到難，則轉移指標下降；其二是目的性，如果工作要求轉移，則注意的轉換相對較快，也較容易；其三是人的態度，例如對後繼工作沒興趣，則注意的轉移就較困難；其四是訓練，經過訓練的人，在使注意轉移時可以做到當行則行、當止則止。

需要說明的是上述注意的品質是相互聯繫、相互制約的，而且其中的每一項品質也都有一個“度”（即適度）的問題，只有將注意放在一個合理的“度”上，才能發揮他對完成工作的積極作用，也才能使人的活動或動作等既有效率又不致出錯，從而保證工作的安全。

（案例一）注意特徵不良引起事故

有許多事故的發生並不是“沒有注意到”，而是由於沒有掌握應注意的特徵而引起的。例如，某日，新竹廠爲擴建工廠辦公室而搭建鷹架，鷹架搭至第六排時，老王站在第三排往上傳遞竹竿。此時，公司小吳駕駛一輛小貨車由北朝南駛來，途經鷹架下面的人行支道時，車速雖然已經減慢，但車輛轉彎的角度太小，致使車尾裝載的木質支撐架碰撞了一根靠在架子上正要傳遞竹桿的老張。竹竿突然倒落，致使老張站立不穩，從高空墜落，發生意外。

這起事故的發生，是出於小吳不能正確的掌握注意特徵而引起。在駕駛過程中，由於過分緊張以致於注意指向的範圍相當的縮小，當車需要轉彎時，注意力有沒能及時的轉移，導致了事故的發生。爲了確保安全，必須重視掌握注意特徵，它是安全管理的重要條件。

（三）記　憶

記憶是大腦對經歷過的事物的反應，是過去感知過的事物在大腦中留下的痕跡。記憶是從認識開始的，並將感知的內容保持下來。根據保持的程度，記憶分爲瞬間記憶、短時記憶和長時記憶（或稱爲永久記憶）。記憶的特徵有持久性、敏捷性、精確性、準確性等。在安全生產中記憶力強弱也是影響事故發生的因素之一。

爲了確保生產的安全，勞動者需要學習安全知識、熟悉安全操作規程、掌握機器的性能、分析作業過程的危險因素等。所有這些，都離不開記憶。

此外，記憶還是思維的前提。只有通過記憶，才能爲人腦的思維提供可以加工的材料；否則就不能做出預見性的判斷。

運用記憶規律牢記安全生產知識，掌握並運用安全生產技能，對於防止錯誤操作、預防生產事故的發生具有重要的意義。

（四）思　維

思維就是以已有的知識經驗爲中心，對客觀現實的概括過程和間接的反應過程。具體說，思維是通過分析、綜合、概括、抽象、比較、具體化和系統化等一系列過程，實現對感性材料進行加工並轉化理性知識和解決具體問題的過程。思維的基本形式是概括、判斷和推理。思維的主要特徵有廣闊性、批判性、深刻性、靈活性、邏輯性和敏捷性等。思維能力的強弱與人的閱歷（包括知識的深淺）、實踐經驗的豐富程度有密切關係，閱歷越深，實踐經驗越豐富，思維能力越強。

（五）運作能力

運作是人通過運動器官執行大腦的指令對器械進行操縱控制的過程，操作能力水平的高低對於安全監察人員及工人做好本職工作極爲重要，它將直接影響人身和設備的安全。

以上所述的各種能力的總和就構成人的智力，它包括人的認識能力和活動能力。其中觀察能力是智力結構的眼睛，記憶能力是智力結構的儲存器，思維的能力是智力結構的中樞，運作能力是智力結構轉化爲物質力量的轉換器。通過安全教育和培訓，可以使各級員工達到所需要的能力，確保安全生產。

二、性　格

性格是人們在對待客觀事務的態度和社會行爲方式中區別他人所表現出來的那些比較穩定的心理特徵的總和。道德品質和意志品質是構成性格的基礎。

儘管人的性格有千萬種，但就其主要表現形式，可歸納爲冷靜型、活潑型、急躁型、輕浮型和遲鈍性等五種。在安全生產中，有不少人就是由於魯莽、高傲、懶惰、過分自信等不良性格促成了不安全行爲而導致傷亡事故的發生。

安全教育的任務應包括：使員工養成一絲不苟、腳踏實地、認真負責的工作習慣，不斷的強化勞動者的原則性、紀律性、自覺性、謙虛、克己、自制等良好的性格；不斷克服粗枝大葉、得過且過、懈怠、消極、狂妄、利己、自滿、任性、優柔寡斷等這些易於肇事的不良性格。

三、氣　質

氣質主要表現為人的心理活動的動力方面的特點。它包括心理過程的速度和穩定性、強度以及心理活動的指向性（外向型或內向型）等。人的氣質不以活動的內容、目的或動機為轉移。氣質的形成主要受先天因素的影響，教育和社會影響也會改變人的氣質。

人的氣質分為多血質、膽汁質、黏液質和抑郁質四種類型，各種類型的典型特徵如下所述。

（一）多血質型：具有這種氣質的人活潑號楝，反應敏捷，喜歡與人交往，注意力容易轉移，興趣多變。

（二）膽汁質型：這種類型的人直率熱情，精力旺盛，情感強烈，易於衝動，心境變化劇烈。他們大多是熱情而性急的人。

（三）黏液質型：具有這種氣質的人安靜、穩重，情緒不外露，反應緩慢，注意穩定且難於轉移。

（四）抑鬱質型：這種類型的人觀察細微，動作遲緩，多半是情感深厚而沉默的人。

氣質類型並無好壞之分，任何一種氣質類型都有積極的一面和消極的一面。同時，在每一種氣質類型的基礎上都有可能發展起某些優良的品質或不良的品質。從安全管理的角度，在選擇人員、分配工作任務時要考慮人員的性格、氣質。例如，要求迅速做出反應的工作任務由具有多血質型的人員完成較適合；要求有條不紊、沉著冷靜的工作任務可以分配給具有黏液質型的人。應該注意，在長期工作實踐中人會改變自己原來氣質適應的工作任務的要求。

總之，在安全生產工作中合理地選擇不同氣質的人擔任不同的工作，以便充分的選擇其所長，以利於完成任務，有利於減少事故的發生。在進行安全教育時，也應根據人的不同氣質，使用不同的教育手段；否則，不但達不到教育的目的，反而會產生副作用。

四、需要與動機

動機是由需要產生的，合理的需要能推動人以一定的方式、在一定的方面去進行 積極的活動，達到有益的效果。

隨著社會的發展，人爲了個體和社會的生存，對安全、教育、勞動、交往的需要比對衣、食、住、行的需要更爲強烈。其中對安全的需要（免除災害、意外事故、疾病等安全需要）更爲突出。安全既是每個人的需要，也是家庭、社會、工廠和國家的需要，只有將安全意識提高到達這個水平，安全管理人員才能各盡其責，操作人員才能自覺的遵守安全操作規程，才能杜絕重複的事故發生，達到滿足安全需要的目的。

五、情緒與情感

情緒是由肌體生理需要是否得到滿足而產生的體驗，屬於人和動物共有的；而情感則是人的社會性需要是否得到滿足而產生的體驗，屬於人類特有的。情緒帶有衝動性和明顯的外部表現，而情感則很少有衝動性，其外部表現也能被加以控制。情緒帶有情境性，他由一定的情境引起，並隨著情境的改變而消失，而情感則既有情境性又有穩定性和長期性。

在生產實踐中常會出現以下幾種不安情緒。

（一）急躁情緒：急躁情緒地表現特徵是幹活利索但毛躁，求成心切但不謹慎，工作不仔細，有章不循，手與心不一致等。

（二）煩躁情緒：煩燥情緒的特徵表現爲沉悶、不愉快、精神不集中，嚴重時自身的生理器官往往不能很好的協調，更談不上與外界條件協調一致。

以上不良情緒發展到一定程度能夠主宰人的身體及活動情況，使人的意識範圍變得狹宰，判斷力降低，失去理智和自制力，帶著這種情緒工作易導致不安全行爲的發生。

（案例二）不良情緒導致的事故

某公司於農曆過年前一天晚，員工們正準備回家過年時，由於公司臨時急需人手，主管通知他們暫緩休假。到了現場，大家匆忙動手，趕工，打算快點完成，以便連夜搭車，這樣才不耽誤回家過年。但其中一位員工，情緒開始激動，並試圖故意不合作，結果非但未能將工作順利完成，還導致整個團隊情緒崩潰，工作無法如期完成。

在這一個事例中，人們的情緒，會相互感染，進而影響工作，甚至導致意外發生。可見情緒對安全管理影響很大，在工作環境中應該提倡活潑而穩定的情緒、積極而有序的工作。

在情緒對安全生產的影響方面，還特別需要注意“警急”狀態。所謂的警急是指當人遇到出乎意料的緊迫情況時所產生的情緒狀態。在安全管理中，警急狀態往往出現在嚴重事故徵兆出現到事故發生恨短時間內。在警急狀態下，人可能有兩種反應：一種是手足失措，喪失正確的判斷力、決策力，因而呈現“呆若木雞”或“沒頭蒼蠅”，甚至出現腦暫時性休克；另一種是急中生智，頭腦冷靜清醒，動作準確，行動有力，能即時擺脫困境。前者是一種減力性警急狀態；後者是一種增力性警急狀態。人在增力性應激狀態下，可以說最大限度地發揮自己的潛能，做出在通常情況下難以做出的事情。例如，當火災或地震發生時，有的人驚慌失措，盲目的從高屋樓上跳下而摔傷致死，而有的人冷靜沉著，積極採取自救的措施而順利脫險。曾有位住在三樓的老人，平時提著菜籃上樓都有困難，但有一次家中失火，他竟然扛起一個上百斤重的箱子跑到樓下，而當他放下箱子，鬆了一口氣後，就癱坐在地上，站都站不起來。可見處於緊急狀態下，如果能正確處置，可以避免人身傷害，減少損失，並且可以提高工作效率。

在緊急情緒狀態下，究竟是產生增力效應還是減力效應，具有較大的個體差異性，而且也視具體情境而定。整體而言，它和個體的知識經驗、意志品質、預先心理準備狀態、平時的訓練和經驗等因素有密切的關係。如果平時提高警惕，真正做到臨危不亂，注意增強意志品質的鍛鍊，對可能遇到的緊急情況及其應急對策，通過平時積累而成竹在胸，則臨危時就能做到遇事不慌、處變不驚、當機立斷、化險爲夷。

六、意　志

抑制就是人自覺地確定目標，並調節自己的行動克服困難，以實現預定目標的心理過程，它是意識的能動作用表現。

人們在日常生活和工作中，尤其是在惡劣環境中工作，必須有意志活動的參與，才能順利的完成任務，所謂有志者事竟成就是這個道理。

堅強的意志品質主要是指意志的堅定性、果斷性、自制性和恆毅性較強，而意志薄弱主要是指上述的意志品質較差。

(一) 堅定性

意志的堅定性是指對自己選定或認同的行動目的、奮鬥目標堅定不移、失志不渝，努力去實現的一種品質。意志的堅定性品質的樹立取決對行動目標的認識，認識越深刻，行動也就越自覺。認識到目標的意義越重大、影響越深遠（對自己、對集體、對企業、對社會、對國家……），選定目標越快，而選定之後，堅持目標的意志努力也就越強烈。不僅一個人的認識影響意志的堅定性，而且一個人的興趣、愛好、責任心等也影響意志的堅定性。對自己感興趣的事情，往往容易堅持做下去。而一個責任感較強的人，不會輕易放棄目標和爲實現目標而做的努力。此外，意志的堅定性還和一個人的理想、信念等有關。信念的核心是價值觀，它決定著一個人願意爲什麼而去努力行動。如果行動和自己的信念相符，它就可以強化自己確定該行動的意志。否則，在思想上的就會將信將疑、三心二意，在行動上則表現爲左右搖擺、觀望不前。

堅定的意志品質對安全生產的影響很大。這是因爲，安全生產是以熟練地操作技能爲基本的前提。而技能不同於本能，它不是人先天就具備的，而是後天學得的。要使操作技能達到熟練的程度，不經過意志力的努力是難以想像的。許多人之所以不能使自己的操作技能達到爐火純青的地步，而僅僅滿足於能應付、過得去，除了其他原因外，很重要的就是缺乏意志的堅定性，不捨得花力氣。此外，人要對本來感到厭煩的工作或職業建立起興趣，並能維持這種興趣，也要有堅定的意志品質。

（二）果斷性

意志的果斷性是指一個人做決定、下判斷時行止果斷。而面臨抉擇時，是優柔寡斷、猶豫不決，還是敢作敢當，行止果斷，反應一個人的意志品質。果斷性集中反應著一個人做決定的速度，但迅速決斷不意味著草率決定，魯莽從事、輕舉妄動，而是在迅速比較了各種外界的刺激和信息之後做出決斷，其思想、行動的迅速定向是理智思考的結果。

意志的果斷性對緊急、重大事件的處理具有重大的意義。在生產的過程中，有些事故的發生是有先兆的。能否在事故發生前的一剎那，自決採取果斷措施排除險情，和操作者的意志關係很大。所謂“車行千里，出事幾米”。如果能在情況緊急時，及時採取果斷措施，就能夠避免事故發生；

相反的可能會延誤時機，造成嚴重的後果。

（三）自制性（或自律性）

意志的自制性或自律性品質是一種自我約束的品質。有自制性的人擅於克制自己的思想、情緒、情感、習慣、行爲、舉止，能恰當的把他們控制在一定的“度”的範圍內，意志與行動目的不相容的動機，不爲其他無關的刺激而動搖。自制性好的人能夠遵守紀律（學習紀律、工作紀律、勞動紀律等），表現爲對學習專心致志，注意力集中，工作中一絲不苟，不塞責、不馬虎，對自己要求嚴格。自制力差的人，自己管不住自己，常表現爲大錯不犯、小錯不斷，目標常轉換，注意力常分散，平時馬馬虎虎，做事不專心，長爲外界刺激而分心，容易接受暗示，從眾性強，缺乏獨立思考。這種自制力差的人常是事故的多發者。

意志的自制性品質對安全生產也有重要影響，爲了預防事故、保證安全，每個企業部門都有相應的勞動紀律和安全規章制度，需要人們自覺的加以遵守。而任何人紀律本質上都是對人們的某些行爲的約束。只有具有良好意志自制力才能自覺的按照規章制度辦事、積極主動的去執行已經做出的決定。因此對這現代化大生產中的工人來說是一種必備的心理素質。在現實生活中人們不難發現，許多是故事出在違章操作上。儘管造成違章的原因是多方面的，但其中不容忽視的原因之一是某些人將必要的規章制度看做是“上級專門對付員工的”，從心理上不願意遵守，因而在行動上放縱自己，“我想怎麼做就怎麼做”，結果害人害己。可見，要想保障安全，就要遵章守紀，因此必須加強對意志自制性的品質培養。

（四）恆毅性

意志的恆毅性也稱堅韌性、堅持性。通常人們所說的堅持不懈、堅忍不拔、有恆心、有毅力、有耐力等，就是指恆毅性好的意志品質。與此相反的虎頭蛇尾、半途而廢、見異思遷、淺學輒止、缺乏耐力等則指的是恆毅性的意志品質。

恆毅性主要體現在行動對既定目標的堅持上。至於實現目的所採取的法、手段、途徑等行動的具體環節或階段，則可根據行動過程中的具體情況而改變。所以恆毅性的提高，是以對意志行動過程所發生的變化隨時保持明顯確的認識為前提。

頑強的毅力和頑固是有區別的。頑固是不願變化了的情況而堅持己見。頑強的毅力則是在意識到變化了的情況下仍堅持既定目標，務求實現。前者是一種消極的心理品質，後者是一種積極的心理品質。

恆毅性對於克服工作、生產中的困難，減少事故危害的程度等是一種可貴的意志品質。俗話說，最後的勝利常常產生於“在堅持一下”的努力就是意志恆毅性的品質。這種品質在遇到緊急情況時特別必要。

第四節　人的不安全行爲控制途徑

一、建立與維持對安全工作的興趣

防止工傷事故，控制不安全行爲的一個途徑是使員工建立和維持對安全工作的興趣。

興趣是力求認識某種事物、樂於從事某種活動傾向。這種傾向會使一個人的注意力經常集中趨向於某種事物。因此，興趣是一個人從事某項工作的強大的推動力和最有利的動機。

安全管理人員在開展工作的過程中，可以利用員工的個性心理建立和維持對安全感的重視。

（一）自卑感

自卑感即害怕個人被傷害。這是個性心理特徵中最強烈且較普遍性的一種特性。例如，一個下意識怕被傷害的工人，如能引起注意安全的性趣，則可使其對機器做適當的防護而站在一個安全的位置。對智能發展不足的人而言，這往往是唯一能成功被利用的特性。再如，親朋、父兄中有人曾因工傷事故而傷亡的青年工人，往往自卑的心理較重，人道感也較強。

藉自卑感來建立與維持興趣的方法有：描述危害的後果，但不應使用太恐怖的方法；例如，要講碰傷手腳引起感染的惡果，導致微小傷害的原因同樣會導致嚴重傷害；可以利用海報、版報、講演、電影、幻燈、電視等形式進行宣傳。

假如有一個青是個人安全但有榮譽感的魯莽漢，對具有這種心理特徵的人過分強調自卑，反而會促進其逞能，更易任意將自己暴露在危險之中；若對其強調集體的榮譽，將有利於動員他努力防止傷亡事故。

（二）人道感

人道感即希望他人服務。人道主義是人類廣泛具有的本質，對受傷害應有強烈的同情心。人道感最好發揮於工人尚未置身於危險以前。當然，重視急救、強調拯救生命及避免災害擴大及利用事故頻率的數字更易有喚起有人道感的人合作。

（三）榮譽感

榮譽感即希望與人合作、關心集體的榮譽。當員工具有健全的榮譽心時，可用下列方法來建立和維持其對安全工作的興趣。

1.告訴員工，發生意外事故將影響個人、團體及家人、企業的安全記錄。有榮譽感的人將會保持良好的安全紀錄，不會產生不安全行爲。

2.有榮譽感的人喜歡支援別人，並遵守安全規程。對此類人不必過分強調與群眾合作的好處，而應強調不合作是不榮譽的。

（四）責任感

責任感即能認清自己所盡義務的心理特徵。大多數人不論對自己或他人都有某種程度的責任感，責任感也是一種意於被利用已引起安全性趣的特徵。

可以增家有責任感的人在安全生產工作中所付出的責任；也可用指派的方法以發展興趣。例如，選派其當安全人員，或另其負責安全指導之類的宣傳工作等。

（五）自尊心

自尊心即希望得到自我滿足與受到讚賞。自尊心來自於對自己工作價值的認識與報償。稱讚期工作良好，其表揚，乃是要引起自尊心的一種刺激。也可用展覽圖表或統計數字來顯示職工安全努力的成果，或頒發獎狀或獎金給表現良好的個人或集體。

有自尊心的人，在給與其部分安全生產管理責任時，往往會有特別積極的表現。

（六）從衆性

從眾性即害怕被人認爲與從眾不同。有從眾性心理的人一般均願意遵守安全規程和安全習慣。對具有這種特性的人，可利用制訂標準（公布大多數人都能接受的標準），採用比較法，強調系統性和規律性（如定時作息、定期召開安全會議）以及指出違反安全法規會脫離群眾等方法增加其安全興趣。

（七）競爭性

競爭性即希望與人競爭。這種人在有人與其競爭時，往往比單獨工作時有幹勁。對此種特性的人，可確定有競爭性的安全目標，等。

（八）希望出頭露面

對這種人可加重其安全工作的責任，如指派期作群眾安全監督，令其管理個體防護器材，在安全護檢中指定其作組長或評定人員。

（九）邏輯思考力，即理解的特殊能力

這種人往往以“明察秋毫”自負，好做公正的結論。如果以事實和數據爲基礎，進行事故分析，可引起此種人對安全的興趣以修正其不安全的行爲；也可安排其在安全組織中擔任一定職務，用以發揮其思考力的特徵。

（十）希望得到精神獎勵和物質獎勵

通常許多人希望得到精神上、經濟上或其他形式的鼓勵。因此，當工人在安全工作方面有突出表現時，可給予表揚或酬勞（如發獎金、發獎狀、或指派有關安全活動的任務），以建立其對安全的興趣。要把精神鼓勵與物質鼓勵結合起來。

在安全管理的實踐中，可以充分利用上述心理特徵爲做好安全服務。

二、作業標準化與執行崗位安全操作規程

根據對人的不安全行爲觀察，下列 3 種原因在不安全行爲中占相當比例：1.不知道正確地使用與操作的方法；2.雖然知道正確的使用與操作方法，卻爲了一時方便，省略了一些必要的步驟；3.按自己的習慣與過去的經驗使用與操作。

爲了克服這些問題，推行標準化作業來規範人的行爲是必要的。作業標準與安全規則不同。安全規則只規定了作業人員應該做什麼和不該做什麼；而作業標準則具體規定了一步一步應該怎樣做。因此，按照標準作業程序的前提，是要科學、合理地制定作業流程。作業標準應該由管理人員、專業人員、與員工共同研究、反復實踐後確定。好的作業標準應該滿足下述要求。

（一）作業標準應該明確規定操作步驟、程序。例如，對於人力搬運作業，不是簡單地規定“搬運過程中不要把東西掉了”，而應具體的規定怎樣搬。

（二）作業標準不應該給使用者增加精神上或體能上負擔。因此，使用時盡可能的簡單化、專業化。

（三）作業標準應該符合現場實際情況。所以應該針對具體的情況制定切合實際的標準作業。

在制定作業標準時，首先把作業分解爲單元動作，對各單元動作逐一設計，然後將其相互銜接。一般地，制定的作業標準要考慮到人員身體的運動、作業場地的佈置、動線，以及使用的設備、工具等要符合人體工學要求。

制訂出作業標準後，要對員工進行教育和訓練，讓員工

養成習慣，本能的按作業標準進行操作，反覆教育、反覆訓練，取得較好的效果。

三、安全教育與訓練

安全教育與訓練是防止和改變人的不安全行為的重要途徑，可增強人的安全素質，提高安全意識。安全教育的階段可劃分為三個階段：1.安全知識教育；2.安全技能教育；3.安全態度教育。

在安全教育中，第一階段應該進行安全知識教育。通過安全知識教育，使各級員工了解環境、操作過程中潛在的危險因素及防範措施等，建立正確的安全知識。但如果不把這些知識付諸於實踐，那麼就收不到實際的效果。安全教育不僅要"應知"，而且還要"應會"，即具有一定的熟練技能。

安全教育的第二階段應該進行所謂"會"的技能訓練。技能是只有通過受教育者親身實踐才能掌握的。也就是說，只有通過反覆地實際操作、不斷摸索而熟能生巧，才能逐漸掌握安全技能。

經過前兩個階段的安全教育，員工掌握了安全知識和安全技能，提高了熟練程度，但是在實際工作中是否實行安全技能則完全由個人的思想意識所支配。為使各級員工盡可能地實行安全技能，應該進行安全教育的最後階段即是安全態度教育。

安全技能訓練、安全態度教育與安全知識教育是密切相關的。安全技能教育和安全態度教育是按其目的而使員工進行和完成知識教育的兩個階段，並且這兩個階段的教育若進行的不充分的話，安全知識教育也就會落空。充分進行技能訓練和態度教育的標準，就是要使員工不僅懂得安全知識，而且能融入日常生活工作中。

本章重點題目：

一、試述馬斯洛的需求理論內涵？

二、請說明一般將注意分為幾類？

三、試述注意的品質主要包括哪四個方面。

四、試說明人的氣質可分為那四種類型，各種類型的典型特徵如何？

五、安全管理人員在開展工作時，可運用員工的那些個性心理建立和維持對安全感的重視。

第七章　安全行爲之落實

勞委會在 1992 年修法時，將安全巡視列爲主管人員的安全管理職責中，要求主管人員定期或不定期執行安全觀察，去觀察現場的安全相關問題。在 2008 年 1 月 9 日新修正之「勞工安全衛生組織管理及自動檢查辦法」中，仍然將此要求列入安全衛生管理事項中，是工作場所負責人及各級主管法定安全職責。然而僅靠工安人員或主管人員的努力，根本不足以克竟其功，現場安全更有賴於現場作業人員自動自發地實施安全之作業行爲。

現代安全管理強調員工參與，也就是說，不再只是高階主管宣示而已，更重要的是在於管理階層的作爲，要使員工感受到公司對員工安全之重視；此外，公司提供正向回饋與授權，強化溝通、諮詢，鼓勵員工參與提出改善方案，以改變員工對安全管理的看法與觀感；並輔以管理制度面之強化，強調目標訂定、績效管考，使人員工具有安全的共識與責任，共同朝向同一目標前進。

推動行爲安全管理者提供事業單位一個切入點，藉由安全觀察以了解現場安全之現況，並經由與員工之溝通，逐漸落實現代安全管理，以建立良好的安全文化。

第一節　行爲安全執行之核心文化

一、安全觀察

要防止不安全行爲或狀況演變成事故，工作場所主管人員發揮觀察能力，覺察到人員不安全行爲或現場不安全狀況就非常重要。現今社會有許多風險行爲（risk behavior），如藥物濫用、酗酒、詐欺、貪腐、暴力、幻想、恐怖活動與不安全行爲，都會影響職場安全績效。瞭解員工風險行爲是防止事故發生的焦點，所以處理或預防事故是建立於下列三個基本問題：

什麼樣的行爲需要增加或減少，以便防止事故的發生？什麼樣的環境條件，包含人與人之間的關係，會讓不期望的行爲（undesirable behavior）持續發生或是抑制適當行爲（desirable behavior）？什麼樣的環境、氛圍或工作條件能改變減少不適當的行爲及增加適當行爲？

風險行爲改變是處理或預防事故的預期結果，也是對所發現問題的解決方法。因此，行爲改變既是一種結果也是一種過程。重要的是什麼風險行爲是職場要導正的？這也是安全觀察之重點所在。

（一）安全觀察之作業及觀察重點

風險行爲改變，首先需要去辨識哪些行爲是有風險的，也就是說要去辨識或定義（identify or define）所有的不安全行爲，分析瞭解單位及現場安全狀況。一般而言，企業單位常以下列資源去尋求安全觀察之作業及觀察重點：

1.分析現場之危害源。

2.檢討過去三至五年之事故案例或醫療病歷。

3.分析事故發生之作業（經常性或臨時性）及其原因。

4.是否依據安全作業標準。

5.是否依據安全相關法令。

6.分析員工抱怨點。

（二）安全觀察的對象

行爲安全執行者之觀察對象以下列爲主：

1.屢勸不聽、有事故傾向者。

2.新手或初調整工作者。

3.特殊高危險作業者。

4.非例行性作業、不熟練操作步驟者。

5.喜冒險者。

6.情緒不穩者。

（三）執行者的心態

然而，現場執行安全觀察人員往往因爲對現場習以爲常而降低危險感受性，疏於注意一些不安全狀況或行爲，或者覺得同樣的場景，過去沒事，此時此刻應當也沒事，就未特別注意、要求改善。也有一些人，覺得要去導正不安全狀況或行爲，會引起衝突或破壞大家的感情，因此能不說就不說；

也有一些人心存僥倖，覺得自己的運氣不至於那麼背，能忍就忍，過了就好，因此不想去改正所觀察的問題；還有一些人覺得觀察是法定事項，依法執行並留存紀錄就好，所以被動的到現場走一遭，並留下靜態的紀錄而已。

上面所談的是傳統的安全觀察，行爲安全強調的觀察是主動關懷的觀察，是教練式的觀察，是一面觀察、一面分析所看到的行爲背後的真正原因的過程。

二、溝 通

安全觀察所發現之缺失是否能夠確實改善，並避免日後再犯，其關鍵在於執行者之溝通能力。

（一）執行者的態度

執行者前往現場進行安全觀察，應抱持下列的態度：

1.公正客觀

2.和氣友善

3.堅持規定

4.就事論事

5.諄諄善誘

6.誠懇稱讚

7.忠實紀錄

（二）溝通的重點

1.建立信任關係

2.養成傾聽習慣

3.運用同理心技巧

4.避免不良溝通方式

5.對安全行為表示肯定

6.堅持安全的標準

（三）觀察的回饋（feedback on observation）

執行者良好之回饋過程，可使觀察對象易於接受指導而確實地改善。安全觀察執行者每次觀察時均應盡可能提供回饋過程，除非觀察場所是高噪音作業場所，或觀察者與被觀察者都用呼吸防護具。在這兩種情況下，執行者仍應盡速完成回饋過程。

回饋過程包括三個步驟：

1.描述所觀察的行為。

2.與當事者討論這些行為的可能結果。

3.傾聽當事者的說明，導正他，請他想想不同之行為可能做法，以助人者（helper）角色協助他。肯定他，讓他持續良好的安全行為；鼓勵他，讓他改善、改變不安全的行為。

回饋過程的重點在發揮有效的溝通技巧，例如，安全觀察者在觀察到工作人員抬舉物品時動作確實，就跟他讚美說：「我注意你在抬東西時，背部有挺直，這樣子你就可以避免腰閃到。」然後等待當事人的反應；又如有人在高處油漆，未使用安全帶，就跟當事人說：「我注意到你在油漆時，沒有使用安全帶，這樣可能有墜落的危險。」然後聽當事人的回應。說不定他會辯說：「工具室的安全帶都被借走了，主管要求下午開爐前，要漆好管線。」好的安全教育就要堅持先找到安全帶在工作，當然可以跟他討論哪裡可以借到安全帶，只有這樣誠懇的助人行爲，才會讓當事者真心願意改變不安全的行爲，而這樣的回饋過程才是有效的。

第二節　行爲安全執行程序

行爲安全方案之執行程序爲決心→準備→觀察→行動→紀錄（報告），缺一不可，其要點如下：

一、決　心

下定決心是行爲安全方案能否成功最重要的關鍵，執行者是否具備「安全是我的責任」的心態赴現場巡視，其心態正確與否導致行爲安全觀察的成效甚鉅。

二、準　備

要去現場觀察前，應有適度的準備，想一想要看些什麼人？什麼作業流程？已發現缺失的改善情形？是否已瞭解SOP之正確性，於出發前就要將已訂定之工作安全分析表或安全作業標準調出來研究一番，如此在作業場所才會知道觀察之重點，瞭解作業之程序、方式，應使用之工具，這樣的深度觀察才有意義。

三、觀　察

在進入工作場所時，要先在門口或禁區線停下來，以30

秒的時間，做 360 度全面性觀察。教練用自己的眼睛仔細地觀察，用耳朵細心地聽，用心仔細地想：現場有哪些缺失？特別是哪些因你自己的出現而有所反應的工作人員或相關人員，是否哪些不安全行爲？只有你努力停、看、聽、想，才能確實掌控現場實況，並加以導正、改善。

此外，也要注意現場的改變，有無因你出現而消失的行爲，例如是否有作業人員之不安全行爲，因擔心被發現而加以改變，這一切都要在安全觀察之初仔細留意人員是否有反應，以注意潛在問題所在。

四、行動（溝通導正、鼓勵實踐）

對於有不安全行爲的工作人員或幹部，要不吝於立即導正他，但千萬不要因語言不當或態度不好而引起反感或反彈，務必要和氣，誠懇地讓他知道，安全是爲人也爲己的工作，進行安全溝通，使之瞭解自己不安全的地方，以及可能造成的後果，將其導正。

最好的方式是要表現出主動關懷、真誠、尊重，和氣的引導被觀察者瞭解到什麼行爲、方式、狀況不對，可能產生什麼傷害。同時也要讓當事人自己明白什麼行爲、方式、狀況才是對的，要如何做才不致發生災害，如此讓當事人提出自主性改善方式，較易保持安全行爲，才會樂於實踐共同的共識。

對於人員安全的作業及正確的改善、改變，主管要鼓勵工作人員努力去做。主管的真誠、關心、支持及鼓勵、尊重，工作人員才會較努力、認真、自願的做到安全的行爲、方式或狀況。

此外，原本即採取安全作業方式之作業人員，主管更應不吝給予讚美，使其樂於繼續以安全方式作業。

行動是建立安全行爲的關鍵，過去安全觀察的最大問題是「只觀察而無回饋，只紀錄而無溝通，只處分而無鼓勵」。試想：靜態觀察，沒有行動，被觀察者會怎麼想？有什麼樣的感覺？他會覺得自己是被觀賞的人、無足輕重、被動的？他會猜測自己行爲的正確性，或覺得觀察者默許他的不安全行爲？認爲這樣子也無所謂！

所以，觀察而無行動是危險的，只有立即行動、正確回饋，才可以讓當事人知道他的行爲之正確性，讓他知道安全的標準、該遵守的程序。更重要的是，如果他的動作是正確的時候，給予肯定、稱讚，會鼓勵他維持安全的行爲，久而久之就會成爲安全習慣。

五、紀　錄

對於每次的觀察，應於事後馬上紀錄，寫入紀錄表中，或鍵入資訊管理系統中。紀錄不是爲了獎懲，因此勿需將人名紀錄，僅陳述事實真相，其目的在於使上級主管了解現場之安全狀況，以便於管理審查時提出改善報告，並供安環部門的作爲全單位的安全衛生問題統計、分析及改善對策之依據。觀察時如有發現應改善事項或鼓勵事項均需要鍵入安全管理系統中。

六、安全觀察紀錄表

安全觀察之紀錄應寫些什麼？一般紀錄應寫明（如表1）：

（一）觀察日期。

（二）觀察區域。

（三）任何觀察到的安全行爲。

（四）對安全行爲人員的鼓勵。

（五）任何觀察到的不安全行爲。

（六）立即採取的導正行動。

（七）簽名。

（八）主管的簽名。

表 1：○○社區○○主任安全觀察紀錄表

觀察場所	觀察時間	安全行爲或設施	不安全行爲或設施	處置作爲
觀察人員簽章：			主管簽章：	

第三節　行爲安全執行者 — 安全教練

在安全管理領域中，要防止不安全行爲或狀況演變成爲事故，工作場所做爲安全執行者發揮觀察能力、溝通能力，與幫助當事人導正不安全狀況及行爲的助人能力就非常的重要，此執行者可稱爲安全管理人或安全經理人，但安全文化大師蓋樂（Geller）教授稱之爲或安全教練。

一、安全教練：建立人員安全行為的關鍵人物

安全文化大師蓋樂（Geller）教授曾在〈建立全方位安全文化之十項觀念原則〉一文中提出下列十項觀念：

（一）只有安全文化，而非法規，才能趨動安全過程。

（二）行爲與人爲主之因素決定安全成功與否。

（三）安全工作應重視的是過程，而非結果。

（四）行爲由外在刺激所引導，並被結果所強化。

（五）安全重在正式成就之追求，而非在避免災害之發生。

（六）安全觀察及正向回饋有助於安全行爲之建立。

（七）安全教練行爲會產生有效之回饋。

（八）安全觀察及安全教練行爲是主動關懷員工之關鍵過程。

（九）自尊、歸屬感、授權會增強對安全之主動關懷。

（十）安全應由第一優先轉爲價值觀。

在蓋樂教授的十項觀察原則中，不安全行爲的持續改善，是建立安全必經過程，這過程安全教練居於關鍵地位，只有人人扮演好安全教練，發揮安全教練行爲，透過安全觀察、安全溝通之回饋過程，而引導並強化員工的安全行爲。當工作人員都能展現良好的安全行爲，安全文化才有建立之日，而安全卓越才有達成之時。這也是蓋樂博士強調：「安

全教練式塑造全方位安全文化的關鍵過程！」。

二、安全教練的意義

張三受命要在下班前完成牆壁（高 8m×寬 12m）油漆作業，正站在木梯上趕工中，小馬的工作很簡單，作業中也存在一些明顯的風險行爲，其中最令觀察者擔心的是小馬的情緒看似低落的樣子。

妳是安全管理人，遇此場景，你會如何處理？

現今社會有許多風險行爲與心理風險，如濫用藥物、酗酒、詐欺、貪腐、暴力、幻想、憂鬱、哀傷，會成爲不安全行爲，也會影響職場安全，因此，瞭解員工風險行爲與心理風險是安全管理人員執行行爲安全的焦點之一。

一位優秀的安全教練隨時都要關注重視屬下的心理與行爲風險行爲，而不是只注意到他外顯的不安全行爲而已，因此要成爲優秀的安全教練有其難度，我們需要深入了解安全教練的意義。

安全教練之教練一字，英文是 COACH，如有下意義及能力：

（一）C : Care，關懷能力。

（二）O : Observation，觀察能力。

（三）A : Analysis，分析能力。

（四）C : Communication，溝通能力。

（五）H : Help，助人能力。

1.H : Humanity，人性化。

2.E : Empathy，同理心。

3.L : Listen，傾聽。

4.P : Praise，讚許。

基本上，安全教練就如體育教練一樣，是對被教導者一種一對一觀察及回饋的過程。這兩個過程是行為安全建立的關鍵因素，沒有回饋，行為安全就是安全觀察而已；有觀察又有回饋過程，才是安全教練行為。

安全教練的認知是支持安全行為，並對不安全行為提供建設性的回饋，也由於他的正向回饋，不安全行為才得以消除；又由於他的支持，安全行為才得以持續性發展，終於成為安全的習慣，造就安全文化。

安全教練與體育教練一樣，他們都不斷地在觀察、教導、協助、塑造良好的行為，只是體育教練志在贏得比賽的勝利，而安全教練則志在建立安全行為，塑造安全文化。安全教練以建立良好的安全行為目標，所以不斷地、持續地要求工作人員增進安全的行為，鼓勵、支持建立安全的行為，讓大家視安全為一種成就，尋求事實真相，而非追究過失，是主動的，而非被動的。

我們應強化主管人員的安全教練角色，發揮教練功能，才能使安全績效提升。但更重要的是瞭解安全教練的精義。

（一）關懷能力-C

在工作場所，許多人忙於自己的事情，對於屬下、同事的行為，不一定會關心、注意或重視，或抱持自掃門前雪的心態，不關心現場的問題，就不會在意他人行為是否安全，會不會陷入險境，而在這冷漠之際，如果當事者未察覺或不知道自己已陷入險境，或無能力處理險境，事故往往就會發生。

安全教練在職場會關心安全，主動關懷他人安全，這份關懷是真誠的、是尊重的對方生命權的、人格權的，所以工作人員願意接受他的指導與教導。真誠是教練很重要的人格特質，他真摯的關懷，沒有傷害性，使得他的指導富有建設性，而被下屬或同僚接納，因而願意改變自己的不安全行爲，減少災害的發生。

（二）觀察能力-O

安全教練會像前洋基隊的總教練托瑞一樣，在兩軍作戰時，客觀而有系統地觀察自己隊員的投球、打擊、守衛與捕手行爲，一但有任何狀況發生，立即挺身而出，應變處理，防止失分。體育場上教練贏球的最大本錢，就是那份敏銳的觀察能力，並對表現良好球員、選手的肯定和支持，以及對風險的掌控與導正，防止或減少不期望事項的產生。

職場安全教練的安全觀察會看出不安全行爲與狀況的根本原因，由肢體語言了解其內在的問題、困擾，這份貼心，使當事者產生信任而接受他，並心甘情願地跟教練互動，願接納教練的教導而自行改變不安全行爲！

安全教練的觀察能力是由於安全觀察不是安全檢查、安全查核。其觀察時也不應扮演警察或檢察官角色，好像在做執法的工作，或偵查員工的過失。安全教練應將安全觀察成爲協助員工消除不安全行爲、建立良好行爲的過程。

（三）分析能力- A

安全教練運用 ABC 原理來分析它所觀察到的行爲，A 就是刺激物或啓動因子（activator），如安全標示、安全漫畫、安全標語、安全作業程序告示牌、安全訊號、備忘錄、指示、政策、警報，或員工本身的情緒、思想、價值觀、壓力、人際問題、家庭問題、身心問題等，這些刺激物或啓動因子導致員工採取某種不良的行爲 B（behavior），而造成不良結果的 C（consequence）；例如，員工心情不好（A），而疏忽了某項程序或動作（B），結果造成意外，導致身受重傷（C），即是 ABC 案例，啓動原因-某項行爲-造成結果最好的說明。

工作人員常常有人爲失誤、帶著困惑的心情、疲勞的身體到工作場所去工作，安全教練觀察到有問題的情況時，透過分析能力會協助員工探討、發掘不安全行爲背後的真正原因、基本問題、問題的關鍵。有時候工作人員未戴耳罩就在研磨鐵件，不是他不愛護自己的耳朵，而是老闆提供的耳罩一戴上，聽不到作業夥伴的聲音，所以不安全行爲 B，是老闆未提供良好的（可調音量的）耳罩，要防止 B 的行爲，是建議老闆提供可調音量的耳罩，而不是強迫他戴普通的耳塞、耳罩。因此，教練與當事人共同探討問題所在，發現事實所在，而非尋找過失，是非常重要的。

安全教練要客觀而有建設性地檢討當事人自己的行爲，真誠地與他討論影響工作習慣的刺激源、問題所在及可能導致的結果，這過程常會引導環境或系統的改善，有利於安全文化的建立。

（四）溝通能力-C

教練行爲做重要的是具備有效的溝通技巧，這就需要良好的傾聽能力、同理心及說服力。安全教練觀察到某種不安全的行爲，經分析後知道其真正的原因，就會讓員工確實了解自己的問題所在，或才明白自己陷入之情境已危及自身的安全，而願意自行改正，因此溝通過程就非常重要。

一般而言，主管人員最缺少傾聽能力，一方面是由於習慣性以命令方式向屬下交代事情，一方面是與未受過完整的同理心訓練、溝通技巧訓練有關，及與人格特質或工作忙碌有關。主管人員在工作場所常常不願意或不喜歡耐心聽屬下說明、 解釋或報告，也因此喪失很多了解問題真相的機會或協助他人的機會。

好的安全教練會表現真誠、尊重的態度，同理心專著，並接納員工所敘述的情緒、感覺，讓溝通有效、容易進行，並發揮溝通效果。

（五）助人能力-H

安全教練是一種助人的行爲歷程，是在協助員工建立安全行爲，以防止災害的發生。

HELP（助人）一字有下列四個意義：

1.H 表示人性化（Humanity），人性化自主管理可增進員工參與安全工作，提高參與興趣，增加對溝通與安全行為的接納程度，減低對消除不安全行為的阻力。

2.E 表示同理心（Empathy），同理心是溝通成功與否的重要因素，主管人員應站在工作人員的立場、角度去看問題，瞭解他為何有那些不安全行為與情形，也知道如何在屬下的立場去改正自己的不好行為。

3.L 表示傾聽（Listen），傾聽會傳達教練的關心、關懷屬下的訊息，也表示他的話有價值。好的教練會傾聽屬下所有的聲音，用眼睛觀察所有的語言，用心去思考不安全行為的問題所在、意義與改善之道。

4.P 表示讚許（Praise），對員工願意立即改善給予讚許、肯定，只要教練不斷鼓勵，久而久之，屬下就會養成安全習慣，而建立安全文化。

在工作中，常常可以發現許多作業員未使用安全帶，未戴安全帽，甚至於工作前飲酒精性飲料等不安全行爲。這一些都是導致重大意外災害的元兇。但也很容易做到改善的事，問題就在大家不去關心，總覺得哪有這麼倒楣會發生事故！而一旦發生事故，卻又後悔不及。

其實每位工作人員都在乎自己的安全，只是日久麻木、習慣不安全的狀況或動作。因此，安全教練平時要用心的去觀察作業場所的人員有無確實善用防護器具，其作業位置及動作的安全性，使用工具與設備的良好情形，有無依安全規定、程序去作業等。如果要面對面溝通，須讓工作人員明白這些行爲會造成哪些災害，而共謀改善的方式。一旦工作人員採取安全的行爲，立即嘉許他，久而久之，他就會養成安全的習慣，而避免事故的發生。

這樣的安全教練，在走動管理、工安查核、安全觀察時都可以實施。重要的是主管人員要主動關懷工作場所的安全，用心去觀察既有潛在的不安全動作與狀況，了解安全缺失所在及不安全行爲的後果後，不吝與當事人溝通、交流安全經驗、作法，導正他去消除與改善，而且協助他真正採取安全作業方式。

故將此精神落實於安全工作，主管執行現場巡視，進行觀察工作，發掘人員不安全行爲及狀況，同時與相關作業進行對話溝通，促其改善工作方法，鼓勵所屬依安全作業標準方法實施，是實施安全觀察的理念所在。

第四節　不安全行爲觀察項目

安全教練要觀察的項目，一般不安全行爲部分有：人員位置、人員動作、個人防護器具、工具與裝備、安全規定、協調與知會、安全作業標準及 5s 等八個項目。

一、人員位置

安全教練在工作場所，應考慮員工或作業人員的作業位置是否安全，所在位置會不會有以下的危險：

1.有衝擊性的設備、車輛或被撞之危險。

2.有無被夾、被陷或被掛在移動、轉動、滾動物體之裡面、中間、上面之危險？

3.有無跌倒、由高處或開口處墜落之危險？

4.有被物體飛落砸傷之危險？

5.有被土石、櫃子、開挖崩塌或倒塌時壓傷、掩埋之危險？

6.有被利物、旋轉物、移動物切傷、割傷或擦傷之危險？

7.有無接觸到有毒、有害之物質而中毒，或高壓電之危險？

8.有接觸超高溫或燒傷之危險？

9.會因風向、通風關係而吸入、滲入或吞入之有害物質？

二、人員動作

安全教練應仔細觀察作業人員或員工有無下列動作：

1.觀察人員有舉、拉、推物或伸展身體時用力過度，造成腰傷、手脫臼，或身體失掉平衡而跌倒之危險。

2.有無人員重複性動作？

3.有無長時間維持同一個姿勢，造成身體某一肢體受傷之危險？

4.有無精神異常情形？

安全教練特別要注意在進入作業場所之最初 10~30 秒內，作業者或員工，是否會因自己的出現而有下列的動作：

1.停止工作或離開工作？

2.改變原來位置、姿勢？

3.改變作業方法？

4.調整或趕快使用個人安全防護器具？

上述人員立即改變行爲之現象，一般稱之爲「消失的行爲」、「蒸發的行爲」，意思是這些行爲會因爲安全教練的出現而消失、改變、不見，有可能是因爲他們認爲遵照作業程序做事是主管的要求，對他們本身作業很不方便或沒有任何利益，所以視不安全行爲是一種須隱藏的行爲，而不會造成自己或他人傷害。在如此心態下，當教練出現時，這些作業人員會停止不安全行爲，而教練就必須在進入作業區內的10~30 秒對他們的反應有所警覺，因爲這些可能是造成不安全行爲的線索。

三、個人防護具

個人防護具在人與危害點之間提供一層屏障，是員工避免傷害的最後一道防線。個人防護具應該由頭到腳考量，包括：

1.眼部：面部、安全眼鏡、護目鏡、面罩、眼罩。

2.耳部：耳塞、耳巾。

3.頭部：安全帽、頭巾、防火帽、皮帽、防酸罩。

4.手部、臂部：手套（皮、塑膠、安全網式）、袖套、長手套。

5.腳部、腿部：安全鞋、合成膠鞋、護腿器。

6.軀幹：防護衣、圍裙、背心、披肩、墊肩、安全帶。

安全教練應該視現場作業特性不同，而用心觀察並確認員工穿戴個人防護具是否適用於該工作、防護具狀況是否良好，而且被適當、正確的使用。

四、工具與裝備

不論在何種作業場所，工作人員都要使用正確之工具與裝備，才能消除傷害發生的風險。

工作中所使用之工具或裝備，安全教練應仔細觀察有無下列情形：

1.該工具或裝備是否有符合工作需要？

2.工具或裝備是否被正確使用？

3.工具或裝備是否保養良好，安全可用？

五、安全規定

遵守政府安全法規或事業單位之安全規定、程序去作業，是工作之最基本的要求。安全教練應針對各項安全規定中，如管理面、設備面及作業面，查核作業場所是否符合規定及人員是否遵守，也就是說，人員的行爲是否有下列情況：

1.法令不符合事項。

2.安全程序不符合事項。

3.安全作業標準不符合事項。

4.行政程序不符合事項。

5.工作程序不符合事項。

6.作業程序書與工作指導不符合事項。

六、協調與知會

安全教練要特別注意到工作人員有無下列情形：

1.交班、換班不確實。

2.共同作業時有無統一指揮人員。

3.未經授權擅自作主。

4.訊號不通、視線不良。

5.警示標示不當。

七、安全作業標準

責任轄區內可能有許多例行性和非例行性工作，員工遵循安全作業標準，才能以最安全及有效率的方法完成工作。

安全教練應觀察人員作業時所牽涉之安全作業標準，是否有下列情形：

1.有無安全作業標準？

2.有依安全作業標準程序去作業？

3.安全作業標準有了解嗎？

整理、分類、空位、清潔、紀錄是工作場所中安全工作的最根本工作，一個有秩序、整潔的場所代表的是大家對安全紀律的重視！除可避免危險、火災和意外，更可使員工工作更有效率。

整理、整頓、整潔、清潔、紀律，安全教練觀察這些項目，不是清潔而已，重點是要有深度與廣度：

1.有無整理（將需要的東西留下，不要的丟掉）

2.有無分類（有無標定名稱、常用、備用分置）

3.物品有無定位（標示位置、固定位置）

4.有無定期清潔？（打掃、消毒）

5.有無安全紀錄（作為追蹤考核之用）

不安全狀況就是潛在的危險設備、物品等危害。

例如：颱風來臨前

1.廣告看板是否固定？

2.水溝是否堵塞？

3.樹枝是否會刮斷電線？

4.各類機具是否備妥堪用？

5.備用發電系統是否堪用？

這些都是觀察的重點，也是不安全的因素。

愛克遜公司位於德州的工廠在 1992 年的總和傷害率（Total Recordable Injury Rate,TRIR）爲 4.11。推動安全教練一年後降爲 1.60，經過兩年後，更降爲 0.35。安全教練在觀察 51,048 件行爲中，有 4,389 件爲不安全行爲，其他安全行爲有 46,659 件。由於安全教練增加大家的安全認知與態度，所以不安全事故明顯的下降。

任何工作場所，都需要有人扮演「安全教練」的角色，發揮教練行爲，透過安全觀察與安全溝通之回饋過程，而引導並強化作業人員的安全行爲，及時制止不安全行爲，事故就不會發生。不安全行爲的持續改善，是建立安全文化的必經過程，也只有人人重視安全教練，工作人員時時都能展現良好的安全行爲，職場安全文化就能有效建立，而安全卓越才有達成之時。

本章重點題目：

一、從安全觀察的角度看，處理或預防事故是建立於那三個基本問題？

二、試述企業單位常以何種資源去尋求安全觀察之重點及安全作業是否符合標準？

三、試述回饋過程包括的三個步驟。

四、簡述行為安全方案之執行程序。

五、安全觀察之紀錄內容應包含哪些事項？

六、安全教練要觀察的一般不安全行為部分共有哪八個項目？

第八章　職場上的暴力行爲與防範措施

本章主要內容係根據美國聯合安全公司（Allied Security）資深安全分析師華特斯（David Walters）的分析撰寫。

韋氏字典對暴力（violence）的定義是：「不適當的運用體力造成傷害或是虐待」或「猛力的感覺或是表達」。在這廣泛定義之下，可以細分爲騷擾、威脅、恐嚇、從事破壞活動，以及公然的暴力行爲與生氣發怒等。一般認爲工作場所暴力包括以下四類：威脅、騷擾、攻擊及破壞。

以下先對名辭作一解釋：

一、威　脅

威脅（threat）是表示意圖傷害他人，可能是以瞪眼、手勢或是言語來恐嚇。無論是哪種情形，工作場所不容許有威脅的行爲發生。

二、騷　擾

騷擾（harassment）通常是指故意找他人麻煩或是困擾

他人。遭受性騷擾的人如果面對上司、同事時，往往會因擔心提出報告後，害怕失去工作。騷擾行爲包括在辦公室開黃腔、挑逗性言語、不得體的肢體碰觸或電話非禮等。

三、攻　擊

攻擊（attack）是使用暴力傷害他人。通常是以惡意的舉止，如吐口水、掐脖子、拳打、摑耳光、擒抓，做身體上的接觸。關鍵在於是否惡意的。不過，攻擊跟威脅一樣，即使是開玩笑，也不允許發生。

四、破　壞

破壞（sabotage）是毀損雇主的資產、工具、設備與產品，以阻擾生產過程，最後影響到公司的利潤。例如，有家工廠的工人破壞運輸帶，造成生產線關閉半天。雖然這是因爲員工嗑藥的關係，導火線卻是員工開玩笑。另外一個案例是通用汽車公司一名綽號叫「剪刀手愛德華」的員工，經常剪斷工廠的供電線路，造成生產中斷。這名工人是因爲不滿通用汽車減少工人，使得他與其他員工必須工作更長的時間，甚至周末也給加班才能趕上生產進度。

第一節　工作場所與暴力特質

一、工作場所暴力的現象

工作場所暴力並非新問題，事實上在 1890 年代末期與

1900 年代初期，由於工會活動相當活躍，這時期是工作場所暴力的最高峰。這些年來，暴力的焦點已經改變。今天工作場所出現的暴力行為，表面看起來似乎沒有道理。然而，安全經理研究暴力現象，並且深入探討原因，將有助於防範暴力行為的發生。

1996 年，人力資源管理學會（Society for Human Resource Management）進行一項調查，發現工作場所暴力事件不斷增加（參見圖 8.1）。不過，似乎主要是因為口頭上的威脅、推撞、鬥毆增加所導致。這些事件有時候甚至會造成命案。誰是受害人呢？從直接涉及紛爭的人到間接波及的人，如家人、朋友、同事，都可能是受害人。根據美國法務部的資料，有一百多萬人是工作時發生暴力事件的受害人。平均每件 3.5 天。損失的工作天數相當於五千與百萬美元的工資，還不包括請病假與年假的天數。

受害人中，男性比女性多，而女性則多半是竊盜的受害者。超過 30%的受害人曾經受到槍械的攻擊，其中幾乎有三分之一的加害人攜帶手槍。16%的受害人受傷，其中 10%需要送醫治療。

60%的工作場所暴力發生在私人公司。政府僱用的職員雖然只佔美國勞工的 18%，但是有 30%的受害人是在聯邦、州政府或地方政府工作的職員。表 8.1 是 1987 至 1992 年，暴力事件發生的地點。

圖 8.1　工作場所暴力事件增加，不過大多是因為言語衝突、推撞、鬥毆

表 8.1：1987~1992 暴力犯罪發生的地點

發生地點	百分比
總　計	100
依工作型態區分：	
● 私人公司	61
● 政府職員（聯邦、州政府或地方政府）	30
● 自由業	8
● 無薪資的工作	1
依地點區分：	
● 餐廳、酒吧或俱樂部	13
● 辦公室、工廠或倉庫	14
● 其他商業場所	23
● 學校	9
● 停車場	11
● 公共場所（如街上、公園）	22
● 其他	8

（資料來源：美國法務部 Violence and Theft in the Workplace）

工作場所暴力事件增加，有三個主要的原因。

第一，社會通常接受以暴力方式處理情緒與負面的感覺。換句話說，使用暴力作爲個人溝通方式的人，認爲他處理情緒與問題的行爲是可以被接受的。1949 有項調查，發現老師最關心的是學生遲到、抽菸與翹課。1995 年同樣的調查，結果卻很令人擔心。今天老師最擔心的，包括在校園裡使用槍械、暴力橫行、嗑藥與酗酒、學生之間的身體虐待行為，以及家庭結構的崩潰。

第二個因素是刀械管制不嚴，而且使用刀槍械懲治不法與尋仇已被大眾媒體描寫成維護正義的事蹟。金尼指出：「在美國槍枝氾濫、大眾有使用槍枝的經驗、以及認為使用槍械是合法的觀念，已經創造出鼓勵用槍的環境。」

第三個因素是工作壓力，尤其在各企業、公司、政府機關不斷精簡人力下，工作量卻未相對減少，反而像滾雪球般越滾越大，似乎有做不完的工作，因而導致情緒不穩，容易發怒，甚至藉機咆哮發洩或自殘，引發意外。

最後，經濟因素也使得工作場所暴力事件增加。曼德爾（Michael Mantell）指出：「工作場所暴力事件增加有兩個相關的因素：人與錢。」今天的工人覺得比以前更容易受到傷害，尤其是在美國的企業。即使是「安全」的政府公家職務，也因為民營化與組織改造，變得比以前沒有安全感。員工必須互相競爭，以免被其他人淘汰而失去工作。員工如有負面的情緒，更加傾向於使用暴力來對付同事與任職的公司。

不過，也不是所有的員工都會以暴力對付同事或公司。相反地，有些積進極端的人選擇自殺方式來解決。根據美國勞工局的統計，1993 年有 213 人在工作時自殺，比 1992 年增加 16.4%。即使有員工申訴管道，暴力行為來是繼續增加。例如，密西根皇家橡木市郵局的一名前任員工，雖然正在進行輔導，協助他重返工作，但他卻熬不過冗長的過程，憤而殺害四名同事，然後自殺。

拉比格（Charles Labig）博士指出，工作上的暴力行為人，主要指六種人：

（一）陌生人，從事犯罪行為或是對企業或員工心懷怨恨。

（二）目前或過去的顧客。

（三）目前或以前的同事，犯了謀殺罪。

（四）目前或以前的同事，犯了威脅或是攻擊罪。

（五）涉及家庭分爭的配偶或愛人。

（六）暗戀某位員工或是偷偷跟蹤員工的人。

二、工作環境與暴力

美國西北全國人壽保險公司（Northwestern National Life Insurance）進行一項調查，發現工作場所的暴力根工作壓力有密切的關係。還有許多的因素必須考慮，例如員工與雇主的關係、領導風格、溝通方式與工作安全感。探討工作場所暴力事件的背景，必須了解這些因素。主管的舉止（demeanor）與口氣（tone）對於員工的感覺與工作滿意度也有很大的影響。跟工作有關的問題，如壓力、失眠症、頭痛、潰瘍、作惡夢、焦慮，也都可能引起暴力行為。

倫丁（William Lunding）說的好：「在1990年代，領導人想要生存成長，必須改變對員工的看法，從責難變成同情，從懷疑變成信任，從遵命從事到學習環境。」通常領導人重視員工，屬下就會喜歡在這樣的環境下工作。信任與尊重員工的意見是管理風格自然會使得工作環境比較沒壓力。不過，也不能太過於放任員工，曼德爾比喻說：

「公司裡的員工就像是一根根的綠草，組成一大片的草地。給予適當的照顧與滋養，在溫暖的環境下，這片綠草就會欣欣向榮。如果沒有仔細督導，對於未來沒有管制與規劃，有些草皮會枯萎，有些則雜草叢生。」

我們的生活與工作息息相關，工作決定我們的社會地位。一般人見面問好之後，接著就問對方在哪裡高就，從對方的工作來判斷身分地位。失業的人通常會避免社交活動，以免被問到這敏感的問題。對許多員工而言，工作上的成就代表生活上的成功。

公司提供許多人性需求，從養家活口的薪資到各種福利保險，不僅是員工本人，全家人可能都涵蓋在內。基本上，公司提供安全、穩定與人際關係，也提供我們友情、愛情、自尊、成就感以及歸屬感。工作一段時間之後，就依靠公司供應我們的生活水準。如果雇主因為公司精簡而解雇員工，對於情緒不穩定的人，這種打擊可能造成嚴重的後果。

員工會向雇主要求許多東西，可能他們向自己的母親也不會要求這麼多，包括教育、休閒、醫療照顧、心理治療、以及許多有形無形的福利，這樣他們才會心甘情願來工作。如果收入與機會被打了折扣，像是改變工作、失業、降級，對個人的生活福利都是一大打擊。失業嚴重傷害自尊，這個人可能會公開或暗地裡，對於造成這種結果的組織或個人展開報復。

三、暴力行為人的特質

全國創傷服務處（National Trauma Service）的哈普利（Tom Herpley）對於工作場所暴力行為人的描寫如下：「在工作場所的殺人兇手，通常是二十五歲至四十歲的男性。」

雖然這是一般人的印象，不過這種描述不是很正確，也很難說哪種人有暴力傾向。工作場所的暴力不是因爲個人的特質，而是許多經驗與情緒長期累積，再加上因爲某個事件成爲導火線，才演變成暴力事件。不過，還是有些行爲特質或跡象，可以作爲參考：

1.認為工作上受到不公平待遇而抱怨。這種員工對於薪資、福利、工作環境、紀律與管理方式，感到憤恨不滿。這種員工經常顯示偏執狂症狀，覺得受到迫害，有人要陰謀設計她。這種員工什麼事情都很極端，或者不大願意主動。

2.孤僻沒有社交活動。這種員工沒有其他興趣，只是從工作上找到自我的價值與自尊。午餐、休息時間、以及其他社交場合，不會跟其他人來往交談。如果有人邀請，他們會顯得害羞。

3.缺乏自尊。這種員工缺乏向上的自尊心，通常很容易感到沮喪，很難接受他人善意的批評。這種人通常相當悲觀，經常訴說自己受到傷害、排斥與無力感。

4.氣憤。這種員工很容易生氣，經常為一點小事而發脾氣。這種人動不動就要跟人吵架，往往有犯罪前科。

5.威脅。這種員工對於不喜歡的同事，喜歡威脅、騷擾（包括性騷擾）、或是恐嚇。他經常說「你將會後悔說這句話」，或是「報復是甜蜜的」之類的話。

6.對於媒體報導暴力事件很感興趣。這種員工對於大眾媒體的暴力新聞很有興趣，經常聽到他談論這方面的事情。經理對這種人要注意，他很可能模仿暴力行為。

7.以前曾要求過輔導協助。這種員工直接或間接向公司的員工協助計畫、同事、或是上司要求過協助。

8.收藏武器。這種員工收藏武器，尤其是槍枝，經常炫耀他的收藏。他可能訂閱《Soldier of Fortune》或《Survivalist》之類的雜誌，很可能也是個軍事迷。

9.家庭生活不穩定。這種員工可能成長於不健全的家庭，兒童時期的生活相當混亂，或者是失意的時候沒有人給他支持。這種人可能虐待動物，也可能在兒童時期就開始虐待動物。

10.長期勞資糾紛。這種員工經常跟管理階層有紛爭，或是身心受到傷害要求賠償的案件還沒有解決。這種人懷疑管理經理層的指示，經常違反公司的規定與程序。

11.壓力。這種員工險的壓力沉重，或是經常抱怨，似乎工作負荷太重，或是生理心理都無法應付工作的要求。這種人在壓力之下，顯露出他真正的個性，可能是有侵略性、不易妥協、好鬥的。

12.工作經歷漂泊不定。這種員工經常換工作，每個工作都做不久。事實上，在僱用前的面試就應該對這問題問個清楚。

13.嗑藥與酗酒。這種員工通常緊張、精神萎靡、眼睛淚汪汪、語無倫次或是無法開車、頭髮蓬鬆、外表頹廢。

14.懷恨在心。這種員工在行為與語言上，總是有仇必報。這種人不會輕易原諒他人，即使問題已經解決，還是會伺機攻擊他人或組織。這種人看他人受到傷害，還覺得很高興。

以上所舉，當然不是完整的，而且還會有新的特質出現。在工作場所出現暴力行爲的人，通常都會有明顯的特徵，不果往往都是事後才發現。出現以上的特徵，當然也不一定就會有暴力行爲。換句話說，有這些特質的人不一定就是暴力行爲者；這些特質只是當作早期預警訊號，可以事先採取預防措施。所有的主管、安全管理人、安全官、甚至幕僚人員，都應該了解這些特質，並且妥善處理出現這些特質的員工。

暴力的基本層次：

一個人決定採取行動時，可能採取的暴力行爲有許多種。專家一致認爲，暴力行爲可分爲三個層次。

第一層：拒絕與上司合作；散播謠言與閒言閒語傷害他人；經常跟同事吵架；報復顧客；經常惡言惡語。

第二層：與顧客、同事、主管更常吵架；拒絕服從公司的規定與程序；破壞設備與偷竊公司的資產作爲報復；言語傷害同事與上司；對同事與上司表達粗鄙或暴力的言詞；認爲自己受到管理階層的迫害。

第三層：經常狂怒；依在威脅要自殺與跟他人打架；破壞公司資產；使用武器傷害他人；最後犯下謀殺、強暴、放火等罪。

值得注意的是，暴力不會無中生有！他是逐步衍生惡化的結果，而不是突發的事件。

第二節　工作場所的暴力預防

一、防範工作場所的暴力

預防勝於治療。1993 年，疾病防治中心提出警告，要求公司防範工作場所的暴力行爲，尤其是自殺。這項警告的目的是（1）發現高危險的職業與工作場所，（2）告知公司與員工有這風險，（3）鼓勵公司收集統計資料，主動採取干預措施。

對於企業而言，投資在防範暴力行爲上，和投資在研發上一樣重要。金尼指出，防範工作場所暴力的關鍵步驟，就是尋找個人的背景有沒有暴力行爲的前科。美國安全顧問曼特爾支持金尼的建議：「防範工作場所暴力最重要的方法，就是仔細僱用與篩選。」

即使有正確的雇用程序，員工還是可能因爲理想破滅而訴諸暴力。公司如果沒有對於可能發生的暴力行爲預做準備，也可能會受到法律的懲罰，必須付出高昂的訴訟費用，而員工也不再信任公司。任何企業都不要認爲不會發生工作場所暴力事件，反而應該成立一個暴力事件防範與意外事故處理小組。美國郵局、IBM、漢偉、3M、通用食品、通用汽車、艾爾佳（Elgar）公司，都已成立這樣的小組來處理暴力行爲。至少該小組可以讓所有的員工了解，公司竭盡所能防止任何暴力威脅。在中國郭台銘旗下的公司一再發生跳樓事件，就是最典型的例子，公司的負責人起先認爲那只是單純的個案不值得大驚小怪，但當事件一再發生，媒體報導社會關注之後，才採取各種因應對策，事實證明爲時已晚對企業造成的傷害已難以估計。

（一）暴力事件防範與意外事故處理小組

由於所有的公司都不一樣，所以應該根據不同的需求來成立「暴力與意外防範小組」。小組成員應該包括：管理階層、人力資源部門、勞工部門、行政單位、醫療、法律、公共關係與安全管理單位。小組必需定期開會，主要目標是儘可能防範潛在的暴力與意外狀況。

1.預防暴力行為

小組應該擬定政策與程序，讓所有員工了解，公司不會容忍威脅、破壞、恐嚇、騷擾、跟蹤或是暴力的行爲。務必讓員工知道，他們要爲自己的行爲負責，公司會與當地執法機關密切合作，懲罰涉及暴力行爲的人。

該小組也要與執法機關、消防隊、緊急醫療服務機構，建立密切的聯繫溝通。檢討這些機構的能力與反應速度，如果有任何缺失不足，就得預做其他安排或加強協調。

最後，這小組應該擬出一套防範暴力與意外的程序，制定教育計畫，裝設最好的設備，以協助防止工作場所的暴力與意外行爲。

2.事後的處置

一旦發生暴力或意外事件，應馬上召集小組開會，檢討事件本身以及建議處置方法或是防範策略。如果暴力狀況發生，或是即將發生，小組應該檢討暴力事件的可能性與嚴重性，檢查管理、紀律與醫療的應變方案以及採取法律行動（如進行逮捕），與醫院或是心理治療單位連絡，設立警告標誌，或是申請禁止騷擾等。只要發生暴力或是破壞的行爲，小組應即時因應。

暴力事件防範與意外事故處理小組應該在正確的時機召集會議。過早召集小組，可能讓小組成員覺得大驚小怪。應該在威脅、騷擾、攻擊、或是破壞行動已經違反公司的規定時才召開處理會議。暴力事件防範與意外事故處理小組是公司對當地執法機構與媒體唯一的接觸點，是公司的資訊蒐集中心，也是發布消息的窗口。

3.處理潛在暴力的策略

暴力事件防範與意外事故處理小組的重要任務，是保護員工免於受到傷害，以及避免公司承擔法律責任。因此發生暴力事件之後，小組應該即時推出一套保護的策略。公司必須考慮所有暴力與破壞的行爲，採取適當的行動以保護員工與資產，避免進一步受到傷害。

對於直接受到威脅的員工，應該給予特別的關注。根據不同的情況，**對受害者的保護措施**舉例如下：

（1）報請當地執法機關機構協助

（2）保護受威脅者的工作環境（如增加安全措施）

（3）調換或改變輪班工作時間

（4）准許將車停在工廠內

（5）調到其他區域、建物或地點

（6）上下班時派人護衛上車或者到家中

（7）暫時或是永久將受害者調離該區域

（8）建議改變日常作息規律，不要讓人容易猜測

對於暴力行為者，小組應該考慮以下的選擇方案：

（1）改變輪班工作時間或是調到其他地方工作

（2）暫時停薪停職，等候進一步調查

（3）立即送往醫療部門或是交給員工協助計畫處理

（4）強迫退休

（5）自願離職

（6）記過懲罰

（7）強迫離職

二、嫌犯的權利

嫌犯也有他的權利，根據判立法（case law），雇主如果指控員工暴力行爲，結果證明是錯誤的話，有可能吃上誹謗的官司。如果雇主沒有確實證據，就以暴力行爲開除員工，將因錯誤解雇員工而受罰。發生威脅或暴力事件之後，雇主應該暫時將嫌犯停職，等待進一步的調查結果。

三、介入的策略

曼德爾提出「工作場所暴力行爲光譜」（見圖 8.2），有助於事先發現潛在的暴力行爲，並加以處理消弭。使用這光譜的要訣，就是檢查所有的員工，看看每位員工在光譜的哪個位置。

（一）正常的員工：正常的員工跟其他人相處融洽，以

積極的心態處理衝突，因此不會有暴力的威脅。

（二）隱蔽型員工：隱蔽型員工在背地裡可能會進行破壞設備與資產、留下字條、在語音信箱留言騷擾、或是傳真恐嚇信函。

圖 8.2 工作場所暴力光譜

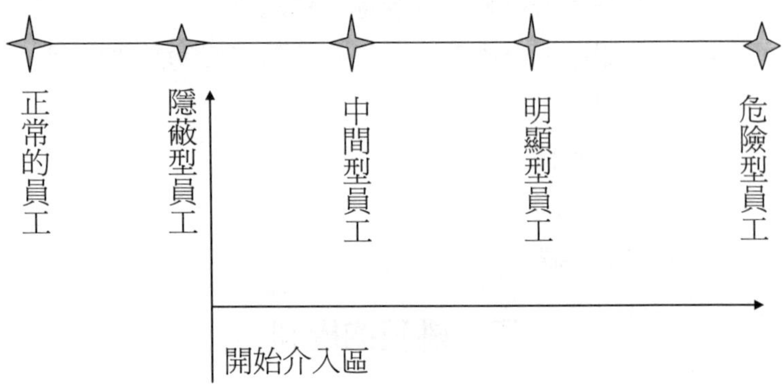

（資料來源：Michael Mantell, Ticking Bombs-Defusing Violence in the Workplace [Burr Ridge, IL：Irwin Publishing,1994].介入區與策略由研究人員提出。）

（一）中間型員工：中間型員工是介於隱蔽型與明顯型之間，他們的行爲比較直接對抗。有時候員工可能不會經過隱蔽的階段。

（二）明顯型員工：明顯型員工以直接公開的行動對抗公司，或是故意讓個人受到傷害。這種員工相當危險，隨時可能出事。

（三）危險型員工：危險型員工可能殺人，造成破壞或是威脅自己與他人的性命。這種員工簡直就像是定時炸彈。

預防介入作爲從隱蔽型階段開始。找出隱蔽型員工，以免他變成中間型，並且導正他的行爲回歸正常。公司應該利用各種資源找出隱蔽型員工，利用匿名熱線電話、隱蔽監視攝影機、員工教育計畫，都是找出隱蔽型員工的方法。找出之後有許多方法可以導正，包括心理諮詢、聽她發牢騷、暫時停止工作以消除工作壓力與緊張（如休假或病假）、輔導課程，或是記過懲罰。

四、輔導教育

輔導課程可以協助員工、避免員工的暴力傾向越來越嚴重。一但發現員工有不良行爲與績象，就應立刻給予輔導教育課程，以免情況失控，造成必須解雇甚至發生暴力事件。輔導教育可以消滅工作場所暴力的火花。暴力行爲的跡象通常很明顯，只要仔細觀察與經常溝通應不難發現，這是預防問題發生最有效的方法。

讓所有的員工有開放的溝通管道，並且提供保密的申訴辦法，發現某人有異常的行爲就立刻反映報告。如果員工認爲在公司裡可以暢所欲言，就能夠在失控之前紓解壓力。換句話說，讓員工抒發他們的情緒是降低工作壓力、減少暴力很有效的方法。

要降低公司的壓力，員工必須擁有五個基本的權利：

（一）言論的自由

（二）獎勵優良的工作績效

（三）強力的支持

（四）可靠的諮詢輔道

（五）堅強的領導

應該鼓勵工作場所的幽默感，但是不能有騷擾或是好鬥的意味。研究顯示，笑一笑有很好的效果，應該鼓勵員工放輕鬆。

第三節　干預暴力行爲的注意事項

知道有暴力行爲可能發生，就應該採取介入行動。不要以爲暴力行爲一定有身體上的接觸。口頭威嚇、咒罵與恐嚇行爲，有時候比身體上的接觸更有威脅性。在介入前一定要考慮個人的安全，如果認爲介入干預會有衝突，就要通知公司的安全部門，採取必要的安全措施，或是參考指導手冊，看看如何處理暴力行爲。在介入干預時，有幾個原則可供參考：

（一）應該面對著員工，並且盡量靠近出入口；不要讓員工靠近出入口的一面，以防他奪門而出。
（二）移開所有可能造成危險的物品。
（三）有第三者在場，可增加安全與佐證。
（四）讓員工知道公司是在協助幫忙他。
（五）準備簡單的飲料、點心感覺較溫馨。
（六）聽他傾訴委屈或原因。
（七）提出改善或協助的方法。
（八）如公司欲採取處分措施，亦應婉轉告之。
（九）最好有訪談紀錄並完成簽名動作。

（十）應鼓勵他回到工作崗位維持正向態度。

介入干預行動一調要有準備，有計畫，態度要誠懇，更重要是每個個案可能都不一樣，因此，從對話內容到如何結束都應事先掌握。

本章重點題目：

一、一般認為工作場所的暴力包括哪四類，試對其作一解釋？

二、說明工作場所暴力事件增加的主要原因。

三、拉比格（Charles Labig）博士指出，工作上的暴力行為人，主要指哪六種人？

四、試述暴力行為人的特質有哪些？

五、一個人決定採取暴力行動時，專家認為施暴者可能採取的行為可分為哪三個層次？

六、在介入干預處理暴力行為時，應注意那些原則？

第三篇

事 故 處 理

第九章　認識事故

爲了保障員工的身心安全與健康，創造一個安全舒適的工作環境，最主要的就是讓員工無憂無慮。要達到這樣的境界，就必須對事故有一個充分的瞭解。

事故分析是研究事故發生規律的一種方法。它通過對大量的事故資料、數據進行加工、整理和綜合分析，揭示事故的發生規律和分布特徵，因而是安全管理工作的重要內容之一。科學、準確的分析結果能夠描述一個企業、部門當前的安全狀況，能夠用以判斷和確定問題的範圍，能夠作爲觀察事故發生的趨勢、探查事故原因、制定事故預防措施、及預測未來可能發生事故機率的依據。它對於做好安全管理扮演十分重要的作用。

第一節　事故的定義

一、事故的定義

（一）事故（Accident）的定義

對於事故，人們從不同的角度觀察對其會有不同的理解。在《辭海》中給事故下的定義是“意外的變故或災禍”。會計師算錯了帳是工作事故，開車發生車禍是意外事故，而在安全管理科學中所研究的事故則與之不同，關於事故的定義有：

1.事故是可能涉及傷害的、非預謀性的事件。
2.事故是造成傷亡、職業病、設備或財產的損壞、損失或環境危害的一個或一系列的事件。
3.事故是違背人的意志而發生的意外事件。
4.事故是人（個體或集體）在為實現某種意圖而進行的活動過程中，突然發生違反人意志的、迫使活動暫時或永久停止的事件。

第二節　事故的特性

在上述定義中，定義 4 對事故做了較爲全面地描述。結合上述諸定義，我們可以歸納出事故具有如下特點：

1.事故是一種發生在人類工作及日常生活活動中的特殊事件，人類的任何工作、日常生活活動過程中都有可能發生事故。因此，人們若想把活動按正常的作息進行下去，就必須努力採取措施來防止事故。
2.事故是一種突然發生的、出乎意料的意外事件。這是由於導致事故發生的原因非常複雜，往往是由許多偶然因素引起的，因而事故的發生具有隨機性質。任何一起事故發生之前，人們無法準確的預測什麼時候、什麼地方、發生什麼樣的事故。由於事故發生的隨機性，使得認識事故、瞭解掌握事故的規律及防止事故發生成為一件非常困難而重要的事情。

3. 事故是一種迫使進行中的工作、活動暫時或永久停止的事件，事故中斷、終止活動的進行，必然給人們的生活帶來某種形式的影響。因此，事故是一種違背人們意志的事件，人們不希望發生的事件。

4. 事故這種意外事件除了影響人們的工作、生活活動順利進行之外，往往還可能造成人員傷害、財物損壞或環境汙染等其他形式的後果。

但値得指出的是，事故和事故後果（Consequence）是具有因果關係的兩件事情：由於事故的發生產生了某種事故後果。但是在日常工作、生活中，人們往往把事故和事故後果看作是一件事件，這是不正確的。之所以產生這種認識，是因爲事故的後果，特別是給人們帶來嚴重傷害或損失的後果，給人的印象非常深刻，相應地使人們注意了帶來這種後果的事故；相反的，當事故帶來的後果非常輕微，沒有引起人們注意的時候，相應的使人們也就忽略了這種事故。

作爲安全管理科學研究對象的事故，主要是那些可能帶來人員傷亡、財產損失或環境汙染的事故，於是，可以**對「事故」做如下的定義：**

事故是在人們工作、生活及日常活動過程中突然發生的、違反人們意志的、迫使活動暫時或永久停止，可能造成人員傷害、財產損失或環境汙染的意外事件。

（二）未遂事故、二次事故、非工作事故與海因理希法則

在事故研究中，有幾類事故容易被人們所忽略，但又十分值得關注，這就是未遂事故、二次事故、非工作事故。

1.未遂事故

未遂事故是只有可能造成嚴重後果，但由於偶然因素，實際上並沒有造成嚴重後果的事件。

也就是說，未遂事故的發生原因及其發生、發展過程與某特定的會造成嚴重後果的事故是完全相同的，只是由於某個偶然因素，沒有造成該類嚴重後果。

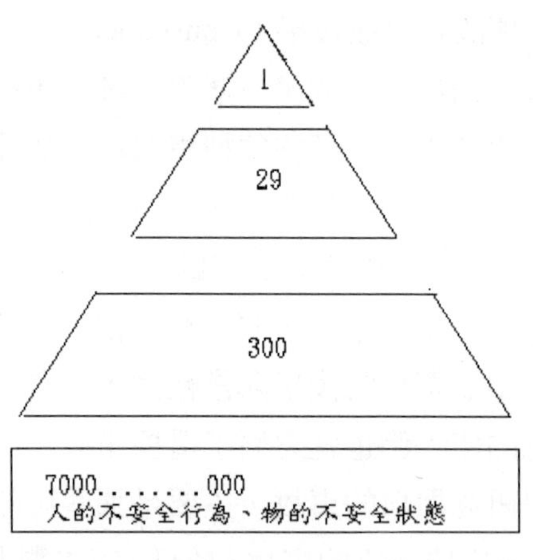

圖9-1　海音里希法則識意圖

美國海因理希（W.H.Heinrich）對未遂事故進行過較為深入的研究，他在調查了5000多起的傷害事故後發現，在330起類似的事故中，300起事故沒有造成傷害的，29件引起輕微傷害，一起造成了嚴重傷害。即嚴重傷害、輕微傷害和沒有傷害的事故件數比為1：29：300，這就是著名的海因理希法則（圖 9.1）。而其中的 300 起無傷害事故，如同時又是沒有

造成財產傷害及其他損失的事故，即爲未遂事故。

海因理希法則反映了事故發生頻率與事故後果嚴重度之間的一般規律，且說明事故發生後其後果的嚴重程度具有隨機性質或者說其後果的嚴重取決於機會因素。因此，一旦發生事故，控制事故後果的嚴重程度是一件非常困難的工作。爲了防止嚴重傷害的發生，應該會全力以赴地防止事故的發生。

例 1 某工人在地板上滑倒，跌壞膝蓋骨，造成重傷。調查表明，該工人經常弄濕地板而未擦乾，且達 6 年之久。他在溼滑的地板上行走時經常滑倒，無傷害、輕微傷害及嚴重傷害的比例爲 1800：0：1。

例 2 某機械師企圖用手把皮帶掛到正在旋轉的皮帶輪上，由於他站在搖晃的梯子上，徒手不用工具，又穿了一件袖口寬大的衣服，結果他被皮帶輪捲入而死亡。事故調查表明，他用這種方法掛皮帶已達數年之久，手下的工人均佩服他技藝高超。查閱 4 年來的就診紀錄，發現他曾被擦傷手臂 33 次，估計無傷害、輕微傷害與嚴重傷害的比例爲 1200：33：1。

海因理希法則是根據同類的事故的統計資料得到的結果，實際上不同種類的事故這個比例是不相同的。

海因理希法則闡明了事故發生頻率與傷害嚴重程度之間的普遍規律，即一般情況下，事故發生後造成嚴重傷害的可能性很小的，大量發生是輕微傷害或者無傷害，這也是爲什麼人們容易忽略安全問題的主要原因之一。

在另一方面，海因理希法則也指出，未遂事故雖然沒有造成人身傷害和經濟損失，但由於其發生的原因和發展的過程極可能造成嚴重傷害或重大事故，因而我們必須對其進行深入研究，探討其發生原因的和發展規律，從而採取相應措施，消除事故原因或斬斷事故發展的過程，達到控制和預防事故的目的。也就是說，根據海因理希法則，在同類事故中，從未遂事故，就有可能控制嚴重事故的發生，這也是事故預測與控制的重要手段之一。

對於一些未知因素較多的的系統，如採用新技術、新設備、新工藝、新材料、新產品等的系統更是如此。日本曾經掀起的"消滅 300"運動，其目的正在於此。美國有關學者也曾進行過類似的研究，他們在某企業對兩組執行同樣操作的員工做了一次對比試驗，對其中的甲組進行正常管理，對乙組則要求及時上報未遂事故，經專家分析後採取相應措施。一年後統計數據表明，乙組的事故率比甲組有明顯的降低。

當然，研究未遂事故也有很多困難，其一，也是最主要的問題，就是人們對其不重視。只要事故的發生沒有造成嚴重後果，許多人認爲只是虛驚一場，事故之後我行我素，依然如故，當事人不在意，管理層如此，政府部門也是如此。

其二，未遂事故數量龐大，對其進行調查、統計、分析研究需要投入大量的人力、物力，在有些情況下，這種投入是難以承受的。

其三，未遂事故的界定困難。在大量的各類突發性事件中，哪些屬於未遂事故，在有些情況是模糊的，對他的界定會因人們理解的程度，觀察事物的角度不同而有所不同。

其四，因為我們只關心哪些可能會造成嚴重事故的未遂事故，但在大量的未遂事故中篩選出這類事故，要依賴於人的經驗和直覺。

2.二次事故

二次事故是指由外部事件或事故再引發的事故。所謂外部事件，是指包括自然災害在內的與本系統無關直接聯繫的事件。二次事故可以說是造成重大損失的根源，絕大多數重大事故主要是由事故引發了第二次事故造成的。

2000 年 12 月晚 9 時左右，在高雄○○化工廠，因施工電焊物引發了火災，工人撲救無效後，未立即報警，致使數 10 人死亡，數 10 人受傷，造成極其嚴重的後果。事故調查發現，受害者均係火災產生的有害氣體中毒或窒息死亡。

高雄某企業廠房發生火災後，員工清理火災現場時，廠房因經火燃燒後而坍塌，造成數十人被壓喪生。

從以上兩起事故可以看出，如果我們正確地認識了二次事故的危害性，完全可以採取相應的管理和技術措施，如設置報警裝置、逃生設備、防毒面具等或經過適當的分析和評估後才允許進入現場，避免二次事件事故發生，都會使損失減至最小。

3.非工作事故

此外，對於企業安全管理者來說，另一類值得關注的事故為非工作事故，即員工在非工作環境中，如旅遊、遊戲、運動及家庭生活等諸方面活動中發生的人身傷害事故。

雖然這類事故不在工傷範圍內，但由於這類事故引起的員工缺工，對於企業的勞動力、生產率是有很大影響的，因失去關鍵工作的員工所需要再培訓的代價，對於企業的損失將會更大。對於這類事故，一個最值得關注的因素就是員工們在企業的安全管理制度約束下，有較好的安全意識。但在非工作環境中，他會產生某種「放鬆」，加上對某種環境的不熟悉，都成了事故滋生的土壤。例如：一個維修工人在工作中使用梯子時，他會為他的同事會進行相應的安全檢查，因為這是制度，不做就可能受到懲罰。可是在家中使用梯子，他會感到沒有制度的束縛，就未做檢查，加上家中或鄰家的梯子一般很少使用，更易發生事故。美國各類職業俱樂部在與球員簽約的時候，就十分的關注球員的個人業餘運動嗜好，如喜歡進行危險較大運動，如登山、賽車等，則要在合約中註明在合約期間內不得從事該項活動，否則不與簽約，因為這樣才能保證球員以更大的可能性為球會服務。因而“高高興興上班，平平安安的回家”應該成“高高興興上班，平平安安的回家，在家也平平安安”。

（三）事故的基本特性

大量的事故調查、統計、分析表明，事故有其自身特有的屬性。掌握和研究這些特性，對於指導人們認識事故、了解事故和預防事故具有重要意義。

1.普遍性

自然界中充滿著各種各樣的危險，人類的工作、生活過程中也總是伴隨著危險。所以，發生事故的可能性普遍存在。危險是客觀存在的，在不同的環境、生活過程中，危險性各不相同，事故發生的可能性就有差異。

2.隨機性

事故發生的時間、地點、形式、規模和後果的嚴重程度都是不確定。也很難預測，也為事故的預防帶來一定困難。但是，在一定的範圍內，事故的隨機性遵循數理統計規律，亦即在大量事故統計資料基礎上，可以找出事故發生的規律，預測事故發生概率的大小。因此，事故統計分析對制定正確的預防措施具有重要作用。

3.必然性

危險是客觀存在的，而且是絕對的。因此，人們在生產、生活過中必然會發生事故，只不過是事故發生的概率大小、人員傷亡的多少和財產損失的嚴重程度不同而已。人們採取措施預防事故，只能延長事故發生的時間間隔，降低事故發生的概率，而不能完全杜絕事故。

4.因果相關性

事故是由系統中相互聯繫、相互制約的多種因素共同作用的結果。導致事故的原因多種多樣。從總體上事故原因可分為人的不安全行為、物的不安全狀態、環境的不良刺激作用。從邏輯上可分為直接原因和間接原因等。這些原因在系統中相互作用、相互影響，在一定的條件下發生突變，即釀成事故。通過事故調查分析，探求事故發生的因果關係，瞭解事故發生的直接原因、間接原因和主要原因，對於預防事故發生具有積極作用。

5.突變性

系統由安全狀態轉化為事故狀態實際上是一種突變現象。事故一旦發生，往往十分突然，令人措手不及。因此，制定事故模擬案，加強緊急救援訓練，提高作業人員的應急反應和作業水準，對於減少人員傷亡與財產損失尤爲重要。

6.潛伏性

事故的發生具有突變性，但在事故發生之前存在一個量變過程，亦即系統內部相關參數的漸變過程，所以事故具有潛伏性。一個系統，可能長時間沒有發生事故，但這並非就意味著該系統是安全的，因爲它可能潛伏著事故隱患。這種系統在事故發生之前所處的狀態不穩定，爲了達到系統的穩定度，系統要素在不斷發生變化。當某一觸發因素出現，即可導致事故，事故的潛伏期間往往會引起人們的麻痺思想，從而釀成重大的惡性事故。

7.危害性

事故往往造成一定的財產損失或人員傷亡。嚴重者會制約企業的發展，給社會穩定帶來不良影響。因此，人們面對危險，需能全力抗爭而追求安全。

8.可預防性

儘管事故的發生是必然的，但我們可以通過採取措施來預防事故發生或者延緩事故發生的時間間隔。充分認識事故的這一特性，對於防止事故發生有促進作用。通過事故調查，探求事故發生的原因和規律，採取預防事故的措施，可降低事故發生的概率。

一、傷害分類

根據人員受到傷害的嚴重程度和傷害後的恢復情況，可將傷害分爲 4 類。

（一）暫時性失能傷害。受傷害者或中毒暫時不能從事原工作。經過一段時間的治療或休息可以恢復工作能力的傷害。

（二）永久性部分失能傷害。導致受傷害者或中毒肢體或某些器官的功能發生不可逆的喪失性傷害。

（三）永久性的全失能障礙。使受傷害的或中毒者完全殘廢的傷害。

（四）死亡。

在安全管理工作中，從事故統計的角度言，造成損失工作日達到或超過一天的人身傷害或緊急中毒事故稱作傷亡事故。其中，在生產或工作區域中發生和職場有關的傷亡事故稱作工傷事故。工傷事故包括工作意外事故和職業病所致的傷殘及死亡。這裡所說的“傷”是指勞動者在工作中因發生意外事故導致身體器官或生理功能受到損害。它分爲器官損傷和職業病損傷兩種情況，通常表現爲暫時性的、部分的勞動能力喪失。“殘”是指勞動者因公負傷或患職業病後，雖經治療、休養，但仍難痊癒，致使身體功能受損或智力不全。它包括肢體缺損和智力喪失兩種情況，通常表現爲永久性的部份勞動能力喪失或永久性的全部勞動能力喪失。

第三節　事故的原因

根據事故的特性可知。事故的原因和結果之間存在著某種規律，所以研究事故，最重要的是找出事故發生的原因。

事故的原因分爲事故的直接原因和間接原因：

一、事故的直接原因

所謂的事故的直接原因，即直接導致事故發生的原因，又稱一次原因。大多數學者認爲，事故的直接原因只有兩個，即人的不安全行爲和物的不安全狀態。少數學者，如美國的皮特森（Den Peterson）則認爲事故的直接原因爲管理失誤和物的不安全狀態。本書採納大多數學者的觀點，但後者的觀點也說明了管理在安全工作中的重要地位，以下對人的不安全行爲和物的不安全狀態做進一步的分類。

（一）物的不安全狀態方面的原因

1.**防護、保險、信號等裝置缺乏或有缺陷**。

（1）無防護：具體包括：無防護罩；無安全保險裝置；無報警裝置；無安全標誌；無護欄或護欄損壞；無通風設施、噪音大；危房內作業等。

2.**設備、設施、工具機附件有缺陷**。

（1）設計不當，結構不合安全要求：具體包括：通道門遮擋視線；制動裝置有欠缺；安全間距不夠。

（2）強度不夠：包括：器械強度不夠；絕緣強度不夠；起吊重物的繩索不合安全要求等。

（3）維修、調整不良：包括：設備失修；地面不平；保養不當、設備失靈；

（4）個人防護用品、用具缺少或有缺陷。

個人防護用品用具包括防護服、手套、護目鏡及面罩、聽力護具、安全帶、安全帽、安全鞋等。個人防護用品、用具缺少，無個人防護用品、用具；缺陷指所用防護用品、用具不符合安全要求。

3.工作、場地環境不良。

（1）照明光線不良：包括：照度不足；作業場地煙霧、灰塵瀰漫，視線不清；光線過強。

（2）通風不良：包括：無通風；通風系統效率低。

（3）作業場所狹窄。

（4）作業場所雜亂：包括：工具、製品、材料堆放凌亂。

（5）交通線路的配置不安全。

（6）操作順序設計或配置不安全。

（7）地面滑。包括：地面有油或是其他的液體。

（8）貯存方法不安全。

（9）環境溫度、濕度不當。

（二）人的不安全行爲原因

1.操作錯誤、安全忽視、忽視警告。

（1）未經許可開動、關停、移動器械。

（2）開動、關停機器時未給信號。

（3）開關未鎖緊，造成意外轉動、通電或洩漏等。

（4）忘記關閉設備。

（5）忽警告標誌、警告信號。

（6）操作錯誤。

（7）物品未緊固。

（8）違規駕駛。

（9）酒後作業。

（10）客貨混載。

2.造成安全裝置失效。

（1）拆除安全裝置。

（2）安全裝置堵塞、失去作用。

（3）因調整錯誤造成安全裝置失效。

3.使用不安全設備。

（1）臨時使用不牢固的設備。

（2）使用無安全裝置的設備。

4.用手代替工具操作。

（1）用手代替手動工具。

（2）用手清除切屑。

（3）不用夾具固定，直接以手進行加工。

5.物體（指裝備、材料、工具、用品等）存放不當。

6.冒險進入危險場所。

（1）冒險進入涵洞。

（2）未經安全監察人員允許進入工作。

（3）未做好準備工作就開始工作。

（4）易燃物場所有火種。

7.有分散注意力的行為。

8.在必須使用個人防護用品用具的作業或場合中，未依規定配戴。

（1）未戴護目鏡或面罩。

（2）未帶防護手套。

（3）未穿安全鞋。

（4）未佩帶安全帶。

（5）未佩帶工作帽。

（6）作業時穿著過度寬鬆服裝。

9.**對易燃易爆危險品處理錯誤。**

根據統計，在所有不安全事故中，有 96%的事故與人的不安全行爲有關，有 91%的事故與物的不安全狀態有關，這顯示，大多數事故幾乎都與人的不安全行爲和物的不安全狀態有關，也就是說，只要控制好其中之一，即人的不安全行爲或物的不安全狀態中有一個不發生，或者使兩者不同時發生，我們就能控制大多數事故，減少不必要的損失。這對於事故的預防與安全管理是非常重要的。

二、事故的間接原因

事故間接原因，則是指事故的直接原因得以產生和存在的前提原因。事故的間接原因有以下 7 種：

1.技術上和設計上有缺陷；

2.教育培訓不夠；

3.身體的原因；

4.精神的原因；

5.管理上有缺陷；

6.學校教育的原因；

7.社會歷史原因。

其中前 5 項又稱二次原因，後 2 項又稱基礎原因。

1.**技術上和設計上有缺陷**

“技術上和設計上有缺陷”是指安全角度來分析，在設計上和技術上存在的與事故發生原因有關的缺陷。其包括建築物、機械設備、儀器儀表、工藝過程、控制方法、維修檢查等在設計、施工和材料使用中存在的缺陷。這類缺陷主要表現在因設計錯誤或考慮不周造成的失誤；在技術上因安裝、施工、創造、使用、維修、檢查等達不到要求而留下的事故隱患。

2.教育培訓不夠

"教育培訓不夠"是指形式上對員工進行安全知識的教育與培訓，但是在組織管理、方法、時間、效果、廣度、深度等方面還存在一定差距，員工對政策、法規和制度不了解，對安全管理知識和紀律沒有完全掌握，對各種設備、器具的操作和防護措施等沒有完全瞭解，對安全規範不重視，以致不能防止事故的發生。

此外，單純教育培訓是不夠的，不僅要考慮培訓內容是否滿足要求，還應當注意到員工在培訓中所接受的知識有些是要隨時間而衰減的，也就是說，即使進行了全面深入的培訓，經過一段時間以後，員工所具備的安全知識和技能還是有可能淡忘。因此，必須對員工進行再培訓或在職教育。否則，仍有可能因此而引發事故。

3.身體的原因

"身體的原因"包括身體有缺陷。如暈眩、頭痛、顛顯、高血壓等疾病，近視、耳聾、色盲等殘疾，身體過度疲勞、酒醉、藥物的作用等。

4.精神的原因

"精神的原因"包括懈怠、反抗、不滿等不良態度，煩躁、緊張、恐怖、心不在焉、憂鬱等精神狀態，偏見、固執等性格缺陷等。此外，興奮、過度積極的精神狀態也有可能產生不安全的行為。

5.管理上的缺失

“管理上有缺陷”包括編組不合理，企業主要領導人對安全的責任心不強，作業標準不明確，缺乏檢查制度，人事分配不完善，對現場工作缺乏檢查或指導機制，沒有健全的操作規程，沒有或不認真執行事故防範措施等。

通常企業組織是否合理，配置是否恰當，企業內部分工合作是否合宜，都會直接影響企業的營運與安全。而造成企業組織不合理主要包括以下 10 項。

（1）相關分工不明顯，任務分配不具體。

（2）作業之間不協調，各部門之間缺乏統一配合。

（3）安排人員不適當，造成勞逸不均、工作分配不當。

（4）作業現場指揮不適當或指揮協調造成失誤。

（5）工作量與工作能力不相適應。

（6）工作時間或作業班制不合理，致使員工連續加班，無法充分休息。

（7）指派不具專業技能或作業條件的員工從事該項工作。

（8）工作場地或作業秩序混亂。

（9）規章制度不健全，不落實，管理作業不嚴格，員工紀律鬆弛。

（10）對現場工作缺乏檢查、督導機制。（包括檢查的數量和質量兩個方面，數量方面：指沒有進行檢查或檢查次數太少，間隔時間太長；質量方面：是指對某特定的設備、設施、場所等，雖已進行了檢查，但查得不細、不確實，未能發現問題，因而未能避免事故發生。）

事故統計顯示，85%左右的事故都與管理因素有關。換句話說，如果採取了合適的管理措施，大部分事故將會得到很好的控制。因此可以說，管理因素是事故發生乃至嚴重損失的最主要原因。

6.學校教育的原因

“學校教育的原因”是指各級教育組織中的安全教育不完全、不徹底等。學校，無論是小學、初中、高中還是大學，在對學生進行文化教育的同時，也擔負著提高學生全面素質，培養符合社會需要的人才重任。素質中當然包括安全素質。而且學校老師的思想、觀點對學生的影響甚至終生都難以消除。許多事件表明，正是由於學校教育中的安全教育方面的不完全、不徹底，大多數還停留在常識式的初級階段，使得學生面對形形色色的突發性事件，不知所措，遭受了不必要的傷害和損失。

另一方面，面對意外事故，沒有相應的素質，學生也一樣會行爲失當，如近年來中小學生發生過多起因下課後擁擠而使多名學生傷亡的重大事故，在火災事故中沒有採取合理的救助行動而造成傷害的實例也屢見不鮮。而且調查表明，人安全素質的高低與受教育的程度有一定的聯繫。2001 年上海某船廠發生的吊車倒塌死亡 36 人的惡性事故，受害者中有 9 人爲某著名高校教師；大學的實驗室也經常因安全素質不高引發各類傷害事故，有一位著名加拿大核物理學家爲阻止可能發生的核事故奮不顧身，用手控制了兩塊即將撞進而產生的毀滅性核反應的核原料，最後因受到超量輻射而身亡。這個案例故事告訴我們，實驗裝置的設計，實驗過程的管理與控制人員都是世界級高水準的科學家，卻不具備最基本的安全素質；否則，這個悲劇是完全可以避免的。

而且，也正是由於他們受過高等教育，對他們就要有更高的安全素質要求。因爲對企業，對政府，對各行各業來說，無論是做公益、做產品、做設計、做企業管理、還是做行政管理、做監督保證，承擔主要任務的大都是受過高等教育者，他們的安全素質的高低對企業的經營、產品的質量，對生產過程的保證，對整個社會的相對穩定都息息相關。

7.社會歷史原因

“社會歷史原因”包括有關政府安全法規不符實際需求、行政管理機構不完善、人們的安全意識不夠、社會長期的漠視、不注意等。

一個國家，一個民族，一個社會，無不在其長期發展的過程中，對人們打下深深的烙印，形成各種傳統的觀念或模式，人民生活水平的高低反映出來的安全意識只是其中的一個組成部分，法律意識，教育水平，民族傳統，風俗習慣等都無所不在地對人們造成影響，有積極的，也有消極的，有正面的，也有負面的。近年來國人對法律意識不斷的提高，事故受損後索賠的案例也迅速增加，這些都是安全意識提升的動力，對整個社會、對人們也會造成影響。

本章重點題目：

一、試述事故的定義？

二、試說明事故的基本特性？

三、試述事故發生的基本原因？

第十章　事故調查及處理

在安全管理工作中，對已發生的事故進行調查處理是極其重要的一環。根據事故的特性可知，事故是不可避免的，但我們可以通過事故預防等手段減少其發生的概率或控制其產生的後果。事故預防是一種管理職能，而且事故預防工作在很大程度上取決於事故調查。因為通過事故調查獲得相映的事故訊息對於認識危險、控制事故有至關重要的作用。而且事故調查與處理，特別是重大事故的調查與處理會在相當的範圍內產生極大的影響。因此，事故調查是確認事故經過，查找事故原因的過程，是安全管理工作的一項關鍵功課，是制定最佳事故預防對策的前提。

所謂事故調查，我們可定義在事故發生後，為獲取有關事故原因的全面資料，找出事故的根本原因，防止類似事故的再發生而進行的調查。事故調查是一門科學也是一門藝術。說它是一門科學，是因為事故調查工作需要特定的技術和知識，包括事故調查專門技術的掌握，如飛機事故調查人即應熟悉事故分析測定技術，也應該了解飛機的結構、原理及相關設備；說它是一門藝術，則因為事故調查工作需要具有豐富的經驗及綜合處理訊息並加以分析的能力，有時甚至要靠直覺，這些並不是簡單的教育培訓所能達到的。

因而，真正掌握事故調查的過程及方法，特別需要理論與實踐的緊密結合。

第一節　事故調查的目的及意義

一、事故調查與安全管理

概括起來，事故調查工作對於安全管理的重要性可歸納爲以下幾個方面：

（一）最有效的事故預防作爲

事故的發生既有它的偶然性，也有必然性。即如果潛在事故發生的條件（一般稱之爲事故隱患）存在，什麼時候發生事故是偶然的，但發生事故是必然的。因而，只有通過事故調查的方法，才能發現事故的潛在條件，包括事故的直接原因和間接原因，找出其發生發展的過程，防止類似事故的發生。例如：某建築工地貨車司機午間休息時間飲酒過量，又進入工地現場，爬上貨車，使貨車前進一段時間後從車上摔下來，造成重傷。如果按責任處理非常簡單，即該司機違規酒後駕車；但試問在其酒後進入工地駕車的過程中，爲什麼沒有人制止或是提醒他不要酒後駕車？如果在類似的情況下有人制止，是否會發生事故呢？答案是十分明確的。

（二）爲制定安全措施提供依據

事故的發生是有因果性和規律性的，事故調查是找出這種因果關係和事故規律的最有效的方法。只有掌握了這種因果關係和規律性，我們就能有針對性地制定相應的安全措施，包括技術手段或管理手段，達到最佳的事故控制效果。

（三）揭示新的或未被人注意的危險

任何系統，特別是具有新設備、新工藝、新產品、新材料、新技術的系統，都在一定程度上存在著某些我們尚未了解或掌握的或被我們所忽視的潛在危險。事故的發生給了我們認識這類危險的機會，事故調查是我們抓住這一機會的最主要的途徑。只有充分認識了這類危險，我們才有可能防止其發生。

（四）可以確認管理系統的缺陷

如前所述，事故是管理不佳的表現形式，而管理系統缺陷的存在也會直接影響到企業的經營效益。事故的發生給了我們將壞事變成好事的機會。即通過事故調查發現管理系統存在的問題，加以改進後，就可以一舉多得，即控制事故，有改進管理水平，提高企業經營效益。

（五）是高效的安全管理系統的重要組成部分

安全管理工作主要是事故預防、警急措施和保險補償手段的有機結合，且事故預防和緊急措施更爲重要。既然事故調查的結果對於我們進行事故預防和應急計劃的制定都有重要價值，那麼我們的安全管理系統中當然要具備事故調查處理的職能並真正發揮其作用，否則安全管理工作的目的和對象就會在我們的頭腦中變的模糊起來。

事故調查不僅僅與企業安全有關。對於保險業來說，事故調查也有著特殊的意義。因爲事故調查既可以確定事故真相，排除騙賠事件，減少經濟損失；也可以確定事故經濟損失，確認雙方都能接受的合理的賠償額度；還可以根據事故的發生情況，進行保險費率的調整，同時提出合理的預防措施，協助被保險人減少事故，做好防災防損工作，減少事故率。另一方面，對於產品生產企業來說，對其產品使用、維修乃至報廢過程中發生的事故調查，及對於確定事故責任，發現產品缺陷，保護企業形象，做好新一代商品開發都具有重要意義。

二、事故調查的目的

必須首先明確的是，無論什麼樣的事故，一個科學事故調查過程的主要目的就是防止事故的再發生。也就是說，根據事故調查的結果，提出改正措施，控制事故或消除此類事故。前面提到的貨車司機酒後開車的案例充分的說明，只有通過深入調查分析，查出導致上述事件發生的層次原因，特別是管理系統的缺陷，才有可能達到事故調查的首要目的 — 防止事故的再發生。

同時，對於重大的事故，包括死亡事故，甚至是重傷事故，事故調查還是滿足法律要求，提供違反有關安全法規的資料，是司法機關執法的主要手段。當然也包括確定事故的相關責任，但這與以確定事故責任爲目的事故責任調查過程存在本質上的區別。後者僅僅以確定責任爲目的，不可能控制事故的再發生。如貨車司機的酒後駕駛；前者則要分析探討深層次的原因，如管理系統的缺陷，爲控制此類事故奠定良好的基礎。

此外，通過事故調查還可以描述事故的發生過程，鑑別事故的直接原因與間接原因，從而累積事故資料，爲事故的統計分析及類似系統、產品的設計與管理提供信息，爲企業或政府有關部門安全工作的宏觀決策提供依據。

三、事故調查對象

從理論上講，所有事故，包括無傷害事故和未遂事故都在調查範圍之內。但由於各方面條件的限制，特別是經濟條件的限制，要達到這一目標幾乎是不可能的。因此，要進行事故調查並達到我們的最終目的，選擇合適的事故調查對象也是相當重要的。

（一）重大事故

所有重大事故都應進行事故調查，這既是法律的要求，也是事故調查的主要目的所在。因爲如果這類事故再發生，其損失及影響都是難以承受的。重大事故不僅包括損失大的、傷亡多的，也包括那些在社會上甚至國際上造成重大影響的事故。

（二）未遂事故或無傷害事故

有些未遂事故或無傷害事故雖未造成嚴重的後果，甚至幾乎沒有經濟損失，但如果其有可能造成嚴重的後果，也是調查的主要對象。判定該事故是否有可能造成重大損失，則需要安全管理人員的能力與經驗。

（三）傷害輕微但發生頻繁的事故

這類事故傷害雖不嚴重，但由於發生頻繁，對員工會有較大的影響，而且突然頻繁發生的事故，也說明管理上或技術上有不正常的問題，如不及時採取措施，累積的事故損失也會較大。事故調查是解決這類問題的最好方法。

（四）可能因管理缺陷引發的事故

如前所述，管理系統的缺陷在不僅會引發事故，而且也會影響工作效率，進而影響經濟效益。因此，即時調查這類事故，不僅可以防止事故的再發生，也會提高經濟效益，一舉兩得。

（五）高危險工作環境的事故

由於高危險環境中，極易發生重大傷害事故，造成較大損失，因而在這類環境中發生的事故，即使後果很輕微，也值得深入調查。只有這樣，才能發現潛在的事故隱患，防止重大事故的發生。這類環境包括高空作業場所，易燃易爆場所，有毒有害的生產環境等。

（六）適當的抽樣調查

除上述諸類事故外，還應通過適當的抽樣調查的方式選取調查對象，即時發現新的潛在危險，提高系統的總體安全性。這是因爲有些事故雖然不完全具備的上述的 5 類事故的典型特徵，但卻有發生重大事故的可能性，適當的抽樣調查會增加發現這類事故的可能性。

第二節　事故調查的準備

俗話說“有備無患”，由於事故是小機率事件，所以在一般情況下，事故調查並不是一項日常性工作，但若不做好充分的準備，事故調查工作就不能取得良好的收效。對於突然發生的事故，如果在沒有充分準備的條件下，極有可能發生取樣不及時、不準確、調查者受到傷害、當事者或目擊者受到他人影響等不良後果，而且這些後果又是無法彌補的。

事故調查準備工作包括調查計劃、人員組成及培訓工具的準備等。

一、事故調查計畫

做好事故調查的準備工作，首要的一條就是要有一個詳細、嚴謹、全面的計畫，對由誰來進行調查，怎樣進行調查做出詳盡的安排。臨陣磨槍，倉促上陣是不可能做好調查任務的。對於計劃的內容，應視具體情況而定，可詳可簡，可多可少，切忌過於注重細節，過分龐大的計畫會給執行者造成麻煩，反而影響了執行效果。但計畫中至少應包括：

1.即時通報有關部門；

2.搶救人的生命；

3.保護人的生命和財產免遭進一步的損失；

4.保證調查工作能即時執行。

“即時通報有關部門”是當前很多調查計畫中最容易忽略的內容。當事故發生後，我們首先要做的事情不是手忙腳亂地趕赴現場，而是即時通知下列有關人員及部門：

（一）事故直接影響區域內工作的人或其他人員。這是避免進一步損失或即時施救最關鍵的措施。

（二）從事生命搶救、財產保護的人員。如消防、醫療、搶救人員等。

（三）上層管理部門有關人員。最尷尬的情況是新聞媒體或上級監督部門、檢察官、警察部門等都已來到現場，而本單位主管或上級主管部門仍不知情。

（四）專業調查人員。有些事故，比如重大事故或專業性很強的事故，如飛機失事，是需要專業調查人員實施調查的。他們來的越早，證據收集就會越及時、越充分。

（五）公共事務人員。這些人員負責對外接待及有關善後事宜的處理，以保證專業人員能夠集中力量投入事故調查之中。

（六）安全管理人員。這些人員參與事故調查或保證現場安全。

計畫中應該按重要順序列出上述人員的地址及聯繫方式

等，同時也應該選擇合適的通知方式，既要保證信息的準確交流，也要限制非有關人員受到不必要的影響。

二、事故調查人員

（一）調查人員素質及組成

事故調查是一項高度專業性的工作，只有那些具有多種品質且訓練有素的人，才能勝任這一個工作。作爲一個調查人員，要善於探索，對其工作要有獻身精神，勤奮而有耐心，而且必須精通有關被調查的對象的專業知識，通曉那些影響整體工作的因素。技能、毅力和邏輯推理是其最主要的業務工具，而對人謙讓、誠實，以及尊重他人則應是他爲人處世的準則。

事故調查人員是事故調查的主體。不同的事故，調查人員的組成會有所不同。一般處理原則：

1. 輕傷、重傷事故。由企業負責人或其指定人員，包括原單位幹部、技術、安全等有關人員以及工會成員參加事故調查組進行調查。
2. 死亡事故。由企業主管部門會同企業所在地的警察機關、工會組成事故調查組進行調查。
3. 重大傷亡事故。按照企業的隸屬的關係，由政府相關部門及檢警單位會同處理、監察部門、工會組成事故調查組進行調查。

（二）參與重大事故調查人員的要求

國家對參與重大或特大事故調查的成員也有兩條基本的要求。即：

1.具有事故調查所需的某一方面的專長。

2.與所發生事故沒有直接利害關係。

（三）不同調查人員的特點

對於各級事故，主持和參與調查的人員會有很大的差異，不同的群體又有不同的特點。

1.企業基層安全管理人員。這類人員一般可直接進行小型事故調查，或部分參與某些重大事故的調查過程，如提供相應資料等。這類人的優點是熟悉特定的工作環境，了解當事者的背景情況及心態變化等情況，這些都有利於事故調查的進程。而缺點是由於其極可能因管理責任等問題牽涉其中，因而影響了其與事故調查人員的合作或可能會以其的某些言行誤導調查過程。

2.各職能部門人員（如人事、醫療、採購、後勤、工會等）。由於這類職能部門也是企業安全管理系統的一部份，因而這類職能部門有關人員參與事故調查對確定管理者的疏忽、失誤或管理系統的缺陷尤為重要。但必須指出的是，由於事故原因可能是上述某部門的職能問題，故而這類人員在參與事故調查過程中也會有所顧忌。

3.安全專業人員。這類人員是事故調查的主角。他們一般均受過專門的事故調查的訓練，有分析事故的能力和經驗，而且能夠較為公正的進行事故分析。唯一的問題可能會受到事故調查主持單位負責人觀點的左右，以“大局”的觀點處理事故。

4.職業事故調查人員。部分歐美發達國家均有以某類專業事故調查為職業者，如小型飛機事故的調查人員，汽車事故調查人員等。這類人既具備豐富的專業知識和事故調查經驗，也有著較好的公正性，是事故調查的最好人選。

（四）調查人員人數

根據事故嚴重程度及性質，我們可由上述有關人員組成不同級別的事故調查組進行調查工作。事故調查的成員人數應視事故的嚴重程度和性質而定。以空難事故爲例，國際民航組織對事故調查小組編制有如下的規定。

小型飛機失事時，一般 1~2 名經過專業經驗培訓的調查員即可以完成調查工作。而對於大型飛機失事，則爲能考慮到各方面的問題，必須按專業劃分成的一些小組來組成一個實力雄厚的調查隊伍。通常包括以下 11 類的調查小組：

1.飛行小組。分析研究在事故發生前的地勤人員的活動的全部事實和最後飛行階段中的飛行情況。

2.氣象小組。收集和匯編所有與本次事故有關的準確的氣象資料。

3.空中交通勤務小組。調查空中交通勤務部門的原始紀錄。

4.見證人小組。聯繫和會晤所有可能聽到或看見失事飛機的當次飛行狀況，以及了解該次飛行情況或事故發生時的氣象情況人員。

5.事故紀錄小組。設法找到失事飛機的飛行數據紀錄儀和座艙語音紀錄儀，並讀出有關的數據。

6.結構小組。調查飛機的機體和飛行操作系統。

7.動力裝置小組。調查發動機、燃油和滑油系統、螺旋槳以及發動機操縱系統。

8.系統小組。詳細檢查所有的系統和附件，包括液壓、氣動、電子和電器、無線電通訊及導航設備、空調及增壓系統、防冰和防雨系統、座艙滅火、氧氣系統等。

9.維修記錄小組。負責審查所有的維修記錄，以便查清失事飛機的維修情況。

10.人為因素小組。調查航空醫學的及墜毀致傷方面的問題。

11.撤離、搜尋、營救和滅火小組。調查有關撤離、搜尋、營救的情況、以及地面滅火效能方面的問題。

三、事故調查的物質準備

在事故調查準備工作中，除了事故調查計畫及人員素質要求外，另一個主要的工作就是物質上的準備。“工欲善其事，必先利其器”，沒有良好的準備和工具，事故調查人員素質再高，也是“巧婦難爲無米之炊”。因而，一般的情況下，有可能從事事故調查人員，必須事先做好必要的物質準備。

首先是身體上的準備。除了保證一個良好的身體狀態外，由於事故發生地點的多樣性，如飛機、火車等運輸工具的事故可能在荒無人煙處，事故現場有害物質的多樣性，如輻射、有毒物質、細菌、病毒、野外、山區等，因而在服裝及防護裝備上也應根據具體情況加以考慮。同時考慮到在收集樣品時受到輕微傷害的可能性較大，建議有關調查人員能定期注射預防破傷風的血清。

至於調查工具，則因被調查對象的性質而異。**通常來講，專業調查人員必備的調查工具有：**

1.相機和膠卷 — 用於現場拍照取證。

2.紙、筆、夾 — 記事、筆錄等。

3.有關規則、標準作業參考資料。

4.放大鏡 — 樣品鑑定。

5.手套 — 收集樣品。

6.錄音機、帶 — 與目擊證人等交談或紀錄調查過程。

7.急救包 — 搶救人員或自救。

8.繪圖紙 — 現場地形圖等。

9.標籤 — 採樣時，標記採樣地點及物品。

10.樣品容器 — 採樣液體、樣品等。

11.羅盤 — 確定方向。

常用的儀器包括噪聲、輻射、氣體等的採樣或測量的設備及與被調查對象直接相關的測量儀器等。

第三節　事故調查的基本步驟

有了充分的準備，在事故調查工作中是一個好的開始，也為事故調查過程奠定了良好的基礎。

實施事故調查過程，是事故調查工作的主要內容，一般事故調查的基本步驟包括現場處理、現場勘查、物證收集、人證問詢等主要工作。由於這些工作把握時間是非常重要，有些信息、證據隨時間的推移會逐漸消失的，有些信息則有著極大的不可重複性，因而對於事故調查人員來講，實施調查過程的速度和準確性顯的更為重要。只有把握住每一個調查環節的中心工作，才能使調查過程發展順利。

一、事故現場處理

事故現場處理是事故調查的初期工作。對於事故調查人員來說，由於事故的性質不同及事故調查人員在事故調查中的角色的差異，事故現場處理工作會有所不同，但通常現場處理應進行如下的工作。

(一) 安全抵達現場

無論準備如何充分，事故的發生對幾乎任何人都是一種意外，因而要順利地完成事故調查任務，首先要使自己能夠在攜帶了必要調查工具及裝備的情況下，安全地抵達事故現場。越是手忙腳亂，越容易出現意外。在抵達現場的同時，應保持與上級或有關部門的聯繫，即時反應狀況。

（二）現場危險分析

這是現場處理工作的中心環節。只有做出準確的分析與判斷，才能夠防止進一步的傷害與破壞，同時做好現場保護工作。現場危險分析工作主要有觀察現場全貌，確定行動次序及考慮與有關人員合作，控制圍觀者，指揮志願者等。

（三）現場營救

最先趕到事故現場人員的主要工作就是盡可能的營救倖存者和保護財產。作爲一個事故調查員，如果有關搶救人員，如醫療、消防等已經到位且人手足夠的情況下，應即時記錄事故遇難者屍體的狀態和位置，並用照相和繪草圖的方式標名位置，同時告誡救護人員必須盡早紀錄下他們最初看到的情況，包括倖存者的位置，移動過物體的原位置等。如需要調查本人也參加營救工作，也應盡可能的做好上述工作。

（四）防止進一步危害

在現場危險分析的基礎上，應對現場可能產生的進一步的傷害和破壞採取即時行動，使第二次事故造成的損失盡可能減少。這類工作包括防止有害有毒氣體的生成和蔓延，防止有害有毒物質的生成和釋放，防止易燃易爆物質或氣體的生成與燃燒爆炸，防止由火災引起的爆炸等等。

許多事故現場都很容易發生火災，故應嚴加防護，以保證所有在場人員的安全和保護現場免遭進一步的破壞。當存在嚴重的火災危險時，應準備好隨時可用的消防設置，並盡快轉移易燃易爆物質，同時嚴格制止任何可能引起明火的行爲。即使是使用搶救設備等都應在絕對安全的情況下才可以使用。

應盡快查明現場是否有危險品存在並採取相應措施。這類危險品包括放射性物質，爆炸物，腐蝕性液體、氣體，液體或固體有毒物質，或細菌培養物質等。

（五）保護現場

這是進一步物證收集與人證問訊工作的基礎。其主要目的就是使事故有關的物體痕跡、狀態盡可能不遭到破壞，人證得到保護。

完成了搶救、搶救任務，保護了生命和財產之後，現場處理的主要工作就轉移到了現場保護方面。這時事故調查人員將成爲主角，並應承擔起主要的責任。

由於首先到達事故現場的有可能是企業職工、附近居民，搶救人員或警方人員，因此爲保證調查組抵達現場前不致因對現場進行不必要的干預而丟失重要的證據，爭取企業職工，特別是公司的幹部，及當地警察或搶救人員的合作是非常重要的。調查人員應充分認識到，事故調查不僅需要進行技術調查，而且需要服從某種司法程序。所以應通過合適的方式，使上述人員了解到，除必要的搶救等工作外，應使現場盡可能的原封不動。事故中遇難者的屍體及人體殘留物應盡可能的留在原處，私人的物品也應該保持不動，因爲這些東西的位置有助於辨別遇難者的身分。此外，應通過照相等手段記下像冰、煙灰之類的短時間內會消失的跡象及記下所有在場的目擊者的姓名和地址，以便於調查者取得相應的證詞。因此可以看出，對上述人員進行適當的保護現場的培訓也是十分重要的。

在調查者抵達現場後，應建立一個中心，並以標誌、通知等方式使有關人員知道該中心的設立及主要負責人員。通過該中心與新聞媒體及時溝通，保證現場各方面的信息交換及控制好現場保護工作。對目擊者的保護還必須注意既要與他們保持聯繫會盡可能使他們滯留在現場，也要盡可能的避免目擊者之間即與其他有關人員的溝通。這是因爲對於任何一個人，事故的發生都是沒有任何心理準備的意外事件，因而對其本人聽到、看到、感覺到的東西大多數是模糊的，不確定的。一旦受到外人的干擾，他都會自覺或不自覺的改變原來的模糊印象而逐步“清晰”起來，而這種“清晰”是我們最不希望看到的。特別當一些別有用心的人採用暗示的手段後，我們通過人證對事故了解的難度就更大了。

有些物證，如痕跡、遺體和碎片等，極容易消失，因而要事先計畫好這類證據的收集，準備好樣品袋、瓶、標籤等，並及時收集保存。因需要清理現場或移動現場物品時，例如車禍發生後會阻塞通道，應在移動或清理前對重要痕跡照相或畫出草圖，並測量各項有關數據。值得指出的是，現場保護工作不是少數人就能夠完成的。事故調查人員應主動與在現場工作的其他人員溝通聯繫，多方合作，同時協調好保護現場與其他工作的矛盾，以合作的方式達到目的。

二、事故現場勘查

事故現場勘查是事故現場調查的中心環節。其主要目的是未查明當事各方在事故之前和事發之時的情節、過程以及造成的後果。通過對現場痕跡、物證的收集和檢驗分析，可以判明發生事故的主、客觀原因，爲正確處理事故提供客觀依據。因而全面、細緻地勘查現場是獲取現場證據的關鍵。無論什麼類型的事故現場，勘查人員都要力爭把現場的一切痕跡、物證甚至是微量物證都要收集、記錄下來，對變動的現場更要認真細緻地勘查，弄清痕跡形成的原因及其他物證和痕跡的關係，去僞存真，確定現場的本來面目。

現場勘查的順序和範圍，應根據不同類型的世故現場來確定。因此，勘查人員到達現場後，首先要向事故當事人和目擊者了解事故發生的情況和現場使否有變動。如有變動，應先弄清楚變動的原因和過程，必要時可根據當事人和證人提供的事故發生時的情景恢復現場原狀以利勘查。在勘察前，應巡視現場週爲情況，對現場全貌有了概括的了解後，再確定現場勘查的範圍與勘查的順序。

事故現場勘查工作是一種訊息處理技術。由於其主要關注四個方面的信息，即人（People）、物件（Part）、位置（Position）、文件（Paper），且表述這四個方面的英文單詞均以字母 P 開頭，故人們也稱之爲 4P 技術。

（一）人。以事故的當事人和目擊者爲主，但也應考慮維修、醫療、基層管理、技術人員、朋友、親屬或任何能夠爲事故工作提供幫助的人員。

（二）物件。指失效的機器設備、通訊設備、不適用的保障設備、燃料和潤滑劑、場各類碎片等。

（三）位置。指事故發生時的位置、天氣、道路、操作位置、運行方向、殘骸位置等。

（四）文件。指有關紀錄、公告、指令、磁帶、圖紙、計畫、報告等。

三、人證的保護與問訊

在事故調查中，證人的詢問工作相當的重要，大約 50%的世故信息是由證人所提供的，而事故信息中大約有 50%能夠起作用，另外的 50%的事故信息的效果則取決於調查者怎樣評價分析和利用它們。

所謂的證人，通常是指看到事故發生或事故發生後最快抵達事故現場且具有調查者所需的信息的人。廣義上則是指所有能爲了解事故提供信息的人，甚至有些人不知事故發生，卻有有價值的信息。證人信息收集的關鍵之處在於迅速果斷，這樣就會最大程度的保證信息的完整性。有些調查工作耗時費力，效益甚微，主要的原因是沒有做到這一點。

（一）人證保護與訊問工作應注意的問題

在進行人證保護與問訊工作中，應注意以下問題。

1.證人之間會強烈的互補。

2.證人會強烈的受到新聞媒體的影響。

3.不了解他所看到的事，不能以自己的知識、想法去解釋的證人，容易改變他們所掌握的事實去附和別人。

4.證人會因為記不住、不自信或自認為不重要等原因忘卻某些重要的信息。如一個人10年後才講出他所看到的事情，因為當時的她認為沒有價值。

5.問訊開始的時間越晚，得到的信息也會越少。

6.問訊開始的時間越晚，內容越可能改變。

7.最好畫出草圖，結合草圖的講解其所聞所見。

從上述的問題可以看出，在證人的保護工作中，應當避免其互相接觸及其與外界的接觸，並最好使其不要離開現場，使問訊工作能盡快開始，以期獲得進可能多的信息。

（二）證人的確定

證人的確定工作是人證保護與問訊工作的第一步。因爲幾乎沒有證人的事故現場，因而事故調查人員應該盡快的趕到現場，爲確定目擊者創造良好的機遇。在收集證據時首先要收集證人的信息，如姓名、地址、電話號碼等，以便與證人保持聯繫。

在一些特殊的情況下，也可採用廣告、電視、報紙等形式收集有關事故信息，獲得證人的支持。

（三）證詞的可信度

由於證人背景的差異及其在該事件中所處的地位，都可能產生證詞可信度上的差異。而不同可信度的證詞其重要性是有很大的差異的。例如，熟悉發生事故系統或環境的人能提供更可信的信息，但也有可能把自己的經驗與事實相混淆，加上了自己的主觀臆斷。而與肇事者或受害者有特殊關係的人，或與事故有某種特定關係的人，其證詞地可信度與其工作的關係、個人捲入程度、與肇事者會受害者關係等密切相關。可信度最高的證人是那些與事故發生沒有關聯，且可以根據其經驗與水平做出準確的判斷者，一般稱之爲專業證人。他們的經驗和判斷對於事故結論的認定具有極其重要的意義。

（四）證人的問訊

證人問訊一般有兩種方式。

1.審訊式。調查者與證人之間是一種類似於警察與嫌疑犯之間的對手關係，問訊過程高度嚴謹，邏輯性強，且追根究底，不放過任何的細節。問訊者一般多於一人。這種問訊方式效率較高，但可能造成人證的反感從而影響對方之間的交流。

2.問訊式。這種方法首先認爲證人在大多數情況下沒有義務爲你描述事故，作證主要依賴於自願。因而應創造輕鬆的環境，感到你是需要他們幫助的朋友。這種方式花費時間較多，但可使證人更願意講話。問訊中應鼓勵其用自己的語言講，盡量不要打斷其敘述過程，而是用點頭、仔細聆聽的方式，做紀錄或錄音最好不引人注意。

無論採用何種方式，都應首先使證人了解，問訊的主要目的是要了解真相，防止事故再發生。好的調查者，一般都採用兩者結合，以後者爲主的問訊方式，並結合一些問訊技巧進行工作。

3.問訊中應注意的問題。

在問訊中，我們應注意以下 7 個問題。

（1）情緒激動的人容易產生事實的扭曲或者是誇大，特別在口頭敘述時更是如此。

（2)被調查者本人的信仰及先入爲主的觀念也會對其的敘述產生影響，比如反對酗酒者對酒精與肇事間的關係特別的敏感。

（3）小孩子做證人則各有利弊。8~10 歲的孩子一般會毫不隱瞞，實事求是的講述自己的所見所聞，再小一些的孩子就會加上自己的一些想像。

（4）證人的性別與證詞的可信度沒有關係，但智力型證人似乎可靠性比其他人較高一點。

（5）如果有兩個以上的證人，我們可採用列表的方式來進行證詞的一致性的比較與判斷。

（6）在可能的情況下，應對事故發生時處於不同位置的人員進行調查，以獲得不同的細節。

（7）當多人的證詞顯示出矛盾時，則應通過進一步的問訊獲得更詳細的信息。

四、物證的收集與保護

物證的收集與保護是現場調查的另一種重要工作，前面提到的 4P 技術中的 3P「物件（Part）、位置（Position）、文件（Paper）」屬於物證的範疇。保護現場工作的很主要的一個目的也是保護物證。幾乎每個證物在加以分析後都能用以確定其與事故的關係。而在有些情況下，確認某物與事故無關也一樣重要。

由於相當一部分物證存留時間比較短，有時甚至稍縱即逝，所以必須事先制定好計畫，按次序有目標地選擇那些應盡快收集的物證，並爲收集這類證物做好物質上的準備。如液體會隨時間而逐漸滲入地下，應用袋、瓶等取樣裝入；如已滲入地下，則應連續取樣，以供分析。物體表面的漆皮也是很重要的物證，因其與其他物質相接觸後一般會帶走一些，有時肉眼看不見，但藉助於專門的儀器即可發現。有關文件資料、各類票據、紀錄等也是一類很重要的物證，即使不在事故現場，也應該注意及時封存。

數據紀錄裝置是另一類物證。它是爲滿足事故調查的需要而事先設置的紀錄事故前後有關數據的儀器裝置。其主要目的是在缺乏目擊者和調查的硬件（如以毀損）的條件下，保證調查者能夠準確的找出事故的原因。設備上的運行紀錄儀，交通路口、公共設施、金融機構的攝像裝置，是較爲簡單的數據紀錄裝置；而飛機上的“黑匣子”實爲桔紅色，分爲飛行數據紀錄儀（FDR）和座艙語音紀錄儀（CVR）兩大部分，始用於 1957 年，當時的飛行數據紀錄儀只能紀錄 45s 的有關爬升率、下降率、速度、離地面高度、方向等 5 個飛機飛行參數，線在的 FDR 已可記錄 25h 內的 100 多個飛行參數，且整個裝置均置於一個耐衝擊、耐高溫、耐腐蝕的封閉容器之中，因而在事故發生後成爲調查人員搜尋的第一目標。

當然，包括 FDR 在內的各種數據紀錄裝置不僅可用於事故調查，也可應用於事故預防之中。通過對已收集數據的處理，即時發現系統中的缺陷和駕駛人員的失誤，就可採取相應措施，防止事故的發生。

遙測技術的應用也爲數據紀錄分析開闢了新的道路。如美國一航天飛行器發射後即失去了地面對其控制。爲查出事故原因，技術人員利用遙測的方式測量飛行器中的有關參數，並進行相應的模擬實驗，最終判斷出是因爲一位工程師裝錯了一個管子所致，爲避免類似的事故發生發揮了重要的作用。

五、事故現場照相

現場照相是收集物證的重要手段之一。其主要的目的是通過拍照的手段提供現場的畫面，包括物件、環境及能幫助那些肉眼看不到的物證、當進行現場調查時很難注意到細節或證據、那些容易隨時間逝去的證據及現場工作中需要移動位置的物證，現場照相的手段更爲重要。

如果調查者未能及時趕到現場，則應與新聞媒體等有關方面及時溝通聯繫，以求獲得相關信息。

事故現場拍照的主要目的是獲取和固定證據，爲事故分析和處理提供可視性證據。其原理與刑事現場的照相完全相同，只是工作對象不同。兩者都要求及時，完整與客觀。事故現場拍照是現場勘查的重要組成部分。它是使用照相、攝像器材，運用照相技法，按照現場勘查的規定及調查審理工作的要求，拍攝發生事故的現場上與事故有關的人與物、遺留的痕跡、物證以及其他一些現象，真實準確、客觀實際、完整全面、鮮明突出、系統連貫地表達現場的全部狀況。

一個事故，在其發生過程中總要觸及某些物品，侵害某些客體，並在絕大多數發生事故的現場遺留下某些痕跡和物證。在一些事故現場中，當事人爲避免責任，會千方百計的破壞和僞造現場。無論是僞造還是沒有僞造過時，現場上的一切現象都反映現場上的實際。

通過這些現象能辨別事件的真僞。把他們準確的拍照下來，使之成爲一套完整現場紀錄的一部份，在審理和調查的工作中具有重要的作用。它爲研究事故性質、分析事故進程、進行現場實驗提供資料，爲技術檢驗、鑑定提供條件，爲審理提供證據，所以現場照相是現場勘查工作中重要組成部分或不可缺少的技術手段，以下提供事故現場拍照應注意的內容與要求。

（一）現場照相的內容與要求

現場照相應包括紀錄事故發生時間、空間及各自特點，事故活動的現場客觀情況以及造成事故事實的客觀條件和產生的結果，形成事故現場的主體的各種跡象。

1.現場方位照相

即拍照現場所處的位置及現場周圍環境。凡是與事故有關的場所、景物都是拍照的範圍，用以說明案件場所、環境特點、氣氛、季節、氣候、地點、方向、位置以及現場周圍環境的聯繫。

由於現場方位照相包括的範圍大，所以拍照點應該選在較高較遠而有能顯示現場及環境特點的位置，並把那些能顯示現場位置的永久性標誌，如商場、車站、街名、橋樑、門牌、路標等拍攝在畫面的明顯位置上。

2.現場概貌照相

現場概貌照相，即拍照除了現場周圍環境以外整個現場狀況。它表達現場內部情景，即拍照事故現場內部的空間、地勢、範圍，事故全程在現場上所觸及的一切現象和物體。現場概貌照相反映事故現場內部各個物體之間的聯繫和特點，表明現場的全部狀況和各個具體細節，說明現場的基本特徵，是人們看了後能夠現場範圍、整個狀況、特點等有一個完整的概念。

在進行現場概貌照相時，對現場的範圍、現場內的物品、痕跡物證以及遺留痕跡物證的位置的現場的全部狀況，要完整、系統、全面地反映出來，切忌雜亂無章地盲目亂拍。

實踐證明，在現場概貌照相中如果有遺漏，特別是與事故活動有關的物品沒有拍照下來，就難以說明問題，給事故調查帶來許多困難，甚至造成無法彌補的損失。在許多現場，當事故性質上不明確時，切忌輕率地確定不拍哪些。因爲現場有些物品，在勘查和拍照階段認爲與案件有關或者無關，而事後證明恰恰相反。可見，只有客觀系統地全面拍照，才能避免遺漏或者搞錯。

3.現場重點部位照相

現場重點部位照相是指拍攝與事故有關的現場重要地段，對審理、證實事故情況有重要的意義的現場上物體的狀況、特點，現場上遺留的與事故有關的物證的位置和物證與物證之間的特點等，以反映它們與現場以及現場上有關物體的關係。

由於不同性質的案件有不同的拍照重點，同類性質事故的拍照重點也不盡相同，所以拍照時，要根據事故的具體情況，確定現場的拍照重點。

事故現場的重點部位都是勘查現場勘查工作的主要目標。所以在拍照時不但要求質量高，而且數量也應比較多。一個現場，特別是複雜現場，有多處重點部位拍照或重點物品，對他們都要一一拍照，而且多在許多情況下來要採取不同角度拍照。現場重點部位拍照往往在整套現場照相中占有重要的位置和較多的數量。所以現場照相人員應當認真地拍好現場的每個重點部位或重點物品，使它能在審理中充分發揮應有的作用。

4.現場細目照相

現場細目照相是拍攝在現場上存在具有檢驗鑑定價值和證據作用的各種痕跡、物證，反映其形狀、大小和特徵。細目照相的內容很多，如屍體、活體上的痕跡血跡的滴濺或噴濺的方向，觸電事故的電擊點，火災事故的起火點，交通事故的接觸以及工具的形狀、號碼、破損狀況，擠壓現象，腳印，文字，附著物等等。現場細目照相拍照的痕跡、物證、對揭露與證實事故具有重要的意義。

由於細目照片多用於技術檢驗、鑑定工作，所以必須按照繼續檢驗和鑑定工作的要求進行拍照。

其基本原則如下：

（1）要準確的反應留在現場上的痕跡、物證的位置，證明痕跡、物證是在現場上遺留的，同時爲研究痕跡、物證的形成條件提供依據。

（2）必須保證所拍得的痕跡、物證影像不變形，即拍照時必須使被拍照的痕跡、物證與鏡頭、感光片三者平面保持平行。

（3）必須準確的體現被拍物體和痕跡的花紋大小、粗細、長短等特徵。

（4）拍照現場上的痕跡、物證時，配光方向角度、影像的色調要和樣本材料一樣，才能爲檢驗提供有利的條件。

（5）痕跡、物證的特徵必須保證清晰逼真。

5.現場拍照的步驟

爲避免拍照的盲目性，達到現場照相的預期目的，現場照相應按照次序有計畫一步一步的進行。

首先是醞釀階段。現場照相人員到達現場後，應先了解事故信息，對現場有個概括的了解，勾畫出現場的輪廓。

其次是主題的提煉階段。即通過對現場的觀察了解，確定表現現場的中心思想和本質特徵。

第三是選擇題材階段。即根據事故發生過程、手段、方法以及重點部位和現場狀況的特點，確定拍照的範圍和具體對象。

第四是現場照片佈局結構的確定階段。主要是依據現場具體對象的特點和現場照片佈局結構的要求，採取相映的表達形式，從而確定畫面構圖形式和拍攝位置。

第五是在弄清上述情況的前提下，確定拍照現場的具體順序和拍照方法。制定出大體的拍照計畫，使現場拍照有條不紊地進行。

爲使場不遭受人爲的或者其他外界因素的影響和破壞，一般應是先拍原始的後拍已移動的；先拍地面的，後拍高處的；先拍容易破壞的或容易消失的，後拍不容易破壞或消失的。

在多數情況下，首先拍攝整個原始現場的概貌。如果有幾處現場時，應先拍中心現場，在分別拍照各個關聯的現場，然後用一兩個鏡頭把各個現場的位置反映出來。之後，應拍照比較明顯的或確定的現場重點部位、重點物品和遺留痕跡、物證的原始狀況及其所在位置。對那些不明顯的重點部位，要隨著勘查工作的進展，及時發現及時拍照。現場概貌照相和現場重點部位照相完成後，可拍照現場方位。最後根據現場勘查人員的要求，拍照在現場上發現的痕跡、物證。

6.現場照相的主要方法

（1）單向拍照法

照相機鏡頭從某一方向對著事故現場進行拍照，該方法只能表現現場的某一個側面，多用於拍照範圍不大、比較簡單的現場。

（2）相向拍照法

相向拍照是這相機從相對的兩個方向，對現場中心部份進行拍照，如圖 10-1 所示。這也是在現場照相中應用比較廣泛而且比較方便的一個方法，可用於進行現場方位、概貌、重點部位照相等。但應指出，相對的兩個拍照點和被拍物體的中心，不一定在一條直線上，而應根據不同的現場情況，以能夠表現出背景和中心物體附件的有關痕跡物證爲原則，靈活運用。

圖 10-1 相向拍照法

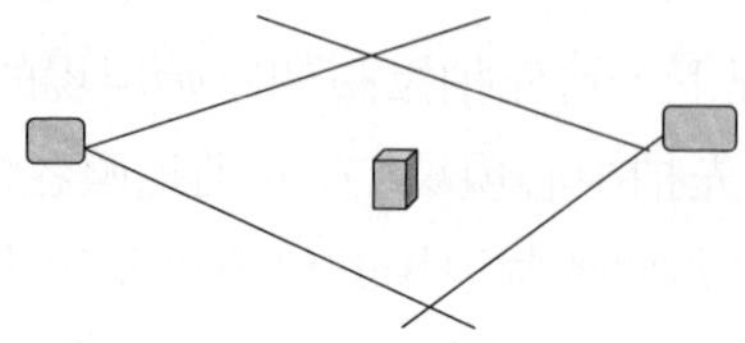

（3）多向拍照法

多向拍照是以現場拍照主要對象爲目標，從幾種不同的方向對主要對象拍照，反映被拍照的主要對象及其前景、後景和背景，表現他們的狀況、位置及其相互之間的關係，如圖 10-2 所示。這種方法通常是從 4 個方向對主要對象進行拍照，類似兩組相向的拍照法。

多向拍照法應用範圍類似於雙向拍照法，而且可以更好地把現場方位、環境、狀況和重點部位等反映出來。但應注意如下幾點：一是要選擇好拍攝張數及每張照片的拍照方位和距離。二是照相用光、拍照方法、照片色調、尺寸大小要盡可能一致。三是張貼照片時要注意其前後左右的位置，使之構成一個互相補充、相輔相成的整體。

圖 10-2 多向拍照法

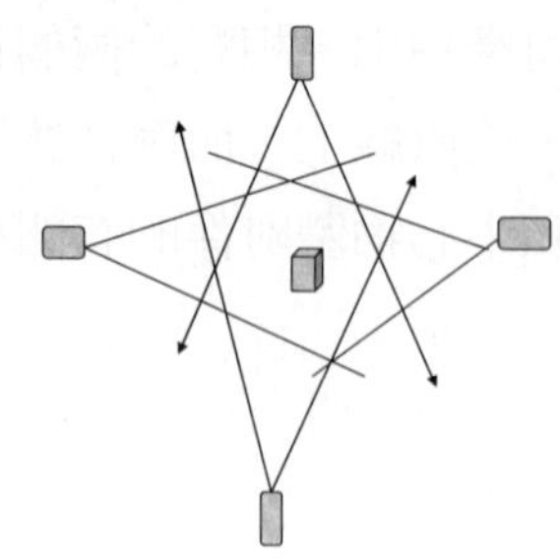

(4) 迴轉分段連續拍照法

迴轉分段連續拍照是將照相機固定在某一點上，只轉動鏡頭改變角度，不改變相機的位置，將現場分段連續進行拍照。這種拍照方法是用於現場範圍較大，沒有或者不宜採用廣角鏡頭，拍照點沒有後退的餘地，在一張照片上很難把現場全部反映出來的情況。這種方法通常用於現狀方位和現場重點部位照相則很少用。

(5) 直線分段連續拍照法

直線分段連續拍照是將照相機沿著被拍物體的平面開始移動分段拍照，然後把分段拍得的照片拼成一張完整的現場照片。

這種拍照方法主要用於被拍對象在同一平面，如狹長地帶、連續足跡、長條車輪痕跡、房屋正面，道路、牆壁、籬笆等對象。

(6) 測量拍照法

這種方法是在被拍現場和物體的適當位置或痕跡相同的同一平面放上測量進行拍照。在現場照相中最常用的是厘米比例尺拍照法，這種照相方法常常用於固定現場所發現的痕跡、物證、碎片以及傷痕等情況。

現場照相中應注重如下幾點：

(1) 當接近事故現場時，應先照幾個基本照，如標準的四個方向的同距離照片，並從至高點拍攝現場全景，但要記錄高度和角度。

(2) 盡快拍攝可能被移動的事物。這包括儀表的讀數，控制器位置，及任何會因天氣、交通或清理人員除去的物證，如擦痕、液體等。

（3）在火災事故中，拍攝火焰和煙霧。因爲火焰的顏色直接反映出燃燒的溫度，如黃色火焰約爲1500℃；而煙霧則能指出所燃燒的物質，如汽油、橡膠會產生深黑煙，木、紙、植物等則有淡白煙，金屬燃燒則辦有閃光等。

（4）拍攝殘物等應靠近一些以保證清晰，但又要保持一定距離以表明相互關係。

（5）拍攝中應盡量攝入一些熟悉的物體作爲參照物以便進行比較。

（6）拍攝重要部件和破損表面的特寫時，應用直尺或其他類似物表明尺寸，或在照片中攝入已知尺寸的物體，同時選用一個廣角顯示部件之間的關係。

（7）應做好攝影記錄，將拍攝物體、目的、編號、類型等紀錄完全。而對於拍照條件和程序、照明性質、拍照時間、拍照地點等，最好在現場平面圖或示意圖上註明。

（8）圍觀的人群也應加以拍攝，因爲通常故意破壞者，如縱火者，可能會在現場觀看其“傑作”。

以上爲事故現場照相時應注意之相關事項。

本章重點題目：

一、試述事故調查工作對於安全管理的重要性可歸納為哪幾個方面？

二、事故調查準備工作包括那些？

三、試述專業調查人員必備的調查工具有哪些？

四、試述事故調查的基本步驟為何？

五、事故現場拍照應注意的內容與要求。

第十一章　事故處理與調查報告

事故現場勘查是、繪圖是一種紀錄現場的重要手段，現場繪圖、與現場筆錄、現場照相均有各自特點，相輔相成，不能互相取代。現場繪圖是運用製圖學的原理和方法，通過幾何圖形來表示現場活動的空間型態，是紀錄事故現場的重要形式，能比較精確的反映現場上重要物品的位置和比例關係。

第一節　事故現場勘查

一、現場圖與表格

(一) 現場繪圖的作用

現場繪圖的作用概括起來有以下 3 點。

1.用簡明的線條、圖形，把人無法直接看到或無法一次看到的整體情況、位置、周圍環境、內部結構狀態清楚地反映出來。

2.把與事故有關的物證、痕跡的位置、形狀、大小及其相互關係形象地反映出來。

3.對現場上必須專門固定反應的情況，如有關物證、痕跡等的地面與空間位置、事故前後現場的狀態，事故中人流、物流的運動軌跡等，可通過各種現場圖顯示出來。

（二）事故現場圖的種類

事故現場圖的種類分爲以下 4 種：

1.現場位置圖：是反映現場在周圍環境中位置的。對測量難度大的，可利用現有的廣區圖、地形圖等現成圖紙繪製。

2.現場全貌圖：是反映事故現場全面的情況示意圖。繪製時應以事故原點為中心，將現場與事故有關人員的活動軌跡、各種物體運轉軌跡、痕跡及相互間的聯繫反應清楚。

3.現場中心圖：是專門反映現場某個重要部分的圖形，繪製時以某一重要客體或某個地段為中心，把有關的物體痕跡反應清楚。

4.專業圖：是把事故有關的工藝流程、電器、動力、管網、設備、設施的安裝結構等用圖形顯示出來（本項專業圖通常是由電機或工程專業人員繪製）。

以上 4 種現場圖，可根據不同需要，採用比例圖、示意圖、平面圖、立體圖、投影圖的繪製方法來表現，也可根據需要繪製分析圖、結構圖以及地貌圖。

（三）現場繪圖注意事項

在現場繪圖中，一般應注意以下 5 個問題：

1.圖中應標明方向。

2.圖中應標明天氣、時間、繪製者等有力辨別之資料。

3.圖中應標明主要殘物及關鍵物證的位置。

4.圖中應標明受害者的原始存在地。

5.圖中應標名關鍵照片拍攝的位置和距離。

（四）表　格

表格也是一種特殊形式的現場繪圖，包含的主要訊息統計數據和測量數據。這類數據以表格的形式加以記錄，既便於取用，也便於比較，對調查者也有很大的幫助。

二、典型事故的現場

（一）火災事故現場勘查

1.各類火災現場的特點

各類火災事故由於發生的原因、地點、範圍不同，各有其不同的特點。

（1）現場上可以見到煙霧或煙燻痕跡及氣味，可以爲判斷燃燒物質的種類提供依據。

（2）現場上可以見到物質燃燒的火焰或燃燒痕跡，可以爲判斷起火時間、可燃物質的種類和確定起火點提供依據。

（3）現場上都有起火點，可以爲查明起火原因，確定火災事故性質提供依據。

（4）絕大多數火災現場爲變動現場。火災發生後人們所採取的撲救活動，必定會使原來的燃燒痕跡損毀或變動，給現場勘查帶來困難。

2.火災事故現場勘查步驟的重點

（1）環境勘查，確定起火範圍。在現場外圍對火場巡視和視察，以便對整個現場獲得一個總體印象，並確定周圍環境與火災事故的可能連繫。

（2）初步勘查，確定起火的部位。在不觸動現場物體，不改變物體原始狀態的情況下，判斷火勢蔓延的路線和過程，大體確定起火部位和下一步勘查的重點。

（3）詳細勘察，確定起火點。在不破壞初步勘查所發現的痕跡、物證的原則下，對其逐一翻動檢查。根據主要情況，仔細研究每一種現象和各個痕跡形成的原因，近一步確定最初起火點和推斷起火原因。

（4）專業勘查，確定起火原因。對火災現場找到發火物，發熱體及其可以供給火源能量的物體或物質而進行的專項檢查。根據他們的性能、用途、使用有效狀態、變化特徵、有無故障，分析造成火災的原因。

在火災事故現場勘查中主要應解決的問題是查明火災發生的原因，凡與起火原因有關的部位、地點、和場所都是勘察的重點。

（二）車禍事故的現場勘查

車禍事故現場是指發生事故的車輛、傷亡人員及同事故有關的遺留物、痕跡所在的路段和地點。

車禍事故的最顯著的特點就是現場上均能見到明顯的痕跡、物證，如煞車痕跡、碰撞痕跡、遺落的物質（燈罩、玻璃、碎片、油漆片等）。

1.現場勘查的基本方法、步驟

（1）範圍較小的現場，肇事車輛和痕跡相對集中的現場，以肇事車輛和痕跡集中的地點為中心，採取由內向外勘查方法。

（2）範圍較大的現場，肇事車輛和痕跡物證相對分散，為防止遠處的痕跡被破壞，可由外向內勘查。

（3）對車輛、痕跡比較分散的重大事故現場，可以從事故發生的起點向終點分段推進或從痕跡、物證容易受到破壞的路段開始勘查。

2.現場勘查的重點

（1）如遇人員受傷應盡速送醫，並將受傷部位記錄。

（2）應將肇事雙方之基本資料及聯絡方法明確記錄。

（3）肇事車輛和傷亡人員身體。勘查肇事車輛和傷亡人員身體，以分析出事故當時車輛和行人的方向、速度、接觸狀況，為最終判斷事故原因提供重要依據。

（4）現場道路、地形、地貌。勘察現場道路、地形、地貌，以發現道路狀況、天氣狀況及路面自然損壞狀況及其對車輛的影響。

（5）現場路面上的痕跡、物證。勘查現場路面上的痕跡、物證，如車輛的機件，玻璃碎片，煞車拖印和輪胎挫滑痕跡，以判斷車輛在肇事過程中雙方接觸點的位置及車輛行駛路線、速度和駕駛員採取措施的情況。

（三）爆炸事故的現場勘查

常見的爆炸事故包括炸藥爆炸、可燃氣體爆炸、壓力容器爆炸、粉塵爆炸 4 種類型。

1.爆炸事故現場的特點

（1）現場的建築物、結構物等有時會全部或部分坍塌、破壞、甚至燃燒。

（2）爆炸時產生的高溫、高壓或由於煤氣、火爐、電器、電線等損壞，造成現場起火。

（3）勘查人員進入現場有一定的危險性。

（4）發生爆炸後，由於現場搶救等原因，很少存在原始現場，大都屬於變動現場。

（5）痕跡、器具等物證因爆炸而拋離中心現場，取證較爲困難。

2.爆炸事故現場勘查的重點

（1）炸藥爆炸事故：

①判明爆炸性質，即判明屬氣體爆炸還是炸藥爆炸。

②炸點的勘查，炸點即爆炸原點，勘查要點，包括炸點的炸坑形狀大小、坑口直徑、深度及炸點低的物質類型，炸坑的氣味，烟痕等。

③爆炸殘留物的勘查，這是分析炸藥種類和引爆裝置的重要依據。

④拋出物的勘查，主要指因爆炸而拋射出來的炸點物質，炸點周圍的物質及炸藥的包裝物，綑綁物。

（2）非炸藥化學爆炸事故：

①找出起爆能源，可結合細緻勘查和現場實驗兩種手段進行。

②找出可爆物來源，對氣體要找出洩漏點，對粉塵要勘查粉塵存在的可能性及爆炸的條件。

（四）觸電傷亡事故現場勘查

1.觸電傷亡事故的類型：

觸電傷亡事故主要有以下 5 種類型。

（1）直接觸電。

（2）接觸電源和跨步電壓觸電（行人走入漏電區）。

（3）感應電壓觸電。

（4）剩餘電荷觸電。

（5）靜電危害。

2.觸電事故勘查的基本步驟

（1）檢查事故現場的保護動作指示情況，如各級斷電保護動作指示，以及各種開關的整定電流、時限、保險絲等，判斷事故是否因短路引起保護裝置動作失靈造成的。

（2）檢查事故設備的損壞部位和損壞程度，初步找到漏電部位。

（3）查閱當時及歷史資料，如天氣、溫度、運行電流、電壓、周波及其他有關紀錄。

（4）現場測試。根據不同的觸電事故方式應採用不同的現場測試項目，如測量兩相觸電事故，應分別測量兩相對地電壓及相同電壓等。

（5）現場痕跡的提取。應認真查找所以可能存在的痕跡、物證，包括絕緣物被損漏電痕跡，觸電點處痕跡，電器設備、導線受外力的作用的分離痕跡，老化痕跡，擊穿痕跡，人爲痕跡等。

（6）通過上述調查、測試，進行相關的研究分析，逐項排除疑點，最後找出事故的原因。

（五）瓦斯燃燒與爆炸事故勘查

瓦斯燃燒與爆炸事故的現場勘查重點，爲查清事故的直接原因，要查清下面 3 個重點問題：

1.查明瓦斯積聚的原因，包括瓦斯管線的檢查與監測的調查、瓦斯來源與分析等。

2.防止瓦斯引燃措施情況調查。包括人為火源的引入，機械、電器打火，爆破系統可能出現的問題，靜電放電可能性的勘查，機械摩擦火花發熱可能性的勘查等。

3.防止一氧化碳中毒事故、及再爆炸事故。

（六）建築物倒塌事故的現場勘查

建築物倒榻是建築工程事故中的常見事故。儘管倒塌事故的形式多種多樣，歸納起來只有整體倒塌和局部倒塌兩種。

任何倒塌事故都是由於結構喪失承載能力所致，其原因包括強度不足，剛度不足和穩定性不夠 3 個方面。

倒塌事故分爲 5 種類型：

1.磚柱倒塌事故，其倒塌原因有斷面過小，高度過大，計算錯誤或超載，組織方法錯誤和施工馬虎等。

2.磚牆倒塌事故。其倒塌的原因與磚柱倒塌大致相同，指是通常失穩倒塌較多一些。

3.樓板倒塌事故。其倒塌原因有鋼筋數量少或板厚不夠，混凝土標號不足，預應力損失，上面堆放過重的材料或構件等。

4.陽台和雨棚倒塌事故。其倒塌原因有荷載漏算或配件不足造成強度不足，受力鋼筋放反；施工時不注意，使主筋向下位移，從而喪失或降低承載能力；頂部的陽台或雨棚因施工中過早拆除支撐，或所設計的抗侵安全度不合規範要求等。

5.模板倒塌事故。其倒塌原因有使用的支柱非計算確定，間距佈置不合理，或使用直徑過小的杆件，造成模板下部的橫樑或立柱強度不夠；立柱間的斜拉竿不足，或不設支撐體系，沒有形成牢固的空間整體造成失穩等。

現場勘查中，應重點勘查建築物的支撐、地基、荷載量，施工方法等情況。要進行拍照和詳細地測量並認真做好紀錄。

（七）中毒事故的現場勘查

中毒事故是指日常生活、或工作環境裡產生有毒物質，因失控而造成人員傷亡的事件。

1.**中毒事故的類型：**

根據毒物來源及中毒環境可劃分爲 4 種中毒類型：

（1）生態環境型

由於人類將大量有害物質排入環境，破壞了生態平衡，並導致一定範圍內中毒事故的發生。

（2）食品型

由於有毒食品進入市場，使食用人群發生中毒。食品中可能存在並隨之進入人體的有毒物質，包括動植物食品的天然毒素、食品添加劑、商用化學品、工業廢污染物、微生物及霉菌素或其代謝產物及其他有害化合物。

（3）工業生產型

工業生產，尤其是化工工業生產中，有毒化學物原料、中間體、成品、助劑、染質和廢棄物等與可能接觸毒物者的皮膚接觸，或有毒物以氣體、蒸氣、霧等形態逸散至空氣中，經呼吸到吸入人體。

（4）使用型

在工業、商業、科研、醫療、生活中使用有毒物質不當，如包裝不合格，使用管理制度不健全，缺少毒物安全使用知識，誤用等原因造成中毒事故。

2.中毒事故的現場實地勘查

（1）外圍勘查，確定勘查範圍。從事故的發生過程及可疑毒物，以及當時的氣溫、溼度、方向、水地情況，初步判斷毒物的擴散過程及範圍，確定勘驗範圍及重點。

（2）現場毒物控制。在外圍勘查後進行，以初步判明空氣中毒物深度，由此保證勘查人員的安全。

（3）初步勘查，推測毒物源。其目的是熟悉現場概貌，初步判明毒物源、毒物的擴散方向，估計出現場因急救等引起的現場破壞情況，設計出詳細的勘查方案。

（4）詳細勘察，確定毒物源，推斷中毒事故的原因。主要工作包括對現場進行完整的紀錄；發現、提取現場與中毒事故發生有關的痕跡、物證；確定毒物源及毒物擴散路線和程度；查明毒物溢漏的原因；判斷毒物對人員損害的經過，進而推斷出中毒事故的原因。

（八）墜落事故的現場勘查

高處墜落大多發生於工作當中，尤其是建築業比例相對較高。

1.高處墜落事故的種類

高處墜落事故大體可劃分爲五種類型：

（1）洞口墜落（預留洞口、通道口、樓梯口、電梯口、陽台口）。

（2）高處施工中墜落。

（3）屋面質量問題和超負荷墜落。

（4）拆除工程發生墜落。

（5）登高過程中的墜落。

高處墜落的主要原因包括管理缺陷、行爲失誤、安全設施不完善、各種作業環境影響等。

2.高處墜落事故的特徵

高處墜落多發生在工作當中，一般都會有目擊者，墜落地點明確，經常散落死傷者的血跡、鞋子、安全帽、工具等物品。

3.高處墜落事故的現場勘查重點

高空墜落事故的現場勘查一般採取由下向上的順序進

行。首先應對現場地面上的痕跡、物證進行勘查，重點紀錄血跡的面積、穿戴物品和使用工具散落的範圍、距嫌疑建築物的水平距離和地面上承載客體的受損情況。

由墜落終止點向上觀察，對懷疑爲墜落運動軌跡經過的所有部位進行勘查（包括安全網、護欄、腳手架、升降機架、洞壁等），並逐層詳細記錄上面的擦畫痕跡、血跡和損壞的情況，最終確定墜落的起點。

對墜落起點處的擦蹭痕跡進行測量和拍照固定，並與墜落人身上及衣物的有關痕跡進行對比檢驗，確定墜落的方式。同時對墜落起點附近和上方進行詳細勘察，以確定附近有無可造成觸電的設備和上方有無重物墜落打擊的可能。最後綜合法醫對屍體的解剖檢驗結果，確定墜落者致死的原因，進而確定事故的性質，查清其真相。

第二節　事故分析與驗證

事故分析是根據事故調查所取得的證據，進行事故的原因分析和責任分析。事故的原因分析包括事故的直接原因、間接原因和主要原因；事故責任分析包括事故的主要責任者與次要責任者。

事故分析包括現場分析和事後深入分析兩部份，現場分析又稱爲臨場分析或現場討論，是在現場實地勘驗和現場訪問結束後，由所有參加勘查人員，全面彙總現場實地勘驗和現場訪問所得的材料，並在此基礎上，對事故有關情況進行分析研究和確定對現場的處置的一項活動。它即是現場勘查活動中一個必不可少的環節，也是現場處理結束後進行深入分析的基礎。而事後深入分析則是在充分掌握資料和現場分析的基礎上，進行全面深入細緻的分析，其目的不僅在於找出事故的責任者並做出處理，更在於發現事故的根本原因並找出預防和控制的方法和手段，實現事故調查處理的最終目的。

一、現場分析

(一) 現場分析的意義

現場分析在事故現場勘查中具有重要作用：

1. 現場分析是對全部勘查材料的匯總和對勘查工作的檢查。由於現場勘查是一項綜合性較強的工作，現場各有關人員各自掌握的材料都是分散的、局部的，只有將這些材料彙總於在一起，才能為全面查清事故發生的全部事實打下基礎。
2. 現場分析是對已收集材料從現象上升到本質的認識過程。雖然通過對現場的勘查獲得的材料相當豐富，但這些材料只能反映事故事實的某一方面或表面現象，只有將獲取的材料進行綜合分析，相互補充才能得出較為客觀、正確的結論。
3. 現場分析較能夠充分發揮所有現場勘查人員的智慧，帶動工作積極性，有利於正確認識現場，全面查清事故發生的原因。保證事故處理工作的進一步開展。

（二）現場分析的任務

在事故現場處理工作中，現場分析的任務是多方面的，一般均包括以下幾點。

1.分析事故性質，決定如何開展下一步工作。

2.分析事故原因。包括確定事故的直接原因和間接原因。

3.分析與事故發生有關的其他情況。包括分析事故發生的時間，分析事故發生的過程，分析事故發生造成的後果等。

（三）現場分析的原則和要求

爲了保證現場分析結果的正確性，現場分析過程中必須遵守以下原則和要求。

1.必須把現場勘查中收集的材料作為分析的基礎。同時，在分析前應對已收集材料鑑別真偽。

2.即要以同類現場的一般規律做為指導，又要以個別案件實際出發。

3.充分採納個方意見，綜合分析比對，得出科學的結論。

（四）現場分析的步驟

現場分析步驟如下：

1.匯集材料。匯集材料一般採用分門別類的方法進行。

2.個別分析。對全部材料逐一分析、單獨考慮，從而查明事故發生的全部情況。包括對各訪問材料的分析核對痕跡、物證的分析等。

3.綜合分析。在對各方面情況已有了初步了解的基礎上，將所有材料集中起來，找出共同證明某一問題的材料，從而判斷事故直接原因。

（五）現場分析的方法

現場分析的方法主要有以下 4 種：

1.比較：即將分別收集的兩個以上的現場勘查材料加以對比，以確定其真實性和相互補充、印證的一種方法。比較的內容通常有比較現場實地勘驗所見現場情況和現場目擊者、操作者等所述，不同被訪問人所述材料；提取痕跡、物證與屍體或傷情檢驗材料，收集的有關規章制度與實地勘驗所見執行情況。

2.綜合：即將現場勘查材料匯集起來，然後就事故事實的各個方面加以分析，由局部到整體，由個別到全面的認識過程。

3.假設：即根據現場有關情況推測某一事實的存在，然後用匯總的現場材料和有關科學知識加以證實或否定。

4.推理：即從已知的現場材料推斷未知的事故的有關情況的思維活動。這要求現場分析人員運用邏輯推理方法，對事故發生的原因、過程、直接責任人等進行推論，這也是揭示事故案件本質的必經途徑。

第三節　事故調查報告

在完成事故分析之後，事故調查與處理的最後一項工作就是事故報告的撰寫。

一、傷亡事故的處理與結案

傷亡事故發生後，應按照三個原則，進行調查處理。即「事故原因的分析是否明確清楚」，「事故肇事責任者和群眾是否受到教育」，「是否因此案而制定出防範的措施」。

（一）事故處理結案程序

傷亡事故處理工作應謹慎，但亦不應延宕，以免造成跡證消失。

1.輕傷事故原則上可由企業機構處理結案。

2.重傷害事故應由事故調查組提出處理意見，徵得當事人家屬及警察機構三方達成和解。

3.死亡事故由事故調查組提出意見，由法院鑑定後判決處理。

4.重大傷亡事故由事故調查組提出意見後，除由法院釐清責任歸屬，亦應追究行政責任。

（二）事故結案類型

在事故處理過程中，無論事故大小都要查清責任，嚴肅處理，並注意區分責任事故、非責任事故和破壞事故。

1.責任事故。因有關人員的過失而造成的事故傷害為責任事故。

2.非責任事故。由於自然界的因素而造成的不可抗拒的事故，或由於未知領域的技術問題而造成的事故為非責任事故。

3.破壞事故，為達到一定目的而蓄意製造的事故為破壞事故。

（三）責任事故的處理

對於責任事故，應區分事故的直接責任、管理責任者和主要責任者。其行爲與事故的發生有直接因果關係的稱爲直接責任；對事故的發生負有管理責任者的，爲管理責任者；在直接責任者和管理責任者中，對事故的發生起主要作用的，爲主要責任者。

對事故責任之處理，應根據造成事故的責任大小和情節輕重，進行檢討或行政處分。後果嚴重並已構成犯罪的責任者，應報請檢察機關提起公訴，追究刑事責任。

1.追究管理的責任

有下列情形之一時，應當追究有關主管的責任：

（1）由於安全規章制度和操作規程不健全，員工無章可循，造成傷亡事故的。

（2）對員工不按規定進行安全技術教育或職工未經考試合格就執行勤務，造成的傷亡事故。

（3）由於設備超過檢修期限，又未採取措施，造成傷亡事故的。

（4）明知工作環境不安全，又未採取措施，造成傷亡事故的。

（5）由於不當支用安全措施經費，造成傷亡事故的。

2.追究肇事者和有關人員責任

有下列情況之一時，應追究肇事者或是有關人員的責任：

（1）由於違反規定或作業程序，造成傷亡事故的。

（2）由於疏忽職守、違反安全責任制，造成傷亡事故的。

（3）發現有發生事故危險的緊急情況，不立即報告，不積極採取措施，因而未能避免事故或是減輕傷亡的。

（4）由於不服從管理、違反紀律、擅離職守，造成傷亡事故的。

3.重罰條件

有下列情形之一時，應當有關人員從重處罰：

（1）對發生的重傷或死亡事故隱瞞不報、虛報或故意拖延報告的。

（2）在事故調查中，隱瞞事故真相，弄虛作假，甚至嫁禍他人的。

（3）事故發生後，由於不負責任，不積極組織搶救或搶救不利，造成更大傷亡的。

（4）事故發生後，不認真吸取教訓、採取防範措施，致使同類事故重複發生的。

（5）濫用職權，擅自處理或袒護、包庇事故責任者。

二、事故調查報告

事故調查報告是事故調查分析研究成果的文字歸納和總結，其理論對事故處理及事故預防都起著非常重要的作用。因而，調查報告的撰寫一定要能掌握大量實際調查資料作爲基礎。報告內容要實在、具體，文字要明確，較能真實客觀地反映事故的真相及其實質。對於人們能夠達到啓示、教育和參考作用，有益於做好事故的預防工作。

（一）事故調查報告的寫作要求

事故調查報告的撰寫應注意滿足以下要求：

1.深入調查，掌握大量的具體材料

這是寫作調查報告的基礎。調查報告主要靠實際反應內容，所以要憑事實說話，這是衡量事故調查報告的是否成功的關鍵要求。從寫作方法上來講，要以客觀敘述爲主，分析議論要少而精，點到爲止。能否做到這一點，取決於調查工作是否深入，了解情況是否全面，掌握材料是否充分。

2.反映全面，揭示本質，不做表面或片面文章

事故調查報告不能滿足於羅列情況，列舉事實，而要對情況和事實加以分析，得出令人信服、給人啓事的相映結論。爲此，要對調查材料認真鑑別分析，力求去粗取精，去僞存真，由此及彼，由表及裡，從中歸納出若干規律性的東西。

3.善於選用和安排材料，力求內容精練，富有吸引力

只有選用最關鍵、最能說明問題、最能揭示事故本質的典型材料，才能使報告內容精練，富有說服力。我們強調寫作調查報告要以可觀敘述爲主，不能對事實和情況進行文學加工，不等於不能運用對比、襯托等修辭方法，關鍵要看作者如何運用。某一事實、某個數據放在哪裡敘述，從什麼角度敘述，何處敘述，何處略述，都是需要仔細考慮的。

（二）事故調查報告的格式

事故調查報告與一般文章相同，有標題、正文和附件三大部分。

1.標　題

作爲事故調查報告，其標題一般都採用公文式，即“關於……事故的調查報告”或“……事故調查報告”如「達正社區火災事故調查報告」。

2.正　文

正文一般可分爲前言、主體和結尾三部份。

（1）前　言

前言部分一般要寫明調查簡況，包括調查對象、問題、時間、地點、方法、目的和調查結果等，如：

2005 年 11 月 13 日 12 時 15 分，達正社區發生重大火災，估計死亡 3 人，輕重傷 12 人，財物損失達 2320 萬元，目前仍由○○機關持續處理中。

（2）本　文

主體是調查報告的主要部份。這一部份應詳細介紹調查中的情況和事實，以及對這些情況和適時作出的分析。

事故調查報告的主體一般應採用分段方式，即按事故發生的過程和事實、事故或問題的原因、事故的性質和責任、處理意見、建議的改善措施的順序寫。這種寫法使閱讀人員對事故的發展過程有清楚的了解後再閱讀和領會所得出的相應結論，感到順暢自然。

典型正文部份的子標題如「事故發生發展過程及原因，事故性質和責任、結論、建議與改進措施」四段。

（3）結　尾

調查報告的結尾也有很多種寫法。一般是寫完主體部份之後，總結全文，得出結論。這種寫法能夠深化主題，加深人們對全篇內容的印象。當然，也有的事故調查報告沒有單獨的結尾，主體部分寫完，就自然的結束。

3.附件

事故調查報告的最後一部分是附件。在事故調查報告中，爲了保證正文敘述的完整性和連慣性及有關證明材料的完整性，一般採用附件的形式將有關照片、鑑定報告、各種圖說或表格資料附在事故調查報告之後；也有的將事故調查組成員名單，作爲附件列於正文之後，供有關人員查閱。

三、事故資料歸檔

事故資料歸檔是傷亡事故處理的最後一個環節。事故檔案是記載事故的發生、調查、登記、處理全程的全部文字材料的總和。他對於了解情況，總結經驗、吸取教訓，對事故進行統計分析，改進安全工作及開展未來工作都非常的重要，也就是進行事故覆查、員工保險待遇資格認定的重要依據，還是對職工進行安全教育的最生動的教材。

一般情況，事故處理結案後，應歸檔的事故資料如下：

1.員工傷亡事故登記表

2.員工死亡、重傷事故調查報告書及批復。

3.現場調查紀錄、圖紙和照片。

4.技術鑑定和試驗報告。

5.物證、人證材料。

6.直接間接財務損失。

7.事故責任者的自述資料。

8.醫療部門對傷亡人員的診斷書。

9.發生事故時的環境條件、作業情況和相關資料。

10.處分決定和受處分人員的名單。

11.有關事故的通報、簡報(剪報)及文件。

12.調查組成員的姓名、職務及單位。

本章重點題目:

一、現場會圖應注意事項。

二、試述車禍事故的現場勘查。

三、試述事故現場圖的種類有哪些?

四、試述現場分析的意義與任務為何?

五、試述撰寫事故調查報告應注意事項?

第十二章　安全檢查與應變計畫

在控制事故的措施中，安全管理對策是最佳選擇，因爲它不受人的行爲影響，並有著極高的可行性和安全性，而安全教育對策與人溝通也較易爲大多數人所接受。管理者不僅依靠安全教育的方法保證所有人都能自覺地遵守各項安全規章制度，同時具備較高的安全意識。因而安全管理對策成了一種約束人的行爲，進而控制事故的重要手段。

在長期的安全管理實踐活動中，人們總結出了許多行之有效的安全管理措施。如各種安全法則、規範、標準、手冊等，而安全檢查即爲一項重要的手段。

第一節　安全檢查

一、安全檢查作為

安全檢查是安全管理工作中的一項重要工作，是保持安全環境、矯正不安全操作，防止事故的一種重要手段。是發現不安全狀態和不安全行爲的有效途徑，更是消除事故隱患、落實改善措施、防止意外傷亡、改善員工生活的必要作爲。

（一）安全檢查的內容

安全檢查主要包括以下 4 方面內容：

1.**查觀念**。即檢查各級員工、管理人員對安全常識的認識，對安全工作的政策、法規和各項規定的理解和執行情況，全體員工是否認知"安全第一，預防爲主"的觀念。

2.**查管理**。安全檢查也是對企業安全管理的大檢查。主要檢查安全管理的各項具體工作的實行情況，如安全工作責任制和其他安全管理規章制度是否健全，能否嚴格執行。安全教育、安全措施、預防宣導、模擬演練、事故處理等的管理實施情況即安全組織管理體系是否完善等。

3.**查隱患**。安全檢查的主要工作內容，主要以查現場、查隱患爲主。即深入工作現場，瞭解實際值勤狀況中的不安全行爲、不安全設施、裝備、操作程序等。以及個人防護用品的使用及標準是否符合有關安全的規定等。

4.**查改善**。針對被檢查單位上一次查出的問題，按其當時登記的專案、改善措施和期限進行復查。檢查是否進行即時改善的效果。如果沒有改善或未盡理想，要重新提出要求，限期改善，對重大事故隱患，應根據不同情況進行責任追查。

（二）常態性檢查

常態性檢查的方式按檢查的性質，可分爲一般性檢查、專業性檢查、季節性檢查和節假日前後的檢查等。

1.一般性檢查

一般性檢查易又稱爲普遍性檢查，是一種經常的、全面性的檢查，目的是對安全管理、安全作業、安全常識、宣導規定的情況作一般性的瞭解。這種檢查，企業主管部門一般每年進行 1-2 次；基層單位每月進行一次，此外還有專職安全管理人員進行的日常性檢查。在一般性檢查中，檢查項目依不同企業而異，但以下 3 個方面均需列入：各類設備有無潛在的事故危險；對上述危險或缺陷採取了什麼具體措施；對出現緊急情況，有無可靠的立即消除措施。除此之外，對下列各項也應注意：

（1）經常檢查停車場、車道、人行道有無使人絆倒的裂縫、孔洞、斷裂之處。

（2）各項警報系統是否完好。

（3）對散戶、單獨的建築物的外部結構，應和主體大樓一樣進行檢查。

（4）對企業內的門、窗、燈、水、電、消防設施及各種線路定期檢查。

（5）對斜坡、樓梯或易滑路面應進行檢查。

（6）樓梯踏板是否良好；扶手是否標準，是否完好穩固可靠；照明是否充足。

（7）檢查各通道出入口有無堆放物品，影響逃生動線。

（8）電器設備有無漏電、短路、斷路的可能性。

2.專業性檢查

專業性檢查通常針對特殊工作、特殊設備、特殊場所進行的檢查。此項專業檢查雖非一般管理專業人員之職責，但亦應有基本之認識。

專業性檢查有以下特點：

強調專業性強，集中檢查某一專業方面的裝置、系統及與之有關的問題，因而

（1）標集中，檢查較深入細緻；

（2）技術性強，安全的技術規章和標準爲依據；

（3）以現場實際檢查爲主，檢查方式靈活；

（4）不影響工作進程。

3.季節性檢查

季節性檢查是根據季節的變換，爲確保安全管理作業仍能正常運作所進行的檢查。自然環境的季節性變化，對某些建築、設備、材料和燈火管制、作息時間都會產生某些影響。某些季節性天候，如颱風、雷電、大雨、火災、地震、土石流等，都會造成意想不到的重大事故和損失。因而，爲了防範未然，消除因季節變化而產生的事故隱患，必須進行季節性檢查。如台灣春季梅雨季節；夏季颱風等。

4.節假日前後的檢查

由於節日前後，員工容易因考慮過節返鄉或安排渡假等因素而造成精力分散，或休假結束後精神不濟、過渡疲勞等現象，特別容易發生意外事件，因此，安全管理人員應以提醒或協助的態度進行安全檢查，以避免因放假前後員工精神渙散而引起紀律鬆懈造成意外事件等問題。

另外，檢查的方式分，則可分爲定期檢查、連續檢查、突擊檢查、特種檢查等：

（1）定期檢查。列入計畫，每隔一定時間進行一次的檢

查。這種檢查可以是全面性的，也可以是針對某種工作或某項業務，檢查間隔的時間可以是一個月、半年、一年或者任合適當的間隔期。定期檢查是安全檢查的主要方式，一般有以下幾種類型：一般性定期檢查、專業性定期檢查，季節性定期檢查及防火安全檢查。除以上 4 種檢查方式外，各機構亦可針對自己的特性自行規範。

(2) **連續檢查**。這種檢查是對某些設施、運作方式或管理模式，作長時間的觀察，通過觀察發現設備的正常與否。在進行維修保養，持續觀察，以保持此種方式能順利運行的一種安全檢查。

(3) **突擊檢查**。這是一種無預警的檢查方式，它是對某些特殊部門、特殊設備或特殊場所、特殊員工進行的安全檢查，事先未曾宣佈的一種檢查。這種檢查可以促進管理人員對安全的重視和警惕，提醒員工隨時都要保持正常，遵守紀律。這種檢查比較靈活，其檢查物件和時間的選擇往往藉由事故統計分析的方法來確定。如在分析過程中，發現某個部門或地方的事故或是某種意外情形的增長數字異常，就可以通過這種檢查、查明增長的原因找出改進的方法。

(4) **特殊檢查**。這是一種對採用新的設備、裝備或頒佈新的規定、政令、作法，爲瞭解各員工、各部門的反應，或發現的新的因素所採取的檢查措施。另外對暴露在有職業病危害場所的工作人員所做的健康檢查，也屬於特殊檢查。通過這種檢查可消除不安全因素。

按檢查的手段，分又可分爲口頭詢問、照相攝影、肉眼觀察、儀器測量等。

安全檢查主要由各單位的專職安全人員或單位主管指定的幹部人員進行。

通過安全檢查能即時瞭解和掌握安全工作情況，及時發現問題，並採取措施加以整頓和改進，同時又可總結好的經驗，進行宣傳和推廣。通過安全檢查，將不安全的狀況、物質和不安全操作情況及時改正。

隨著現代管理方法的推廣和應用，安全檢查也逐步朝著科學化、系統化、規範化、制度化的方向發展，讓各種潛在危險能及時發現控制消除。

第二節　災難性事件定義及分類

從事故的特性我們可知，儘管我們採取各種事故預防和控制措施，無論是安全技術對策，安全教育方法，還是安全管理手段，仍然存在著發生事故，造成損失的可能。而且，即使企業管理、運作系統的危險性很小，我們仍對大多數自然災害和企業管理範圍外意外事件的發生無能爲力，特別是一些重大的自然災害和意外事件，會對企業造成嚴重的打擊，造成財務損失和人員傷亡，需要數年或更長時間才得以恢復生機。然，聽天由命是不可取的，依賴於保險補償的手段也只能彌補直接經濟損失的一部分。因而．通過安全管理的手段，做好應負這類事件的心理和專業準備，是各級安全管理工作者，特別是高層次的安全管理人員所必須充分考慮並予以實施的重要工作，也是安全管理的主要手段之一。

一、災難性事件的定義

災難性事件是在人們在工作中、生活活動過程中突然發生的，違反人們的意志的，迫使活動暫時或永久終止，並且大量的人員傷亡、財務損失或環境污染的意外事件。與事故的最大的不同之處在於，災難性事件會導致大量的人員傷亡或重大財務損失，如地震、洪水等自然災害的發生也屬於災難性事件。除自然災害之外，在一般安全管理過程中所發生的火災、爆炸、毒物洩漏事故，以及房屋坍塌、重大交通事故和海洋運輸過程中的沉船事故，飛機失事，通常都會造成大量的人員傷亡和財務損失，均屬於災難性事件。

由於災難性事件與事故一樣，也是意外事件，所以他具有事故所有的特性，即普遍性、隨機性、必然性、因果相關性、實變性、潛伏性和危害性等。災難性事件因其後果十分嚴重，往往會引起媒體、社會廣泛關注，從而產生不良的社會影響。它除了具有上述特性以外，還具有廣泛的社會性。

二、災難性事件的分類

災難性事件其發生原因可分爲兩大類，一爲自然災難導致的災難性事件，其次是由人爲因素導致災難事件。

所謂自然災害，是指自然要素，如大氣、海洋和地殼，在其不斷運動中發生變異，形成特定的變異型態，如暴雨、地震、颱風等。當其對社會造成危害時，即爲自然災害。因人類生存於地球的表面，影響人類社會或可導致災害的自然變異也主要發生於地表附近的空間內。

而由人為因素導致的災難性事件又分為由刑事犯罪，如恐怖行動，故意破壞，盜竊，搶劫、綁架等導致的災難性事件，對社會、人心影響甚巨。

如果進一步按災難性事件的種類劃分，可分為以下 10 類：

（一）氣象災害

一般是指由於降雨多少，氣溫高低、風力大小等氣象方面的原因直接引起的各種自然災害，是人類社會面臨的主要災害種類。氣象災害具體可以分為以下數種，主要的有：

1.水災：主要有洪水、澇災 2 種。

2.旱災：包括土壤乾旱、大氣乾旱 2 種。

3.颱風：只來自熱帶海洋面上的颶風災害

4.龍捲風：包括陸龍捲風和水龍捲風 2 種。

5.乾熱風：又稱焚風，是少雨偏乾與一定的風力結合形成，對農作物影響甚巨。

6.凍害：包括霜凍、凍雨、結冰等對沿海漁民、魚塭及農作物造成損失的現象。

7.雪災：包括雪崩、草原白災、草原黑災。

8.雹災：包括冰雹、風雹 2 種。

9.雷電：即雷擊及其他雷電引起的災害現象。

10.風沙：即大風雨沙塵相接合併造成損害後果的災害現象。

此外，還有多種其他氣象災害或混合型氣象災害，如暴風雪等，此處從略。

（二）地質災害

他是由於自然變異導致地質環境或地質體發生變化而引發的災害。其主要的災種類有：

1. 地震：地震是人類主要的自然災害種類。他包括構造地震、火山地震、陷落地震和人為地震等 4 種。
2. 地陷：地陷包括喀斯特地面（石灰岩）陷落或和非喀斯特地面陷落 2 種。
3. 地火或地下水。
4. 火山爆發。

（三）地貌災害

他是指構成地球面型態的各種自然物質的運動變化而造成的災害　，或稱地表災害。主要有：

1. 滑坡：包括自然滑坡與人為原因造成的滑坡（即人為行自然災害）。
2. 土石流：包括泥流、泥石流、水石流等 3 種。
3. 崩塌：包括土崩、岩崩、山崩、岸崩等災害現象。
4. 地裂縫：包括構造地裂縫、非構造地裂縫和混合成因地裂縫等 3 種。
5. 水土流失。
6. 土地沙化。
7. 土地鹽鹼化。

此外，還有土地沼澤化等地貌災害現象。

（四）水文災害

他是指江河湖海洋等歲月發生變異而造成的災害。其主要由海洋災變等組成，統計標誌有：

1.風暴潮。

2.海嘯。

3.海浪。

4.海水。

5.海浸。

6.厄爾尼諾現象（地下水下降現象）

（五）生物災害

是指自然中有害生物或其毒素繁殖擴散對人類造成的危害。農業、林業、牧業、漁業等生產中的主要災害，有如下種類：

1.病害：包括農作物病害、養殖業病害、 森林病害等種類。每項有分為許多細類，如農作物中僅水稻病害全世界就達 240 多種。因此，病害作為一種生物災害，是一個數目眾多的災害家族。

2.蟲害：包括農作物蟲害、養職業蟲害、森林病害等種類。蟲害亦是一個很大的家族，如農作物中的棉花蟲害就達 300 多種，森林蟲害高達 5000 多種。

3.草害：包括農作物草害、養植業草害、森林草害等種類。如農作物草害約有 8000 多種。

4.鼠害：包括農作物鼠害與森林鼠害。如農作物鼠害約有 160 多種，森林鼠害亦達 160 多種（兩者間有相同的鼠種）。

6.物種滅絕：如有些生物種群因進化極其他原因滅絕，則會破壞生態平衡，並帶來相應的災變。

（六）環境災害

他是指由人類活動對自然環境與生活環境的破壞所引起的災害。主要有：

1.水污染：有害物質排入水體所引起的汙染事故。

2.空氣污染：這種有害氣體排放引起的汙染災害，如酸雨等。

3.海洋污染：各種有害物質排入海洋引起的污染災害，如赤潮等。

4.噪音污染：噪音引起的事故災害

5.農藥污染：農藥污染造成的災害

（七）火　災

他是指由於異常性的物體燃燒現象所引起的災害。爲主要的災害種類之一，火災又可以分爲以下種類：

1.城市火災：發生在城鎮的各種火災。

2.工礦火災：發生在工礦企業的各種火災。

3.農村火災：發生在農村的各種火災。

4.森林火災：發生在森林的林業火災。

5.其他火災：既不屬於上述範圍其他種類火災。

（八）交通事故

是指以各種交通運輸工具爲主要受災體和致災因素的災害現象，包括如下災種：

1.公路交通事故：車輛在運行中所致的各種事故。是交通事故中的主要種類。

2.鐵路交通事故：火車運行中發生的各種交通事故。如列車相撞、列車火災等。

3.民航事故：飛機在飛行中發生的各種空難與飛行事故，以及飛機在地面發生的事故等。

4.海事災害：各種船舶及其他海上交通運輸工具、水上裝置在水域發生的各種事故。

（九）爆炸事故

指各種物理性爆炸、化學爆炸或恐怖攻擊，造成財產、建物損失與人身傷亡的災害現象。主要包括如下種類：

1.鍋爐爆炸：如工業用、民用鍋爐的爆炸。

2.火藥爆炸：如恐怖攻擊、自殺炸彈、炸藥爆炸等。

3.石油化工製品爆炸：如生產、運輸、保管、使用石油化工製品的過程中均可能出現意外爆炸事故。

4.瓦斯爆炸：有家庭、工廠使用意外。

（十）建築物事故

它是指各種建築物因各種原因發生的倒塌或損壞事故，並因此而造成其他財產損失或人身傷亡。主要有房屋倒塌、隧道崩塌等災害現象。

（十一）工作中傷害

指企業員工在工作、生產過程中因各種意外事件所導致的人身傷亡事故，包括電傷、燒傷、跌傷、撞傷、割傷等。

（十二）衛生災害

1.傳染病：各種傳染病導致的人身災害現象。包括鼠疫、SARS、性病、霍亂等。

2.中毒事故：包括食物中毒、瓦斯、煤氣中毒、藥物中毒、沼氣中毒、農藥中毒、化學污染中毒等。

第三節　災難預防與應變計畫

由於災難性事件對企業、對社會，會帶來嚴重後果，因此，在安全管理工作中必須對其採取必要的措施與實施各種的預防與控制。但由於大多數的災難性事件，包括自然災害及企業控制範圍之外的意外事件均爲不可預防的，因而與控制事故手段最大的不同點在於，對災難性事件的控制手段應以控制其發生後所造成損失的嚴重程度即災難性事件發生後拯救生命和搶救財產的手段爲主，即緊急措施與計畫。而且事實證明，許多重大的災難性事件之所以造成重大的損失，事件發生後應急措施不合理或應急計畫不完善是最關鍵的原因。

因而可以說預防災難性事件是一項非常重要的工作，除在設備、設施及建築物設計上採取必要的預防措施外，最主要的工作為應對災難性事件發生後的技術與管理的措施，保證企業在災難事件發生後迅速恢復正常的運轉軌道，而應急計畫的制定及實施就是其中關鍵的一環。

在災難事件應急計畫的制定中主要應考慮以下幾個問題，即災難性事件的類型，應急計畫制定中必要的步驟，應急計畫中應有的內容及災難性事件預防與控制所涉及的部門或個人。

一、災難性事件的預防

不同的地區，不同的企業，其所可能面對的災難性事件是有所不同的。洪水、地震等自然災害因地區而異、各類重大事故則因企業的性質及所在環境而異。因此任何一個企業都必須針對自己的環境做不同的設計災難性事件。如座落在地勢較高地區的企業一般無需考慮防洪；但有些災難性事件則是均應考慮的，如火災等。一般主要應考慮的災難性事件的類型包括火災、爆炸、洪水、颶風、龍捲風、地震、重大事故、化學事故、輻射、人為破壞等。對於不同的災難性事件，在應急計畫中也有不同的考慮。

(一) 火　災

火災是最常見的災難性事，在應急計畫中，對於火災的考慮首先需建立自救的觀念，不能完全依賴於地方的消防部門。因為其可能由於距離較遠或多處火災、交通問題等原因不能及時趕到。而火災發生時立刻採取措施對於控制火情又特別重要。當然，我們也不應完全依賴於幾個安裝的噴水裝置等自動滅火系統，因爲這類系統存在著發生故障的可能性。因而在應急計畫中必須考慮的是，根據企業或社區的性質與規模，設立一支專業的或業餘的消防隊伍，並在各單位指定相應的負責人員，對負責人及其隊伍進行必要的訓練；做好火災發生後任務安排等工作。

（二）颱　風

颱風通常依不同地區而異的，對於颱風的應急計畫，應主要考慮對氣象部門颱風警報的即時掌握，及在颱風來臨前社區或企業應採取的應對措施，如在必要時即時通知住戶或有關部門停止上班、減少颱風及暴雨的破壞作用等。

（三）爆　炸

爆炸經常與其他災難性事件同時發生，有時是火災引起爆炸，有時則是爆炸引起火災或坍塌等災難性事件。而且爆炸發生特別突然，現在仍沒有適合的探測和警報裝置。因此，對於火災等有關災難性事件的預防與控制，應充分考慮引起爆炸的條件和可能性，即時採取相應措施。

（四）洪　水

在洪水發生可能性較高的地區必須建立永久性的防洪措施。而且由於洪水常常伴隨著暴風雨，瘟疫等災難性事件同時發生，因而一個針對洪水的應急計畫中應考慮這一點。比如爲防止洪水發生後帶來的火災爆炸事故，在應急計畫中應當考慮，將裝有有害化學物質的車輛或容器遷移到高處，保證滅火裝置處於工作狀態，熄滅火源等，以防因洪水對設備設施的破壞造成易燃、易爆物質的洩漏與燃燒爆炸。

（五）地　震

地震除了本身所產生的破壞外，還可能使企業或社區建築一夕全毀，幾乎所有的防護措施，包括火災控制系統等遭到破壞。因而，在設計中應對建築物及上述系統採取相應的防震措施外，地震應急計畫最主要應考慮如何保護和拯救人命，包括通過培訓使人掌握逃生或自救的基本手段和設置相應設施，爲維生提供合適的條件等。

（六）人爲破壞

在應急計畫中，對於人爲破壞，如縱火、爆炸等的控制也是相當必要的。除了在日常管理中近可能地避免不必要的人員進入關鍵區域或設施外，還應考慮爆炸物的探測、拆除，特別是人員的及時疏散措施與手段。當然，有些涉及爆炸物等危險物質的專用技術，則必須由消防等有關專業訓練的人員來實施。

二、制定應變計畫

在確定緊急應變計畫中所應涉及的災難性事件之後，則應採取下列步驟制定相應的作爲。

（一）評估事件發生的可能性

及針對某一特定的災難性事件，判斷其發生的可能性。當然，災難性事件發生後可能果的嚴重性也應予以評估。

（二）評估所涉及的危險

災難性事件發生後評估其對企業或社區的可能的危害。這要結合的現狀及人員情況等加以考慮。確定控制災難性的優先次序，並根據該次序做出投資力度及資金分配方面的管理決策。

（三）任命應急計畫實施負責人

這是保證應急計畫實施的必要條件。其職責包括現場指揮、決策及應急計畫的實施、人員培訓等。

（四）應急計畫制定

在制定計畫過程中，首先應考慮該計畫的可行性，並同時應包括可能涉及的災難性事件。此外還應使實施過程盡可能簡單化、使有關人員易於掌握。

（五）計畫的核准

由於應急計畫與企業、社區的生存發展緊密相關，因而必須使計畫得到單位負責人的認可和支持，同時也使得各級主要幹部對其有更爲全面的認識和理解。

（六）人員訓練

要使制定的計畫得以成功實施，人員訓練是不可少的一環。訓練的主要目的是使相關人員了解整個計畫如何落實執行，及相關動線、設備、設施的使用等。

（七）應急演習

應急計畫制定是否合適是不能等到災難性事件發生後才予以驗證的。因而，進行應及演習是驗證應急計畫的重要手段之一，而且，應急演習也是一種人員訓練的手段。

（八）計畫的修改

在應急計畫的演習或實施進程中，通過了解參與者的反饋信息，對計畫進行必要的修正與調整是非常重要的，主要是因爲即使一個小環節上出現的問題也可能導致整個計畫的失敗。另一方面，企業與社區內外各個方面也在不斷地發生著變化，人員的調動，設施的更新都會在不同程度上影響到原有計畫的實施，因而即時對應急計畫進行評定與修改也是適應變化，保證計畫順利實施的重要手段。在計畫的修改中，主要應注意發現涉及管理系統缺陷的問題，如訓練不足，管理者對人員、設備等方面的變化缺乏必要的調整與認識等。

（九）即時溝通

在應急計畫進行修改之後，應急時將變化告知應急計畫涉及的各有關人員和單位。如某關鍵人員的聯繫電電變更後沒有即時通知，則在災難事件發生後會使有關人員在找到新電話號碼的過程中浪費關鍵的幾分鐘，導致生命財產的重大損失。因而，在計劃更新通知後須再進行模擬演練以確保應急計畫的順利可行。

三、應變計畫的內容

（一）指導方針

這是企業或社區對應急計畫基本思想的闡述。一般簡潔明瞭，但也應全面地闡述該應急計畫的基本目的、功能和執行過程。

（二）目　的

應急計畫的主要目的包括使災難性事件不擴大及盡可能地減少人員傷亡和財產損失以及對環境產生的不利影響兩個部分。但闡明一個特定的應急計畫目的，對於防止人們對其產生錯誤理解是有必要的。因爲一個應急計畫不可能解決企業可能面臨的所有災難性事件。

（三）人員安排

要想應及計畫得以實施，承擔計畫執行過程的人選最爲關鍵。尤其是總負責人，由於災難性事件隨時可能降臨，而有關負責人卻可能由於種種原因不能及時擔負相應的責任。因而，在制定應急計畫時應事先安排好接替者人選及職務代理人，以保證應急計畫的執行。當然，我們也應賦予相關責任人所應有的權力並規定有關人員的規則要求。

（四）管制中心

企業或社區均應建立緊應變中心以負責指揮和協調處理有關的問題。控制中心的位置應能保證其在大多數災難性事件發生後仍能正常運轉或受影響較小，且能順利與企業外部及事件現場進行必要及時的信息交流。

（五）消防設備

應急計畫中應列出企業或社區所有可用的消防設備、設施及其性能，適用範圍，以及哪些是便攜式的，哪些是固定的，所在的位置等。

（六）災難性事件分類及描述

應急計畫中應簡單地將其所適用的災難性事件予以分類並對各災難事件予以適當描述，以便於正確應用該計畫。

（七）責任分布圖

應急計畫中應具有各責任區域分布圖，以便在災難性事件發生後，採取不同的處置措施。進行具體的應急活動。

（八）醫療設備、設施

當醫療及急救設備數量較多時，應製圖標明設備、設施的所在地、狀態及數量。這樣即便於日常的維修保養，以使得在災難性事件發生後能合理地利用相關的設備、措施。此外，應急計畫中還應考慮搶救人員的規劃，受傷人員的現場處理及運送方式和線路，與醫療部門的聯繫及相關的物質、藥品的供給等。

（九）安全區分布

對於不同的災難性事件，均具有相應的相對安全的區域，而這類區域的分布圖示對於在災難性事件中的人員疏散路線的安排及避難方式的選擇極爲重要，比如對於洪水、地勢較高處爲首選，而對於地震，開闊處則較爲安全。

（十）疏散路線

在災難性事件發生後，人員的緊急疏散是減少傷害的主要手段之一。而疏散路線的設計與選擇與疏散效果的優劣相關。因而，在應急計畫中，根據災難性事件的類型、可能發生的地點及波及的地區，設計合理的疏散或營救路線，並設置相應的標誌，將會較大地提昇疏散的效果，避免或減少不必要的損失。

（十一）通　訊

在災難性事件中，各項應急措施的實施與通訊聯繫保持緊密相關。包括對內和對外兩部分的供訊聯繫。

對內，應使每個人與應急計畫的人都準確知道其應完成的任務及應當怎樣完成，並應了解人員的所在位置及任務執行的情況和現場的狀態。除電話外，各類信號及報警裝置實際上也扮演相應的功能。

對外聯繫則包括兩部分，一是與消防、醫療等部門的聯繫，以使災難性事件的損失盡可能減少，二是與員工家屬及公眾的聯繫，這是避免不必要的恐慌和減少不良社會影響的主要手段。

（十二）應急關閉

在災難性事件發生後或當時對各項電力系統設備的關閉至爲重要。以避免引發爆炸物、燃料、高壓線路及其他可能因災難性事件引起嚴重後果的設備、設施都應採取應急關閉的措施。

（十三）安全保衛

在應急計畫中，也應充分考慮安全保全工作，避免有人趁火打劫，也能保持企業或社區內部的穩定，避免失去對局面的控制。

（十四）復原與整頓

在災難性事件得到控制後，對各項設施的修復及供給等方面的恢復也應在應急計畫內加以考慮，這對於樹立員工信心和使企業及時恢復正常都極爲重要。

（十五）應急設施

應急設施在災難性事件發生後保護相關人員的重要手段，應急設施主要包括應急照明裝置、報警及警告裝置，指示標示與裝置等。在應急計畫中也應對這類設施、設備的布局及效能給予充份的考慮與論證。

（十六）資料保護

在災難性事件中對各類重要的資料保護也是一項非常重要的工作。有些資料的損失會對企業造成致命性的打擊。而有些資料對於深入分析災難性事件發生或失控的原因起著舉足輕重的作用。因而在應急計畫中應考慮對重要的資料，做好保護。另一方面，及時地收集和記錄災難性事件中的數據與資料，對以後控制該類事件所造成的損失至關重要。

四、對外聯繫

制定災難性事件應急計畫中的另一項重要工作是保持與外界密切聯繫的管道。這主要包括與以下幾個相關部門和人員的聯繫。

（一）與救援、搶險有關的部門

這些部門包括醫療、消防、警察及相關專業部門。

（二）與災難性事件波及的區域及人員

如相鄰的企事業單位、居民、公共場所等。

（三）與新聞媒體及公衆

及時與新聞媒體的溝通使其了解事件真相及進展情況，避免不必要的負面影響，以維護企業形象。

(四)與企業員工的家庭及相關人員

這是減少不必要的誤解、恐慌和不良的社會影響，並且建立互相理解基礎的重要手段之一。

本章重點題目：

一、安全檢查主要包括哪四方面？

二、試述常態性檢查的內涵？

二、試述災難事件的分類有哪些？

三、試述災難事件應急計劃的內容為何？

第四篇

企業社區與公務機關之安全管理

第十三章　企業機構的內外實體防衛

本章討論的安全問題，除了周邊界線與外部的安全問題之外，其他安全上的弱點還包括周邊與內部的問題。有些可能出於內部，也可能來自外部，端看這設施的型態而定。例如，獨立的零售商店會有周邊的安全問題，包括門窗與屋頂。相對而言，位於購物中心內的商店就沒有這些問題。

第一節　企業機構安全防護設施之規劃

在今日多元化、民主開放的社會裡，「如何保護機構、公司」，正朝向專業化、科技化發展。爲保護機關、公司等有形實體，使其不致遭受破壞或騷亂，有必要規劃一套具體可行的方法，建立一套最新式自動化安全防護系統。

一、據臺電核能保安專業管理師指出，政府機構或公民營企業，對今日的實體安全防護工作，都應具備下列三點基本認知：

（一）必要性

民主社會高度科技及商業發展，犯罪型態明顯趨向技巧專業化，活動組織化，破壞工具更是日新月異，使政府行政、司法機關、事業機構及各大民營公司及場區，面臨的危機和威脅日益高昇，傳統以簡易裝備配屬警衛人力為主的防護方式已難以應付，唯有建立新式自動化安全系統，才足以保障安全。

（二）效益性

在一個講求人權與和諧的時代，安全防護要強固而不緊張，警戒而不恐怖，管制而不封閉，唯有用新式自動化安全系統才能達到此「效果」。同時要達到，偵察迅速而不失準確，監控嚴密而不失靈活，作業巨量而不致疲勞，這樣的「效益」也唯有自動化安全系統能夠提供。

（三）適時性

時代演變，安全的需求提高，促成自動化安全防護系統科技的進步神速，歐美及日本重要的公民營機構早在十幾年前即開始在安全防護上建立自動化系統。目前國內的「保安」事業蓬勃發展，銀行、公司、商店、旅館，甚至住宅大樓均已普遍裝置電腦化「智慧型保全系統」，其規模雖有差異，但所顯示的意義是社會觀念的更新與技術的成熟，值得我們深思與重視；因此「適時」規劃建立自動化（智慧型），除能得到充足的資訊與最先進技術的支援外，並能得到社會大眾的認同與參與。

二、安全防護設施之規劃

自動化安全防護系統包含「周邊警報」、「電腦門禁」、「監控中心」等三大部分，必須先有整體規劃之藍本，再逐一裝設個別之系統，才能達到預期的功效而不致脫節或浪費。整體規劃考慮之要點有二：

(一) 決定目標

1.要防甚麼？主要的威脅有那些？

2.要保甚麼？保護的範圍有多大？

3.應顧慮甚麼？能承擔多大的風險？

（安全防護常有兩極化的意識反應，其一是過於樂觀，而傾向無為而治；其二是連想過多，而造成草木皆兵。）

(二) 預定方向

1.要怎麼做？做到甚麼程度？

2.如何進行？投資效益多大？

（對安全防護的作法，有人重視硬體設備，有人重視軟體措施，更有人懷疑其實際效益而主張減少投注人力與物力。）

三、安全防護設施之組合

建立安全防護系統的基本任務就是要有層次達到使破壞

者「進不來、藏不住、動不了、損害小、查得出」的目標；其功能需求是在增加破壞者的困難度，使防護者能及早發現入侵行爲，阻延破壞行動，保證有充分的時間應變及反制；這樣的功能目標絕不是單一的系統或零散的設備可以達到，它必須是包含下述各項考慮因素的多元性組合：

（一）功能性組合

由具備「阻延」、「偵查」、「辨識」、「控制」、「記錄」、「通訊」等個別功能的設施或裝備所構成的設備系統組合。

（二）自動化組合

將前述個別設備系統用電腦、儀電裝置及聲光器材連線操作，達成「警報自動化監控」之組合

（三）人機間組合

統合「規劃管理的指揮系統」、「巡守應變的警衛系統」以及前述「警報自動化監控系統」人機間之介面，相互結合成一整體，賦予安全自動化系統靈魂與智慧。

四、安全防護設施之簡介

實體安全防護設施由外到內可概分爲三大部分，一是周邊入侵偵測防護系統，二是出入口門禁管制系統，三是警報監視控制中心。簡介如下：

（一）周邊入侵偵測防護系統

「周邊」是指各類型機構場區，所擁有財產設施區域環繞的邊界，以及主要建築物之外牆，包括所有對外的門、窗及開口，「周邊」的範圍很大，必須有防範入侵的設備與措施，才能保證「門禁管制」的功效。周邊入侵偵測設備更是構成整體「安全防護系統」最重要而不可或缺的一環，其規劃實務如左：

「入侵偵測設施」是由其本身的「入侵感知器」、「警報傳輸線路」，以及「機電開關」等三大部分構成。如有外物侵入，偵測系統必須能立即提供高度可靠的「入侵警報」，並將此警報信號迅速確實的傳送到監控中心，同時啓動該警報區之攝、錄影及自動控制系統，以執行更進步的偵防作為。但是如果要真正發揮安全功能，尚必需結合下列三項要件：

1.阻延設施：

如圍牆、刺網、鐵柵或美化圍籬等，某些入侵偵測設備必須架設在阻延設施上才能感應警報；此外，入侵者被阻延的時問愈長，觸發警報的機會就愈多，提供給防衛者偵測及反制的空間也愈大。

2.監視設備：

即閉路電視設錄影，監視及警報顯示等裝置；入侵警報發生時，防衛者須能迅速確實辨識警報地點、類型、原因及危險程度，並派出充裕的應變警力前往現場處置，而所有的過程必須被監視及錄影；否則入侵警報系統等於只有耳朵，沒有眼睛；聽得見，看不到與監視設備緊密的結合使用發生狀況時必然無法有效的處理。所以入侵偵測系統要與監視設備緊密的結合使用，同時，夜間照明之照度必須有 0.2 呎燭光。

3.**警備裝置：**

周邊入侵偵測設備多數暴露在可被接觸的範圍內，並多數受大自然環境影響，所以其本身的安全性和可靠性應優先考慮，必須符合標準法規，要有防破壞、防干擾的自動警示裝置，並有緊急備用電力裝置。同時，其使用之電源要獨立，並有緊急備用電力裝置。

入侵偵測系統種類甚多各廠家產品日新月異，但幾乎每一種都有其優缺點，並且適用之環境亦有不同。所以，國外安全性較高的機構在其周邊均設置兩種以上的入侵偵測系統，使每一區段有雙重警報系統互為輔助，截長補短，同時在整個安全，入侵警報上也增加了隱密的保障。依據美國國家法規指引 RG 五・四四之分類，入侵警報系統的「功能類型」大致有下列六類：

1. 微波偵測器。
2. 紅外線偵測器。
3. 電場感應式偵測器。
4. 張力感應式偵測器。
5. 振動感應式偵測器。
6. 光電感應式偵測器。

（二）門禁管制系統

周邊防護做得好，破壞者從周邊「進不來」，只有在各機構必須開啓的大門、側門及後門打主意了。「門禁」，是大家最熟悉的一種安全措施，從個人住宅的鐵門鐵窗加裝進口鎖、防盜器·… 到各機關、公司行號派警衛站崗，核對出入證件等等，都是「門禁」！但時至今日，講求人性尊嚴，重視公共關係，且隨著時代轉變，各機構對安全的需求更高，以傳統人力目視的方式已無法承擔巨量、嚴密、迅速、分區、分級的管制工作，而又要兼顧禮貌與方便，於是建立「電腦卡鎖門近管制系統」就成了必要且必然之趨勢，初期規劃之重要概念有七：

1.分區分級管制：

電腦門禁規劃的首要工作是將本機構的園區、建築、樓層、電腦室、資料庫、機器房、科技中心等，由外而內，由次要到重要，從一般到特殊，劃分成不同的區域，分級設限；再將員工各依工作需求核列進出等級，發給密碼卡片，做到「特定的區域只有指定的人可以進入」。不像傳統的只有大門管制，進了大門就可以自由活動，任意亂闖。

2.密碼鑑定系統：

傳統的識別證貼有照片來查驗身分，但是，電腦門禁是以密碼來識別身分，鑑定分區分級等級；其他尙輔以「手按密碼」以管制特別重要的地區；更有「脅迫密碼」裝置，萬一被人脅迫，可按一特定密碼，使門照常開啓，但監控中心已被通知此次開門爲脅迫狀況，而採取無警報的應變行動，以維護被脅迫人員之安全。

3.邏輯檢查系統：

電腦門禁系統必定要具備「邏輯檢查」功能，即：「沒有進入此區的卡片不能由此區出來」，「進入此區的卡片在未出此區前，不能再重複進入此區」。這個功能是用來防範人員違規進出，尤其是「尾隨跟進」及「遞回使用」，這兩種違規最爲常見，也是造成電腦門禁系統失去原有功效的主要原因。

4.內部安全管制：

電腦門禁系統的目標除了與周邊入侵偵測系統搭配，使歹徒「進不來」外，更可使進來的歹徒「藏不住」、「動不了」；所以電腦門禁系統被認爲是維護內部安全的最主要方法，也因此，關於密碼卡片的核發程序就必須與內部安全查核結合起來。

5.進出記錄查詢：

電腦門禁系統最大的功能之一就是可以做精確大量的紀錄，所有進出的人員、時間、地點、房間、門號等，均可被詳細的繼父存檔，並可隨時做各種「查詢」。更近一步利用此記錄功能，可以於是故後迅速查出什麼人在那一段時間到過事故現場，做到「查得出」的效果，以嚇阻事故的發生。

6.考勤資料記錄：

電腦門禁系統的功能亦可很便利的用在「人事考勤」、「巡邏監視」及「工作監督」等附帶目的上，譬如：很容易就統計出今日出勤狀況及是否有人中途外出；也可以查出警衛人員巡邏時間與地區是否確實；基於此，電腦門禁管制系統也可能被部分同事排斥，而區多做宣導與教育。

7.注意事項

（1）重要區電腦門禁讀卡位置裝設閉路電視及對講機，

以便有異常狀況時緊急聯絡並監視錄影之用。

（2）緊急逃生按鈕不必讀卡，應「內開外鎖」，並付裝警報監視器。電腦門禁本身也須有緊急按鈕及「斷電開門」的設計。

（3）卡片及讀卡機形式之選擇以保密性急方便性爲原則。

（4）必須要有至少維持八小時的緊急電源，主電腦亦必須有兩台互爲備用。

（三）警報監視控制中心

1.安全防護系統所以能夠「自動化」的原理，就是將來自周邊入侵偵測系統的警報與電腦門禁系統的管制狀況，透過機電裝置及聲光儀器與「警報監控中心」連線，將下列五種重要的安全防護動作，賦予電腦化之管理：

（1）警報監聽、視。

（2）門禁控制。

（3）警報顯示。

（4）處置指令。

（5）紀錄保存。

2.「警報監控中心」是安全自動化防護系統的指揮聯絡中樞，其利用電腦把來自警報及門禁之資訊處理後，即將警報種類、發生位置、時間，或任何特殊資訊顯示於監視螢幕上並可運用閉路電視攝影機掃瞄辨識警報狀況，依照預存之應變指令步驟，通知警衛人員前往現場處理，所以該中心的功能必須健全，操作要方便，通訊要快捷，維護要確實，其本身的安全必須特別加強保護。

3.警報監控中心使用的電源必須獨立，並有緊急備用電源，該中心必須設專人值班，並派警衛保護，如有窗戶，其玻璃應為防彈材質。其人員進出列為最高等級以電腦門禁管制之，若有可能，應設「第二監控中心」互為後備；火災警報亦應有訊號與監控中心連線；通訊裝備必須有二套以上，其中至少有一套是安全專用電話，用直通熱線方式連接幾個重要通訊點，另一套可為無線電通訊設備及簡單的呼叫器。

第二節　機構建物內外之安全

一、建物與周邊

當建物本身就是周邊屏障的部分，或是在城市裡，建物的牆壁通常就是設施的整個界線，這時候建物本身就跟圍牆一樣，一定要仔細評估其強度，而且所有的門窗及出入口都要妥善管理。

如果圍籬與建物連結在一起構成連續的周邊界線，兩者的距離不能超過 2 英吋。依照窗戶、壁架、樓層內縮的高度，可將圍籬逐漸加高到原先的兩倍高，直至連結到建物，並且和建物之問留 6 到 8 呎的間隔距離。

二、門　窗

窗戶以及其他面積超過 96 平方英吋的開口，如果高度在

18 英呎以下，或是與外面其他物體〔像是樹木或是其他建物〕距離在 14 英呎以內，則應該加設鐵格或鐵窗。對外出入的門其構造必須堅固，並加裝牢靠的鎖。

雖然法律規定：爲因應火災或是其他緊急狀況，應該設置緊急出口。但應該將緊急出口的外部手把移除，使門從外面無法打開。這些門可以用遠端電磁開關控制，或者是與警報連線，這樣可以減少從內部隨意打開的機率。

（一）窗　戶

窗戶應該裝設防護設備，因爲侵入者很容易從窗戶進入，所以任何建物都要特別注意窗戶的安全。據統計大多數闖入者都採用破門或破窗而入的方式。

許多工業廠房的窗戶都應該加裝鐵窗或是鐵絲網，不過，在日趨嚴格的消防法規之下，必須注意要設置緊急出口或者是讓消防水龍帶可以進入的地方。可以考慮使用容易移除的鉸鏈或是鎖具裝在這些緊急出口上。

1.防盜玻璃（Burglary-Resistant Glass）

爲了整體美觀，辦公大樓不適合使用鐵絲網或鐵窗。可以採用有 UL 標準規格的防盜玻璃〔UL 表示這材料合乎 Underwriters Laboratories 的檢驗標準〕，或是有 UL 標準規格的強化鑲嵌玻璃（Polycarbonate）來加強安全。這些產品比一般的平板玻璃（Flat Glass）昂貴，通常用於有可能被破窗而入的地方。

標準的平板玻璃可以覆蓋一層聚酯薄膜（Mylar），厚度爲千分之四到六英吋（4 to 6-mil），價格比較低廉，但是聚酯薄膜 5 年要換一次。千分之二英吋（2-mil 的聚酯薄膜可以防止玻璃碎裂，因此發生爆炸時，可以避免碎片亂飛傷人。紐約世貿大樓爆炸案與奧克拉荷馬聯邦辦公大樓爆炸案之後，許多研究認爲，像這些容易遭受恐怖份子攻擊的目標，大樓玻璃最好加裝薄膜保護。

防盜玻璃抗火耐寒，不怕任何敲打撞擊，經久耐用。不過另一方面，防盜玻璃較重，難以裝設，而且價格昂貴。

塑膠（Plastic）玻璃有各種廠牌，透視率佳，較薄，而且容易裝設。壓克力（Acrylic）玻璃又叫樹脂玻璃（Plexiglas），通常不符合 UL 防盜材料的標準。不過，還是比普通玻璃強固，在安全保護上仍有很多用途。比起防盜玻璃與塑膠玻璃，它的重量較輕也較便宜。如果是一又四分之一英吋厚的樹脂玻璃，則仍屬於 UL 認證的防彈材料。

以上這些材料外觀都跟一般玻璃一樣。値得注意的是，任何窗戶都應該從內部鎖好，才能防止從外侵入，而且窗戶外框及周邊支撐也要夠堅固。

2.防碎玻璃

銀行與零售商店常用防盜玻璃來防止被人砸櫥窗搶東西。UL 認證合格的防盜玻璃，其實是兩層平板玻璃，〔通常是 3/16 英吋厚〕，中間夾一層 1/16 英吋厚的聚乙烯化合物（Polyvinyl Butyral），這是很軟的透明物質。防盜玻璃的厚度，看起來跟一般玻璃難以辨別，盜賊常以爲是普通玻璃，用鐵鎚或是鐵棒敲擊之後，才知道這是防盜玻璃。

雖然盜賊沒有拿到東西，但是玻璃已經被敲裂，呈現蛛網狀的裂紋，爲了美觀，當然得更換整面玻璃。保險公司會要求在防壓防盜玻璃上標示清楚，用意是讓砸櫥窗搶東西的宵小死心。

3.加裝鐵網

在窗戶上加裝鐵網也是很重要的。有些員工可能從窗戶將貨品丟出去，稍後再去撿回來，加裝鐵網可以防止這種偷竊手法。產品越小，鐵網的網目就要更小，才能有效防止這種偷竊行爲。

其次，窗戶距離地面高度在 18 英呎以下，或是距離樹木、柱子或隔壁建物在 14 英呎以內，都應該要有保護措施。除非窗戶在周邊界線內，並且直接設有警衛的地方。

（二）門　戶

無論是外部或內部，每扇門都應該仔細檢查，以確認是否合乎安全需求。檢查項目包括：門建造的形式以及每扇門使用的鎖。

每扇門所需要的安全措施都不一樣，要採用何種措施，就要依照設施內的作業以及裡面所存放的資產價值來決定了。要提供適當的安全，但是也不能過度重視門戶安全措施必須和企業的整體安全和營運計畫相配合。

如果失去方便性與安全性之間的平衡，企業就可能遭受損失。有時爲了一時方便，降低了安全功能；有時爲了配合安全要求，妨礙了業務的順利推展。任何企業都無法承受這種情況，所以這是管理階層的責任，必須建立一套制度讓作業與安全的需求都得到平衡。

1.**門的構造與硬體**

門的構造通常是很脆弱的，門板可能是很薄的木板或是玻璃，一敲就破。鎖可能老舊沒用，或是用塑膠卡片插入邊框就能將鎖門推開。如果門框是較軟的木料〔沒有用鋁片加強或是沒有使用較硬的木料〕，鎖門部分可以很容易的被挖大，這樣一來鎖就鬆脫了。鎖門必須深入邊框至少一英吋，使用較重的木料或是金屬門，再加上強化的邊框，這樣才能阻止遭破門而入。

有時候門鎖的鎖心（Cylinder）是被硬扯開的，然後通過留下來的洞口控制鎖門，加裝特製加強的鋼製鎖心蓋（Cylinder Guard），可以克服這種破壞；或是將鎖心嵌至和鎖面平行，以避免被小偷用夾子扭開。

門的鉸鏈也是一大弱點。鉸鏈的螺絲釘如果露在外面，很容易就可以卸下。小偷偷完之後，再裝回去，結果看不出有破壞侵入的痕跡。由於沒有被破門入侵的跡象，保險公司可能不理賠。所以鉸鏈的螺絲釘應該隱藏在門內，鉸鏈的轉軸應該焊死或是裝凸緣。

三、鎖與鑰匙

（一）破壞鎖的方式

雖然侵入的方法通常是以暴力直接攻擊，但是有許多技術高超的小偷專門破解鎖。如果門與門框相當堅固，無法以暴力破壞，從鎖來下手是小偷唯一可行的方法。

撬開鎖或是以壓印方式複製鑰匙都需要相當的專業技

巧。撬鎖是用金屬尖棒將控制桿或鎖的制動栓壓住，就跟鑰匙的作用一樣，然後就可以順利開鎖。以壓印方式複製鑰匙需要更高級的技術，手法非常精細而且耗費時間，必須不斷嘗試。

這些技巧需要時間，因此必須在適當的時間內，而且是在沒有人看到也沒有受到干擾的情況下進行。用開鎖的方式很少留下非法侵入的痕跡，因此保險公司通常都不理賠。

（二）鎖是延滯的工具

防止開鎖以及以壓印方式複製鑰匙，最好的方法就是裝置特殊的防撬或防複製的鎖。雖然價錢較貴，但是有這個價值。事實上，鎖的開銷在安全的投資上算是最便宜的。省小錢買品質不好的鎖，還不如不要鎖。

鎖的功能只是將門窗封閉，變成跟牆壁一樣，如果牆壁或是門本身就不夠堅固，或很容易被破壞，那麼鎖也無法發揮功效。這是最基本的事實，但是常被忽略。

其次，必須了解一點，任何鎖最後都會遭受破壞，因此，只能當做延滯侵入的工具。不過，這種延滯效果還是很重要的。延滯時間越久，侵入者被發現的機會就越大。有許多鎖鏈沒有特殊技巧的小偷都可以輕易開啓，無法發揮延滯的功能，這種鎖就不能用了。

即使是最高級的鎖，也只是出入口安全的一部份。鎖、門與門框與鑰匙的管制，都是不可分離且環環相扣的因素。

（三）鑰匙管制

安全人員或是管理人員務必隨時將鑰匙帶在身邊。如果無法隨身攜帶時，必須有一套可靠的管理辦法。鑰匙只能給真正有需要使用的人，雖然擁有鑰匙在許多公司是地位的象徵，不過不能因此而沒有任何限制。

鑰匙不可以長期交給外包的清潔人負，因爲這一行的人員汰換率很高，恐怕很容易出問題。清潔公司的員工經過警衛或是大樓員工確認之後，才可交給他們內部的鑰匙，但當它們離去時就必須交回鑰匙。

同理，辦公大樓的入門鑰匙，也不應該交給承租戶。警衛或是大樓員工在下班時問應該控制出入口。如果必須交給承租戶鑰匙，可能每隔幾個月就要換鎖，並且把新鑰匙交給承租戶。

所有鑰匙的發放，必須仔細嚴格記錄下來，包括部門名稱、人名以及發放的日期。

下班時間應該將鑰匙集中保管並且上鎖，而且置於安全人員的監視之下。屬於當天發放當天收回或是使用於特定一次用途的鑰匙，應該每天檢查統計。每天開始上班時，應由安全主管統計鑰匙。

鑰匙如果遺失，應該進行調查，並且提出書面報告。如果涉及敏感的區域，就必須換鎖。所有發出的鑰匙應該定期交出檢查，以確定沒有遺失。

發放鑰匙要做紀錄，定期檢討發放紀錄，決定是否有必要繼續持有鑰匙。

決定鑰匙如何發放之前，務必仔細檢視目前的安全計劃以及普查所有的鎖。在配合設施需求的安全計劃擬定之後，才能規劃各種鑰匙系統。

（四）上鎖的時間程序

鎖門的時間與責任制度必須建立，並且嚴格執行。這個制度必須能夠彈性因應，但如果制度被破壞，尤其是在大公司或工廠，可能就會招致麻煩。

（五）其他管制進出的機制措施

除了鑰匙與鎖之外，其他常用的管制方法還有：

1.密碼鎖（Combination Lock）：

無法撬開，也只有少數專家有辦法破解號碼。大多數的對號鎖有三個號碼轉盤，必須要依正確次序轉動對正後才可以打開。有些鎖有四個號碼轉盤，安全等級更高。很多此類的鎖可以很快的重設密碼。

2.號碼鎖（Code-operated Lock）：

沒有鑰匙，只能以號碼開鎖。在號碼鈕上，按照順序按押正確的號碼。有些鎖如果按錯號碼，還會發出警鈴。號碼也很容易該改，並且算是很安全的鎖。但是這種鎖雖然安全卻無法取代警衛或是接待人員，因爲竊賊可以採取尾隨緊跟（Tailgating）的方式進入。

3.卡片鎖（Card-operated Lock）：

採取電子或電磁感應方式作業。門禁卡片通常跟信用卡一樣大小，一般而言，還可以紀錄進出時間以及辨識使用者。

除了當作鑰匙，通常也是公司的員工識別證自跟號碼鎖一樣，外人可能採取緊跟進入的方式。此外，機器辨識的是卡片，而不是個人。過去十年來，旅館已經以電子卡片鎖取代傳統的門鎖。這個系統的優點是：

a.安全人員不需要花時間更換鎖心，也不必做詳細的紀錄。

b.卡片鑰匙可以用程式作各種用途。

c.遺失的卡片只要幾秒鐘就可以讓它失效。

d.旅館可以記錄人員進出的時間與數量。

其他的形式卡片系統：

a.磁碼卡（Magnetic Coded Card）：

有兩種基本設計。第一種是以兩片塑膠膜包夾一張彈性磁片，第二種是磁條嵌於卡片的一邊。密碼存放在磁片或磁條內，如果暴露在強烈磁場，密碼可能會被消磁。這種磁卡很難複製，所以通常不會有假卡。

b.維根卡（Wiegand Effect Card）：

卡片內植入長短的磁線，最多有二十六條磁線，可以組成數百萬個密碼。這種卡片不會被消磁，也很難複製。

c.光學條碼卡（Optical Coded Card）：

跟許多產品上的條碼一樣早期的卡片上面的條碼可以看見，所以很容易複製。今天的條碼卡只有在紫外線或紅外線的燈光下才有能看見條碼。

d.感應卡（Proximity Card）：

毋需插入讀卡機或掃描器，這種卡片以磁感應、光學或是超音波送出密碼給接收機。

4.生物辨識系統（Biometric System）：

能夠辨識個人生理上的特徵，事實上是身分辨識系統本來是 007 電影的噱頭，現在已經成爲真實，不過使用上還是有問題。每個人的生理特徵可能因爲受傷、憂鬱或是疲憊而有所改變。這種先進科技有多種形式。

a.指紋辨識系統（Finger Recognition System）：

光學掃描指紋並且比較檔案內的指紋資料。

b.簽名（Signature）辨識系統：

雖然僞造的簽名在外觀上很像，但是簽名使用的動作與力量大小絕對不同。

c.掌形（Hand Geometry）辨識系統：

基本上測量手指長度、寬度及厚度，並且跟檔案資料作比對。

d.聲紋（speaker）辨識系統：

以聲音的型態來辨認，這套系統利用隔音的小房間，要求被辨認者重複簡單句子，通常是四個字。

c.視網膜（Eye Retina）辨識系統：

分析視網膜的血脈分布型態，即使是雙胞胎也有很大的差異。這套系統辨認錯誤的機會只有百萬分之一。

5.掛鎖（Padlock）：

帶有鉤環的鎖，可以攜帶附加，穿過搭鉤或鐵鍊上鎖。掛鎖必須強固，能抵擋強行撬開。鉤環插入鎖身必須夠深，才能避免被強力撬開。少於五個插梢的鎖心機構安全性不足，不應該使用。掛鎖還有個特色，就是鎖上之後才能拔出鑰匙。所有的掛鎖應該隨時鎖上，以免被人偷換。

在硬體的使用上，掛鎖跟鎖一樣重要。掛鎖應該是使用硬鋼製造，外表沒有螺絲或鉚釘，穿過門之後，掛在門的內部。鉤環最好是 3/8 英吋的硬鋼鑄造。

6.**高度安全鎖**（High-Security Lock）：

每家製鎖公司都會生產特別安全的鎖，所使用的鑰匙無法複製。如果有此需求，可以請教可靠的鎖匠或是製造廠商。

7.**最新的安全門禁管制硬體叫做** i-Button。這是從銀行所使用的「智慧卡」(Smart Card)技術延伸出來的設備。I-Button 是個不鏽鋼盒子，裡而有密封的電腦晶片。I-Button 可以保存資料，提供安全所需的資料。

舊的系統將被新技術所取代，例如「電子鑰匙」（Electronic Key），外觀就像一般的金屬鑰匙，但是裡面包含智慧卡片的電子特性。這種鑰匙沒有切痕，適用於目前的鎖具。

最新的一項研究預測，目前的磁條卡（Magnetic strip Card）在 2000 年之後將被逐步淘汰。這項研究還預測，2000 年將有五億五千萬張智慧卡。信用卡公司、銀行等將會接受這種高科技卡片，到 2005 年，一半以上的零售交易與銀行轉帳，將由智慧卡來處理。其他的用途包括實體安全的進出管制、電腦資料的取用管制以及醫療照顧卡。可能還包括行動電話網路卡、以及人學與公司的多功能身分識別卡。

（六）上鎖設備

鎖必須跟其他硬體搭配使用，才有關閉的實際效果。同時，這些硬體設備配合鎖，才能發揮不同程度的安全功效。

所以，針對特定需求決定採用哪種系統最有效時，需先考慮這兩個因素。

1.**電磁上鎖設備**（Electromagnetic Lock Device）：

以電磁關門。這種設備包含一個電磁鐵與金屬片，通電之後門就打不開，可以抵擋 1000 磅的壓力。若是這種鎖經常故障，常會造成很多問題。當員工感到不方便時，往往會堵住門，讓門保持開著，或是夾住門閂，讓鎖不再運作。如果購買好品質的設備，並且經常檢查維修，有問題立刻反應，就可以減少這些問題。

2.**雙面上鎖設備**（Double-cylinder Device）：

有些門必須從兩面都可以上鎖或開啓。最常用的就是鑲嵌玻璃門，以免玻璃被打破，伸手就可以開門。注意，這種設備不能使用於內部逃生梯的門。

3.**緊急出口上鎖設備**（Emergency Exit Locking Device）：

只要從內部推一推手把就可以打開門，不需要使用鑰匙，但是從外面是無法打開的。這種設備通常與警報系統連動，如果有人開門就會發出警鈴。有些也有配上鑰匙，如果使用鑰匙開門就不會發出警鈴。

4.**紀錄設備**（Recording Device）：

紀錄使用門的時間日期，以及使用哪把鑰匙。

5.**垂直型門閂設備**（Vertical Throw Device）：

門閂垂直插入門框，而不是平常的水平方向插入，有些甚至深入門楣，也有的在地板上還有插槽。這樣的門鎖就更加牢靠了。

6.**電鎖設備**（Electric Locking Device）：

跟其他鎖的裝置是一樣的，不過可以用電遙控開門。這種鎖的安全性不夠，因爲不符合硬體的安全標準，主要的特色是方便。由於這種門通常是遙控操縱，所以應該加裝自動關上的設備。

7.**順序上鎖設備**（Sequence Locking Device）：

確保這個系統所涵蓋的們都上鎖，按照預先定好的順序關門並鎖上。前面的門還沒鎖上，就無法鎖這個門。出口則是最後上鎖的門。

第三節　建物四周之安全

一、屋頂與一般牆壁

屋頂是很重要的，但是經常被忽略。在都市的商業區，建物的牆壁就界線外圍，從屋頂侵入是常有的事。當從天窗或是打破屋瓦進入時，行人或是巡邏警衛往往都沒發覺。

共用牆壁的建物也經常發生從隔壁穿牆侵入的事情。這些侵入的方式，越過周邊界線的警報系統，可能造成嚴重的損失。

二、監視設備（Surveillance Devices）

看守建物內外的任務通常是由巡邏警衛人員執行，目的是查看有沒有任何犯罪的跡象。如果發現哪裡有問題，可以立即採取必要的行動。但是，巡邏人員不可能到處都有，而且目前強調的是成本效益，　所以必須採取其他方法補強。最常用的是監視設備包括：電影攝影機（Motion Picture Camera）、調時攝影機（Sequence Camera）、閉路電視攝影機（Closed-Circuit Television Camera, CCTV）以及錄影機。

監視系統預期的效果有二：

第一，清楚呈現犯罪者或是違反公司規定者的影像。

第二，產生嚇阻的功效。

雖然無法估算加裝監視系統可以減少多少案件，不過可以確定的一項好處就是加裝監視系統通常都可以降低保費。

監視設備的裝設與維修費用太高成爲主要的限制因素。此外，有些公司也擔心這些系統會影響員工士氣。

調時攝影機以間隔固定時問拍攝靜態照片，或者以開關控制快速拍攝連續照片。拍攝照片的間隔時問可以調整，在幾乎全暗的情況下，可以用紅外線感應底片拍攝。這個系統幾乎可以使用任何攝影機，從 8 到 70mm 都可以。曠時攝影機（自動縮時攝影機）所拍攝的照片品質很好，所以經常設置於支票處理的場所。

電影攝影機使用高速 16mm 底片與高速快門，在正常光線下拍攝。有人侵入觸動警報就自動拍攝，或者以手動開啓。攝影機的底片數量有限。這種設備不是很理想，因爲無法完全沒有聲音，而且至少要有正常的室內光線，才能拍出可以辨認的影像。影像品質比曠時攝影機差，而且價格較高。

閉路電視系統是精密的監視設備，已取代其他攝影系統。閉路電視系統配合錄影機，有多種彈性組合。錄影帶可以洗掉重錄，比起其他系統，可以節省不少費用。

目前的技術已經可以使閉路電視系統用於內視鏡手術。改良的鏡頭也能從一百英哩外的太空，辨認 3/4 平方英呎大小的物體。

技術的進步使得閉路電視比十年前更有效率，例如在裝運碼頭與自動提款機等地的運用。攝影機越做越小，用途卻更大，可以放在隱蔽的地方，像是牆上的插座、時鐘、人體模型等。由於彩色攝影機價格下降且品質可靠，因此銀行、零售商店、博物館紛紛採用。

新的「星光」（star Iight）攝影機在 0.0001 勒克斯（lux）〔晴朗夜空下的星光亮度〕的光線下，也可拍出很好的影像，跟以前 0.1 勒克斯的光線品質差不多。最新的閉路電視技術增加感熱攝影機，可以偵測並傳送熱源影像，在有光線或是完全漆黑的環境下都可拍攝。

現在中央控制站可以遠端監控許多地點的監視系統，遠端錄影管理系統（Remote Video Management System）可以監視數千個地點的錄影機與錄影設備。

閉路電視技術改良，因此安全系統都更換或是增加閉路電視已成為趨勢。

三、規劃監視系統

一旦決定購買監視系統，必須先仔細規劃，否則既浪費也無法發揮系統的功能。購買前應該問以下的問題：

（一）是要讓攝影機可以被發現，當作嚇嚇阻犯罪的工具？或是用隱藏式攝影機，常作民事或刑事訴訟的證據？大多數企業希望防止犯罪，不希望花錢打官司，因此喜歡採用可以被看見的攝影機。此外，裝設隱藏式攝影機費用較高，因為不只是攝影機的錢，還有隱藏裝置的費用。

（二）陽光對這系統的運作有什麼影響？陽光的變化很大，黃昏逼近時，光線條件就開始變差。此外，陽光可能造成炫光。閉路電視系統應該可以改變攝影機的位置，以配合陽光的變化。

（三）哪裡是裝設攝影機最好的位置？例如在銀行，最好的位置可能是顧客不會立刻注意到之處，如出入口的上方。這個位置可以用較窄的角度拍攝到人物直接向攝影機走來〔例如，可能拍攝到搶匪脫去面罩〕。如果攝影機對著櫃檯，員工試圖去操控攝影機，反而會造成危險。

（四）攝影機應該放置在高處嗎？高處的效果反而不好，從高處拍的影像可能不好辨認。較好地點是剛好越過障礙，因此不會讓好奇的人摸得到。

實地勘查對一個有效的計畫是非常緊要的。這種勘查結果通常是以依比例尺的平面圖表示，註明需保護之區域。在此圖上會列出盲點區域（Blind Spot）、發生損害機會較高的區域、出入口、窗戶、收銀機、電源插座，以及其他重要的資料。勘查進行時，會用測光表測量亮度，決定照明的需求，並在平面圖上記下資訊，測量一天最亮與最暗的時間。一般亮度通常不可低於 20 到 40fc，或是高於 250fc。如果亮度低於 20fc，就需要輔助照明或是用其他攝影設備。如果高於 250fc，就要加裝特殊濾鏡。同時必須研究人潮動線，找出最佳的配置方式。

四、舊建物

舊建物有許多安全上的疑難雜症。防火逃生口、老舊破損的鎖、與鄰居共用的牆壁、從隔壁大樓就可以翻越到屋頂上、廢棄不用的門，這些問題都會增加竊盜的機會。

所有的這些出入口都要詳加調查，並且列入安全計畫中。非緊急逃生用的窗戶，應該加裝鐵窗或鐵絲網。做為逃生出口或是通往逃生門的窗戶，其安全防護必須遵照當地的消防法規，因為消防安全是最重要的考慮。如果法規認為窗戶加鎖有逃生安全的顧慮，那麼可以改設警報器，而且附近地區也應加強安全警衛。在這裡可以將安全比作軍隊撤防到第二或第三條防線，以建立堅強的防守位置。

同時也要注意同一棟大樓內的其他住戶，由於進出容易，因此高危險的區域要加強防護，以免遭受直接攻擊。

五、新建物

現代都市建築雖然較注重安全考慮，但是也有其特殊的問題。大多數新建物的內部結構都已標準化，通道的門只要合乎消防與建築法規，都可以抵擋大多數的攻擊。通道的天花板是固定的，各辦公室的入口通常安全性很高。

另一方面，現代的辦公大樓簡直就是水泥盒子，外牆非常堅固〔雖然內部隔間經常都是石膏板〕，地板也是水泥材質。但是天花板只是以輕鋼架鋪設一層隔音板，而輕鋼架就懸掛在隔間牆之間。隔音板與上層水泥板之間是空調與電線電話的管線。

結果造成天花板上有足夠的空間可以爬行，每個房間與辦公室都可能從天花板侵入，當然不是每棟大樓都如此。從任何一戶爬上天花板，就可以到同一樓層的其他辦公室。

將隔間牆延伸到頂，還是無法解決這問題，因爲這種乾式施工牆壁很容易打破，而且往往打通，讓水電管線通行。建議利用警報器克服這個問題。

六、建物在設計階段的安全考慮

建物落成之後就難以補救缺點。安全上的缺點開始逐漸顯露，但是要變更建物基本結構以改善安全，花費又太大，可能無法容納警衛服務與保護設備。比起設計之初就已考慮安全問題的大樓，這些設計時未考量安全問題的大樓往後在安全上的花費一定比較高。這種忽視其實是要付出很高的代價。

我們對於防止犯罪的安全需求，所重視的程度遠不如效率或利潤。建築師在設計時，對於建物與地面的保護，通常沒有什麼興趣。經常將這些需求交給客戶處理，而客戶往往也不知道有什麼保護的硬體設計，更少有處理保護設計問題的能力。

不過，由於犯罪率逐年升高，對這問題大家也逐漸明瞭，建築設計對安全的重要性越來越受到重視。政府也加強建築師在安全上所扮演的角色。

近年透過環境設計防止犯罪（Crime Prevention Through Environmental Design： CPTED）的概念逐漸獲得重視。早期這方面的工作，主要著重在住宅安全，尤其是集合式住宅。

紐曼（Oscar Newman）對於「防衛空間」（Defensible Space）的研究，是這方面的先驅。

透過環境設計防止犯罪的方法，對於私人安全領域有很重要的意義。這個概念將許多學科整合在一起，其中包括都市規劃、建築設計、公共執法與私人安全，透過防止犯罪創造更高品質的都市生活，這方法特別強調以實體設計來提昇防止犯罪的技巧。

七、設計時應考慮之安全原則

（一）設計任何建築物都應該考慮如下的基本原則，否則就會有安全上的危險：

1.周邊與建物的出入口或開口，在符合安全法規之內，數量越少越好。

2.周邊的保護應該納入整體設計的考量。

3.對外的窗戶如果距離地面不到 14 英呎高，應該以玻璃磚、強化玻璃或是塑膠材料建造，或者是以堅固的鐵絲網或鋼條保護。

4.建物與周圍可能被侵入或逃逸的地方，像是天窗、空調通風口、下水道、檢修口、或是任何超過 96 平方英吋的開口，都應該有保護設施。

5.所有對外的出入口與管制區的門，都應該使用可以更換鎖心的高品質鎖，萬一鑰匙遺失，可以迅速更換。

6.應該裝設防衛性照明。

7.貨物裝卸區應該與其他地區隔離。

8.僅供緊急疏散的對外出口，應該加裝警鈴。

9.對外的服務門應該直接到服務區，限制非員工的人員只能在該區活動。

10.卸貨區的設計應該讓司機可以直接向負責裝卸的職員報告，不必穿越過儲存區域。

11.人事辦公室的位置應該讓應徵者可以從外面直接進入，儘量少穿越內部空間。

12.員工的出入口應該直接對著停車場。

13.員工的儲物櫃空間應該位於員工出入口的旁邊。

14.偏僻地方的門應該加裝警報器。

第四節　如何面對恐怖活動

恐怖活動是指恐怖分子製造的一切危害社會穩定、危及平民的生命與財產安全的一切形式的活動，通常表現爲針對平民的爆炸、襲擊和劫持人質（綁架）等形式，與恐怖活動相關的事件通常稱爲「恐怖事件」、「恐怖攻擊」等，目前多數恐怖活動與伊斯蘭教有關。例如：2004 年左右我國知名之國際海運公司，即接獲恐怖組織發出對其從中東運回之原油採取攻擊之情資，幸因當時因應得宜，終未發生任何事故。

雖然台灣地區並無具體之恐怖份子或組織，但有些歹徒會模仿恐怖活動對企業或機構採取報復行爲，若安全幹部接獲此類訊息該如何處理？由於恐怖攻擊係爲國際上一再譴責之對象，因此企業機構如接獲任何可疑訊息或情資，均應立即與警政、安全機關聯繫，透國國體系查詢，其次內部應做好各種安全防範與預警措施，讓企業負責人與相關主管瞭解目前之狀況，除對機構外部實體安全加強防護外，對企業負責人之人身安全、家庭安全亦應加強保護。

當然，恐怖攻擊之型態各式各樣，防不慎防，除爆炸或槍擊外，還使用細菌病毒、輻射物質、電腦病毒等散播，造成比現有襲擊更具破壞力，因此，平時之安全管理是否得宜，在面對恐怖攻擊時即能發揮功效。

本章重點題目：

一、試述政府機構或公民營企業，對今日的實體安全防護工作，都應具備哪些基本認知？

二、企業機構安全防護設施整體規劃考慮之要點為何？

三、門禁管制系統初期規劃之重要概念有哪七項？

四、試述設計建物時，應考慮之安全原則有哪幾項？

五、試述建物在設計階段應考慮之安全原則有那些？

第十四章　企業機構的內控安全機制

將安全目標與責任歸屬釐清，並成立組織去執行之後，接著找出那些地方可能發生損害，然後研擬出適當的對策，這個研究的程序就叫做「風險分析」。毫無疑問地，這是將安全整合到組織內，以發揮完整功能的觀念，「安全調查」則是這些整合後的工作中的一項重點，也就是找出問題可能發生之處的方法。

整合性的安全功能，可以跟其他比較有限的安全反應機制做個比較，例如：

1. **一次元式安全**：只靠另一種方法維護安全，像是警衛。
2. **散點式安全**：需求增加才逐漸增加防護方法，並沒有整合的計畫。
3. **被動式安全**：只對特定的損害事件作反應。
4. **套裝式安全**：設立標準的安全制度〔設備、人員，或是兩者具備〕，跟特定的威脅並沒有關係，只是因為「大家都這樣做」，或是因為從理論上來說，套裝制度可以處理任何的問題。這就像是沒有診斷出疾病就服成藥，期待以全效性抗生素殺死病人身上所有的病菌。

但值得注意的是，整合或是制度化的安全措施並不一定就是唯一的解決之道。對很多的小公司，尤其是對損失有限或是比較容易防護的公司而言，可能只要一把好的門鎖加上警報系統就已足夠，或是再加上僱用外包的巡邏警衛即可。

不過、隨著公司成長，損失可能性增加狀況日益複雜，以單一方法保護公司的效果就會降低，因此必須採用整合性的安全措施。如果不是採取一次元式、散點式、反應式或是套裝式等安全模式，那就應該根據整體的潛在風險來規劃、建立整體性安全模式。換句話說就是爲了防止犯罪、意外或是天然災害所設立的防護系統。而其首先要做的工作就是風險管理

第一節　風險管理

風險管理的首要步驟，就是辨識出各種威脅。公司花了許多錢蓋建物及保護資產與人員，公司投入研究發展的錢，是爲了未來著想；而投入防止損害的錢，其目的是爲防止不應該發生的事情發生雖然這兩種投資都涉及到風險因素，但是投資產品花費可以賺取更多的錢，所以這種風險看來有趣多了，不過，相對的，資產損失的風險卻常被忽視，或是被認爲是難以避免。即使找出有些特定風險存在，經理人卻喜歡以風險理論來計算，賭機率。在這過程中，經常被忽視的

往往就是「風險」本身。不過，最近企業界已經注重安全風險的潛在影響。其解決的辦法二（1）投資在防止損害技術上，以及（2）保險，這兩者應該是互補的。

今天有遠見的經理人已認識到：風險是很可怕的，必須設法加以控制。而最有效的風險管理就是事先預防以及事後延續事業的處理動作。因此，購買保險以及做好安全或是損害阻抑的計畫存在著必要性。風險管理的概念就是對這個複雜的問題進行完善的處置，以合乎邏輯的態度處理風險。然而，單單保險本身已經無法應付大公司所面對的安全挑戰。爲了迎接這個挑戰，保險公司投入研究，並發現損害阻抑技巧與計畫有非常高的價值。

一個良好的風險管理計畫包括四個基本步驟：

1.找出風險或是分辨出弱點之所在。

2.分析研究風險，包括危險可能性與單一性事件可能造成的損害程度。

3.善加利用風險管理處理方法：

a.規避風險

b.降低風險

c.分散風險

d.轉移風險

e.自承風險

4.重點是，要確實完整的做好整個程序，不要走捷徑。

（一）威脅評估

如前所述，風險分析的第一步，就是找出威脅與弱點。

企業中存在著許多對安全而言影響很大的威脅，其中有些威脅十分明顯，有些則否。關鍵在於考慮某個狀況下有哪些特定的弱點。每家公司都有獨特的問題與威脅，例如：零售店比起鐵工廠，可能比較不在意危險易燃物質，而比較在乎是否被順手牽羊；對生產鐵製品的工廠來說，由於產品並非直接對大眾銷售，因爲比較不在意被順手牽羊的問題，另一方面，員工偷竊也可能是個大問題。

特定的威脅不一定是非常明顯的。雖然檢查門窗防止外人進入似乎是基本常識，但是穿牆而入或是破壞門或門框的問題，就比較少有人考慮。一個好的安全經理，應該設想到各種可能性。優秀的安全經理會揣摩竊賊可能以什麼方法侵入，然後思考以何種對應手段來降低公司資產的損失。一個完整的風險分析不僅要正確而且沒有遺漏，並據此找出能有效阻止損害的對策。弱點分析或稱「安全調查」或「安全稽核」（security survey or audit）完成之後應該定期重複進行。

（二）安全調查

風險分析的過程是先要找出風險源（威脅），判斷風險發生所帶來的嚴重性與代價，然後再選擇適當的安全對策，以對應或是阻止這個風險。而這個過程中最有價值的工具，就是安全調查。

安全調查會實地徹底檢查所有作業制度與程序，這樣的調查分析可以了解目前的安全狀況，找出有什麼漏洞，決定需要什麼樣的保護，最後建議應該建立什麼樣的整理安全計畫。

這個調查應該由最高主管下令進行，才會有足夠的經費，以及保證每個人都願意合作。要徹底進行調查，必須檢驗例行的工作與程序，並且檢查公司與四周環境，因此最重要的是管理階層務必表現出很有興趣投入。

調查可以由公司安全幕僚人員或是聘請合格的安全專家執行。然而，有些專家建議，外聘的安全專家會比較客觀，也比較不會將某些地區或是作業程序視為理所當然，因此，比較能對現況做完整的評估。

無論是誰進行調查，都應該受過這方面的訓練，並且具備有充分的能力，調查小組應該有人對於設施與其作業細節相當熟悉，否則很難擬定調查計劃。調查工作必須事先做好計畫，才能適切地用最好的人徹底研究每個層面。

部分計畫可以參考先前的研究與建議，可能會發現有值得參考的資料；其他部分則包括調查小組為實際進行調查所準備的檢查表。檢查表擬定之後，必須照表逐項檢查。如果原本的檢查表有遺漏某些區域或程序，檢查時應一併進行，並且在評估與建議中覆住處理的情形。

即使是相同的行業，也不會有兩個設施場所是完全相同的，所以無法應用相同的。以下所討論的，只是說明哪些地方可能有風險，可以做為處理類似問題或是特定問題的參考。

（三）設　施

分析安全風險時，安全經理應該從許多角度來考慮，可能有安全問題的地方：

1.周邊範圍部分：檢查圍籬、大門、涵洞、下水道、照明〔包括預備燈光與電力〕屋頂突出物以及隱蔽的區域。車輛是否可以開抵圍籬邊？

2.停車場部：員工的車輛是否有適當的保護，以免被竊或是故意破壞？如何保護呢？工廠或是辦公室是否有足夠的緩衝距離，以免被拒絕受檢的車輛闖入？大門是否有升降柵欄協助輛檢查？檢查點的照明足夠嗎？從停車場可以將包裹扔過圍籬嗎？

3.所有相鄰的建物窗戶與屋頂部份：有可能從這些窗戶或屋頂侵入嗎？有沒有適當的防範？如何防範？

4.距離地面高度在十八英呎以下的所有門窗部分：這些門窗如何保全？

5.屋頂部分：如何避免閒雜人等爬上屋頂？

6.若大樓所有的住戶都有大門的鑰匙，大門的鎖多久換一次？鑰匙如果遺失或是沒有歸還，大樓如何處理？大樓有多少住戶？從事什麼行業？

7.若設施是由多戶分租時（如辦公大樓），下班時間之後是否有出入人員登記？電梯是否可以切換成手動？樓層可不可以在下班時間上鎖？什麼時候清運？大廳與走道照明充足嗎？大樓有什麼警衛？如何聯絡警衛？洗手間對外開放？設備室有上鎖？有使用萬能鑰匙嗎？鑰匙如何管制與保管？大廳有接待員或警衛？從地下停車場有樓梯或電梯進入大樓？

8.若內有高價物品的區域時，保險箱、金庫或是存放高價物品的房間，是否有裝設警鈴？裝設何種警鈴？可以防盜、防火、防搶或是防止潛入？

9.下班之後以及夜間時段部分：各時段有多少警衛執勤？警衛是否精明能幹？警衛有何裝備？有多少巡邏人員？多久巡邏一遍？巡邏路線如何？警衛用何通訊系統？

10.出入口的管制與監視部份：以什麼方法辨識員工？員工雇用前如何篩選？如何管制訪客〔包括推銷員、小販、顧客〕？如何管制私人車輛？早上誰送郵件？什麼時候送？空的郵件袋如何處理？允許推銷員或是募捐人員進入？如何管制？有檢查他們的證件？誰來清掃？清潔工有鑰匙？誰負責這些鑰匙？鑰匙是否繫在一起？誰做維護或服務的工作？離去時有檢查他們的工具箱？有檢查他們的證件？誰來檢查？允許警報器與電話公司的人員自由進出？有打電話查證服務嗎？夜間或是周末要搬運東西有何安全措施？允許送信人直接交給收信人？如何管制送信人？哪個地區人來人往最多？如果有人自稱是政府官員，像是建物檢查人員或是消防人員，允許他們自由進出？有檢查他們的證件？誰來檢查？

11.鑰匙管制部分：鑰匙不用時是否妥當保管好？鑰匙遺失時是否更換鎖或做紀錄？所用的鎖是否適當？所有的鑰匙都統計登記？萬能鑰匙以什麼系統來管制？

12.火警部分：整個設施有足夠的消防設備？設置地點

是否適當？滅火器材的數量與型式是否適當？經常檢查嗎？最近的消防隊距離多遠？邀請消防隊來檢查過嗎？建物是否有自動洒水器與自動火載警報器？建物有適合的防火牆嗎？是否有員工消防編組？防火門設置地點適當嗎？有「禁止吸煙」的標識？易燃物存放妥當嗎？有預防火災的教育課程？定期舉行消防演習嗎？

13.電腦防護部分：設備可能遭受什麼樣的損害？，當電腦故障時什麼樣的服務將無法運作？電腦裡有什麼樣的資訊如果洩露將會造成損失利潤？

還有許多的安全問題，上述所舉的例子只是在調查安全時一定會接觸到的問題。

（四）所有部門的評估

每個部門應該分別評估其可能的損害，總調查時應考慮部門的評估結果，做成最後的建議與行動。基本的問題如下：

1.部門的機能運作是否容易造成侵占公款等事件？

2.該部門是否有現金或是可變賣的器具？

3.該部門是否有存放機密檔案？

4.該部門有什麼樣的設備、工具、物料或是商品，可能被偷走？

5.該部門內外是否來往人車相當複雜？

6.該部門是否有容易遭竊的目標，如藥物、珠寶、皮貨？該部門或是附近地區是否有特別要注意火警的地方？

調查各部門安全時，可以參考這些問題。有特殊的風險，就應該加強注意，找出對策消除風險。

（五）人事部門

人事部門有特殊的安全問題，包括：

1.下班之後，人事部門是否可以上鎖，且跟同大樓或是同樓層其他區域有所區隔？

2.門鎖與檔案櫃鑰匙如何保管？

3.白天檔案櫃沒有使用時是否都上鎖？

4.員工新進或離職時，以什麼系統通知管理薪資帳冊的部門？

5.人事部門與管理薪資帳冊的職員有什麼關係？

6.雇用程序為何？申請人如何篩檢？

7.人事部門與安全部門在員工僱用程序上是否有密切合作？

8.新進員工是否有接受安全簡介講習？由誰講課？

9.有安全事件通報系統嗎？員工知道這個系統嗎？有沒有接續的安全訓練計畫？

人事檔案包括從總裁到最基層，每個員工過去與現在的資料，這些資料屬於高度機密，絕對不能外洩。

（六）會計部門

會計部門負責掌管公司的金錢，是最容易發生犯罪造成嚴重損害的部門。從公司創立之初就對會計部門有一套保護的制度，但是這套制度必須隨著運作的經驗的累積而定期評估，以改善會技部門的效率與安全。

1.出納：

出納的安全考慮包括：

（1）從門廳、樓梯、電梯很容易就接近出納的位置嗎？

（2）有告示標誌明顯指示出納的位置與作業時間？

（3）通常會有很多現金，足以引起員工捲款潛逃？或是吸引外人竊盜或是搶劫？

（4）目前的稽核與管制制度是什麼？使用什麼表格？

（5）如何防止出納挪用公款？

（6）有沒有什麼勾結的機會？

（7）對於風險有適當的安全措施？

（8）出納處有裝設搶劫警報器嗎？有防彈玻璃嗎？其他實體保護呢？有遭脅持時的應變措施？

2.應收帳款：

要評估應收帳款的詐欺行為，必須從經驗來考慮各種可能性，檢驗目前作業程序的各個步驟，從寄發帳單到轉帳帳戶都要檢討。所有的資訊流通與文件都要仔細研究。

（1）檢討帳單程序，特別注意使用的表單以及授權簽發的階層。

（2）以支票向公司兌換現金程序是否繁複？

（3）帳單紀錄以及所收存的支票被破壞的機會有多大？

（4）竄改發票金額的可能性如何？

3.應付帳款：

應付帳款是支付現金的部門，比起其他部門更加引起竊賊覬覦，也特別容易遭受內部人員的侵犯。最常見的方式就是以假機票僞造核可，付款給根本不存在的戶頭。

（1）逐步檢驗所有的表格與制度。

（2）核驗新帳戶的真實性。

4.薪資帳冊：

應該考慮的問題有：

（1）將新員工登錄到薪資帳冊所使用的系統是什麼？

（2）人事資料與薪資帳冊造否符合？有沒有交叉檢驗？如何檢驗？由誰檢驗？

（3）人事部門的員工可能跟薪資帳冊部門的員工，編造假人頭登錄在帳冊上嗎？要如何防止？

5.公司銀行帳戶：

應該考慮的相關問題有：

（1）一個人可以轉帳的金額有沒有上限？

（2）從公司的帳戶提款有沒有上限？

（3）給銀行的指示是什麼？誰給的？誰可以改變這些指示？

（4）誰稽核公司的銀行帳戶？多久一次？

（5）會計或是主計員，可以將公司帳戶委託給他人嗎？

關於公司員工的誠實廉潔，安全調查的工作不是判斷是否將會發生犯罪行為，而是判斷有沒有發生的可能。調查不是暗示說，管財務的人將要捲款潛逃，只是檢查這程序是否有發生弊端的可能。

（七）資料處理

企業越來越依賴電子資料處理，電腦的安全問題也更加重要。事實上，在今天的競爭環境裡，幾乎每家公司都有電腦作業的問題。安全經理應該考慮以下的問題：

1.所有的程式的稽核程序是否都有執行？
2.列印出來的機密資料如何處理？
3.遠距存取資料的程序如何？這些檔案如何更新？
4.控制程式取用的系統是什麼？
5.如何登記電腦使用紀錄？如何證實紀錄的正確性？
6.誰有電腦室的鑰匙？擁有鑰匙的人員名單多久更新一次？
7.電腦資料的進入如何控制？授權進入的名單多久更新一次？
8.有什麼防火的程序？員工接受過什麼樣的防火訓練？滅火器的數量、位置與狀況如何？基本滅火系統為何？
9.有沒有異地備援硬體？如何保護其安全？

(八) 採購部門

這是充滿誘惑的部門，爲了贏得採購人員的好感，廠商經常會提供現今、貴重禮物、奢華款待以及招待渡假旅遊。一般而言，這不是安全的事務，除非採構人員報假帳，或是一次採購卻報兩次帳。如果廠商以各種手法讓採購人員做出不明智的採購，那是管理的問題，與安全無關。

不過，採購涉及安全的問題有：

1.有什麼程序可以防止報兩次帳？如何防止假發票？如何防止根本沒有收到貨物的發票？採購部門多久

稽核一次？

2.是否邀請所以的廠商競標？一定由最低標得標嗎？

3.使用什麼樣的請購單？申請付款的單據？流程如何？

4.由於採購部門經常負責銷售廢料、廢紙以及其他可回收物品，由誰驗證真正運走的數量？廢物或廢料的出售由誰去處理？是否邀請多家廠商競標？舊設備或家具如何出售？出售的紀錄保存？有作稽核？授權出售的過程有何管制？

（九）裝運與接收

貨品處理區特別麻煩，因爲遭竊的可能性很大。對於目前的作業必須密切注意，也要不斷改善。

1.進出這些區域的員工經過檢查嗎？

2.這些區域的交通如何管制？這些區域跟其他區域有圍籬做區隔？

3.接收後或是交運前的商品存放在哪裡？這些區域的安全措施為何？這些區域的監督管理如何？

4.裝運與接收的權責體系如何？

5.有警衛嗎？

6.這些區域發生過什麼樣的損害嗎？損害的概況（型態、平均數、幾天）為何？

7.這些區域的商品沒人看管嗎？

8.貨車司機的休息室是否跟裝運區的員工分開？是否一直都分開以避免勾結？

9.有多少人獲准進入安全存放區域？是哪些人？

（十）其他部門

其他的安全事項包括：

1.郵資機如何保管？

2.物料與材料的使用如何控制？

3.表格如何管制？

第二節 調查與稽核

一、調查報告

仔細調查之後，就要提出報告指出哪些地方應該加強安全，並且建議採取什麼方法以提升安全的標準。根據調查並且考慮各種建議之後，現在可以提出安全的計畫。

有時候可能要做些妥協，有些設施要完全合乎理想的安全計劃，可能費用太大。 這時候必須重新檢討計畫，在種種限制之內找出最好的方法，完成可接受的安全標準。

必須了解的是，安全經理很少能夠得到所需的一切。就像部門經理一樣，他們要在可能的架構內工作。沒有足夠的人手，就得以硬體代替人力。如果要求多裝設閉路電視被否決，就要以檢查程序或是設置實體界線，來達成相同的功能。如果安全的費用被刪減，可能無法完成預定的目標，就要向上反映，讓上級決定是否改變原先的目標或是撥更多的經費？不過，安全經理應該先嘗試各種取代方案，真的沒有辦法才向上反映。

二、作業稽核與程序監督

安全調查的執行機制跟調查表格本身一樣。安全調查可能偏重實體安全方法或程序，並且是定期執行；而作業稽查（operation audit）考慮的是安全作業的所有層面，而且是不斷在執行。作業稽查是對於作業方法或稽核，其目的有三（1）找出目前安全標準與實施上的偏差；（2）找出安全控制上的漏洞；（3）找出改善效率或是作業控制的方法，而不降低安全。

由於稽核室以監督的方式不斷在進行，所以花費比較低。作業稽查是以程序監督的概念爲基礎，否則稽核就只是簡單的安全調查。程序監督（programmed supervision）是確定督導人員或是其他員工有按照規定的檢查程序，以確保他們所負責的功能或程序確實執行。

執行作業稽核的督導人員必須經常評估他們所負責的區域。真正成功的作業稽查是做必要的檢查，然後記下應該再檢查的事項，而不是指記錄「是」或「否」。例如，裝貨區的督導人員應該檢查所有的步驟。裝卸貨物時，司機可以獲准到哪裡去？有什麼程序確定貨物數量是正確的？破損的包裹如何處理？督導人員必須能夠完整回答這些問題，不能只是回答「是」或「否」。各區域的作業稽查累積成爲各部門的作業稽查，所有部門的作業稽查累積成爲全公司的作業稽查。

作業稽查與安全調查必須區分清楚。安全調查是先由安全小組將認為重要的事項列出調查表。例如，是否有適當的鎖具、警報器與巡邏警衛？門窗出入口有適當的保護？建造的材料是否堅固？雖然有些安全調查也檢查程序，但是大多沒有。例如，倉庫的進出是否有做好記錄，最好能確定一下。

作業稽查是建立在安全調查上。許多作業的安全調查可能一年一次，甚至更少。不過，作業稽查是定期，而且次數比較頻繁。作業稽查一旦開始，就會持續進行，直到上級認為沒有必要為止。作業稽核透過程序監督的方式，要求督導人員定期報告，是否有按照程序執行，以及這些程序是否適當。有些程序可能需要修改，以因應新的工作需求。作業稽查也要求督導人員定期報告實際狀況〔像是門有沒有鎖好〕。

安全調查主要是依靠建制內的安全人員或是外包廠商，作業稽查則是以公司的管理人員去執行。

從弱點分析、安全調查作業稽查所獲得的資料，安全經理可以擬定詳細的安全計畫。

三、可能性

透過安全調查或是作業稽查找出各種弱點之後，就要判斷損害發生的可能性（Probability）。例如，假設有個弱點是有關業務機密被偷竊，在這個大項目之下了有許多小弱點，包括員工流動或是疏忽造成研發資料外洩。安全的經費是否應該用於防止這種損害？應該先評估可能性再做決定。這種事情一定會發生，或是不大可能發生？安全經理遇到許多問題要立刻處理。可能性是事件發生的機率問題，有可能以數學公式算出機率，以降低安全風險？要精確計算機率，必須將各種主觀的安全方法化成數據，這在目前還無法做到。

最好的方法仍然是以主觀的方式來判斷可能性。這樣的決策應該根據對於實體弱點的研究資料，像是空間關係、位置、結構；也要考慮到程序，有什麼樣的規定？參考以前的歷史，有沒有任何產品成爲目標？目前的竊盜手法如何？竊賊知道如何破解目前的安全設備嗎？稍後將討論各種實體安全設備，各有其優點，問題是想要犯案的人還是會設法破解各種安全設施。

四、嚴重性

安全經理分析最重要的安全問題，不能只看可能性。例如，確定有人會從公司的餐廳偷錢，可是比起有人可能竄改公司存貨、採購與訂單資料的軟體，即使，可能性不大，兩者的嚴重性（Criticality）還是不能相提並論。安全經理利用嚴重性的原則，來判斷各弱點應注意的程度。嚴重性是造成損害的金額來計算，這個概念也可以擴充到地區或是業務的重要性。損失的金額不只是本身，還包括：

1.重新購置的費用；

2.臨時取代品；

3.業務停擺；

4.現金利率損失；

5.保險費率改變；

6.市場優勢喪失。

嚴重性是很重要的概念，安全經理應該有所了解。企業主管通常考慮成本利益，如果安全的花費超過可能損失的金錢，那就不太願意花錢在安全上。許多安全經理不知道嚴重性其實超過損害所造成的直接損失，重新購置的費用包括採購成本、運送費用以及必備的材料，再加上其他間接費用。

第二項主要的花費是臨時取代，以電子資料處理設備爲例，如果電腦主機被破壞或是被火燒毀，可能必須租用電子資料處理設備來處理資料，或是與電腦公司或其他公司分時段借用，臨時取代的方式，其費用也應該考慮進去。

第三項可能的損失是業務停擺的成本。電腦無法運作，因此無法繼續營業所造成的損失，這項損失可能還包括人員閒置時的薪資，這得看各公司工會的規定如何。

第四項是利率的損失，因爲公司資金放定存或是其他投資，爲了支付上述的費用因而提出所造成的利率損失。十萬元定存如果利率是百分之十二點九，提前解約的話將會損失可觀的利息。

第五項損失是保險費率可能隨著損害發生而提高。

第六項損失是由於遭受破壞、工作停頓，造成產品的市場優勢喪失。如果消費者買不到產品，就會選擇其他品牌，可能就此流失顧客。

所有這六項損失都要計算在內，才能顯現嚴重性如何。許多安全經理發現，這樣算下來可能損失的金額多了一倍，公司的經理也往往沒有想到這些間接的費用。

五、可能性／嚴重性

嚴重性與可能性都是主觀的，不過還是可以定出高低次序。以可能性與嚴重性的高低次序，再加上各種弱點組合成的矩陣，就可以將安全風險化成數據，決定哪個風險值得優先處理。雖然這些區域可能顯得比較重要，但是經過分析之後，其他地區的嚴重性超過當初所想像的。

以現金容易遭竊的弱點爲例，選擇現金遭竊是因爲嚴重性比較容易計算從公司的營業毛額與目前的資產，可以估算各地區現金失竊的嚴重程度。此外，從以往的經驗以及安全設施的數量與品質，也可以估算現金失竊的可能性。

以英文字母與數字賦予每個弱點區域一個等級代號。例如，經理辦公室可能是 A，表示公司總資產是 300,000 美元，損失 200,000 美元的話，嚴重性是「毀滅性的」；而發生損失的可能性，根據餘額大小對竊賊的吸引力與目前的安全水準是「有可能」。每個區域以相同的方式給予代號做分級，通常是以嚴重性爲最重要的因素來劃分等級，如：A1、A5、B3、B4、C1、D4、E2。唯一的例外是 F〔表示嚴重性未知〕，以及 6〔表示可能性未知〕。如果安全經理無法判定某一項目的可能性或嚴重性，應該先假定嚴重性屬於毀滅性的，可能性是幾乎可確定，以免遭受無妄之災。

做決策時應該先考慮嚴重性，然後是可能性。不過安全經理應該不計成本效益，先設法降低威脅到不大可能發生的程度。

第三節　安全管理的方法

分析安全的可能性與嚴重性，以及找出安全問題並且依照其重要程度給予分級之後，安全經理就要決定如何處理。**風險管理有幾種方法：規避風險、降低風險、分散風險、轉移風險以及自承風險**。

規避風險是除去風險以消除問題。可以將責任轉移到其他地區以規避風險，例如，M 公司製造小電晶體，有安全上的問題。為了規避這風險，M 公司將製造過程外包給其他更適合處理這類產品風險的公司。

降低風險是在無法避免的情況下設法降低安全問題所帶來的不良影響。例如，根據安全調查與弱點分析，安全經理認為 N 公司財務辦公室損失金錢的風險很高，因為出入沒管制而且沒有警報設施。這風險可以降低，只要禁止閒雜人等進出，並且裝設警報設施；但無法完全消除，因為有心要去偷錢的人總是會找出方法。

分散風險是將程序或作業分散，因此一個地點的安全問題步會造成完全的損失。假設 M 公司生產晶片，損害的風險很高，可以將一些零組件外包給其他公司，或者是由 M 公司其他地點的工廠生產。

轉移風險通常是指以保險方式免除公司的風險負擔。自承風險就是沒有保險，算好最後自己可以承擔可能發生的損失。

（一）安全的成本效益

任何評估都無法完整分析安全措施的成本效益無論是跟過去比較、跟相關問題比較、或是跟附近的公司比較，如果犯罪率降低，就顯示安全部門有其效益。但是，這個保護到底避免多少的損害、偷竊或破壞呢？這數字就很難講了，可能整個組織都被破壞，也可以根據當地或是全國的犯罪率來估算，或是這行業的平均損失，或是該公司在一段時間內減少的損失。

估計出來的數字可以認爲是安全部門的實際貢獻。另一方面，如果安全作業每年估計花費四十萬美元，節省竊盜與破壞的損失大約三十萬美元，那麼是否應該削減安全部門的經費十萬美元呢？當然不是。這就像是損害或是災害賠償給付低於保險費用，那麼是否要降低保費或是取消保險。安全應該視爲一種保險，以避免無法接受的風險。

風險與保險管理學會（Risk and Insurance Management Society）與 RPG 公司（Risk Planning Group，Inc）對於安全的角色與企業在風險控制相關的投資花費做過研究，發現風險控制的總花費已經提高。這顯示管理階層已經意識到安全在風險控制所扮演的角色。

（二）定期檢討

安全計畫制定之後，調查程序還是要持續進行。安全計畫必須隨機應變才有效果，根據環境變化經常調整改變各細節。只有定期檢查才能持續評估目前公司的安全狀況。容易遭受侵害的弱點不斷在改變，日常作業程序的小小變更，也可能對於整體的安全產生很大的影響。

（三）安全檔案

安全調查與報告都是很有價值的安全檔案，從這項評估可以看出公司目前活動的內容，安全部門從這檔案可以提昇效率，但是要經常檢查保持更新。

叢書、期刊、官方報告以及一般出版品有關安全事務的文章，都可以增加這個資料庫的內容。特別要注意的是當地的特殊狀況，雖然全國的犯罪統計數字很有參考價值，但是當地的狀況對公司安全更爲重要。

檔案資料擴充之後，對於安全事務很有幫助。可以找出犯案模式，哪些季節是犯罪高峰，以及從經濟狀況預測可能發生的事件，可用來事先提出警告。例如：

1.哪些日子或季節可能發生問題？

2.累積更多資料之後，就知道哪些可能是犯罪目標，安全經理可以根據資料重新判定優先順序。

3.了解犯罪型態的概況，甚至於對作案的人有所了解。

4.發薪日或週末假期犯罪率偏高，了解這時候的犯罪模式與犯罪手法。

5.對於公司財物的破壞行為，找出預測的模式或是了解其手法，安全經理可以根據這些資料，制定更好的反制措施。

仔細蒐集當地的犯罪資料，對於安全人員是很有用的工具。定期檢討公司的安全狀況時，這些都是很重要的考慮層面。

目前因爲安全問題而遭控訴的案件層出不窮，安全檔案可以證明公司的安全措施。另一方面，檔案沒有好好的保管，也證明安全計畫規劃的不完善或是沒有妥善地執行。

第四節　勞資糾紛與罷工處理要領

企業經常面臨的問題爲勞資糾紛而造成罷工事件，此類問題因應要領：

首先應該確定所有的安全人員都知道自己的角色，只是保護人員與財產，不可介入勞資雙方的紛爭。

行動計畫要有明確的規定，並且有先見之明，才能取得管理階層的批准。保護制度越早建立越好，因爲許多安全項目都需要主管投入時間與精神，到時候這些主管忙著處理勞資問題，可能就沒有時間爲安全事項操心。

完整的安全計畫所包括的安全措施如下：

1.罷工期間沒有使用的出入口應加強安全。

2.周圍內外的所有易燃物都要搬走。

3.清除周圍所有的垃圾與石頭，以免被拿來攻擊。

4.所有建物進出口的門鎖，如果鑰匙曾經交給罷工的員工，那就要更換門鎖。

5.可能參加罷工的員工，應收回其特有的鑰匙。

6.罷工期間所有的識別證失效，沒有參加罷工的員工另外發給特別卡片。

7.開始罷工之後，檢查所有的消防設備與滅火器。

8.開始罷工之後，測試撒水系統，以及火災與入侵警報器。

9.窗戶、造景、照明設備，可以考慮加裝障礙物，提供實體的保護。

10.將最容易受損的財物移到裡面較安全地區。

11.確定所有的安全人員都熟悉保護資產的界線，執勤時都在這條線以內。

12.警衛不要攜帶武器，也不要使用照相機、錄音機、或是筆記，記錄罷工者的行為。這些動作都會激怒群眾。

13.通知繼續工作的員工，經過罷工警戒線時，汽車門窗要關緊鎖好。

14.考慮使用接駁巴士載運沒有罷工的員工。

15.有哪些廠商願意繼續供貨與提供服務，事先要聯絡好；對於不願穿越罷工警戒線的廠商，也要找好取代者。

16.保持指揮連絡溝通線路暢通。

17.聯合罷工期間，組織的運作功能可能有很大的改變，要了解誰現在哪個部門，以及誰負責什麼。

本章重點題目：

一、試述一個良好的風險管理計畫包括四個基本步驟？

二、試述安全調查的定義及其內涵？

三、試述分險管理的方法有哪四種？

第十五章　如何做好社區安全管理

一個社區的安全有效管理，成敗與優劣繫於三個機制，一爲全體住戶（亦即區分所有權人及其住戶）二爲管理委員會（亦即由區分所有權人及住戶遴選託付之人選）三爲物業管理公司所編組之管理中心（亦即管委會招商選出之管理廠商及其派遣之幹部）這三個機制以全體住戶爲基礎，以管理委員會爲核心，以管理中心爲落實，彼此相輔相承才能將一個社區管理得宜，提升社區的品質，達到安全有效管理的目的，任何一環若未能配合，其結果均將使社區管理形同虛設。

爲達到上述有效管理的目的，首先須了解社區有那些安全上的問題，依序再來瞭解社區管理的組織架構，如何運作？最後才能思考如何做好社區安全管理考核的工作。有人說無法了解狀況，不能掌握進度，就無法做出合理有效的批評與建議，更遑論如何做好安全管理考核的工作，的確如此 因此本章將分成四個部分來說明，先從了解社區有那些安全上的問題開始，再來認識社區管理的組織架構開始，逐次進入瞭解社區管理的運作方式，再檢視社區安全管理經常遭遇的問題，最後探討如何做好社區全安全管理考核。

以下就按此四大範疇作一介紹：

一、影響社區安全的因素

二、社區管理的組織架構

三、社區管理的運作方式

四、如何做好社區全安全管理考核

第一節　影響社區安全的因素

影響社區安全的因素很多，任何一項不加留意或未特別提醒都可能爲日後社區的安全帶來不確定的潛在危險與威脅。依**「建築物公共安全檢查簽證申報制度」**及建築法第七十七條第五項及內政部營建署（85）內營字第 8584911 號令規定，自民國八十六年一月一日起，供公眾使用之建築物，應由建築物所有權人、使用人定期委託中央主管機關認可之專業機構或人員檢查簽證，其檢查簽證結果應由「建築物公共安全檢查申報人」，向當地主管建築機關申報。非供公眾使用之建築物，經內政部認有必要時亦同。（建築物公共安全檢查申報人係爲建築物所有權人、使用人。前項建築物爲公寓大廈者，得由其管理委員會主任委員或管理負責人代爲申報）。

建築物所有權人、使用人，應維護建築物合法使用與其構造及設備的安全。直轄市、縣（市）（局）主管建築機關對於建築物，得隨時派員檢查其有關公共安全與公共衛生之構造與設備。前項檢查簽證結果，主管建築機關得隨時派員或定期會同各有關機關複查。爲維護公共安全，舊有建築物防火避難設施及消防設備不符現行規定者，應令其改善或改變爲其他依法容許之用途。

一、管理人依法需辦理檢修申報之項目如下：

（一）防火避難設施類（11 大類）

1.防火區劃

2.非防火區劃分間牆

3.內部裝修材料

4.走廊（室內通路）

5.屋頂避難平台

6.安全梯

7.緊急進口

8.避難層出入口

9.直通樓梯

10.特別安全梯

11.避難層以外樓層出入口

（二）設備安全類（6 大類）

1.昇降設備

2.避雷設備

3.緊急供電系統

4.特殊供電系統

5.空調風管

6.燃氣設備

以下就實務經驗中觀察，發現對一個社區可能帶來不安全的因素提供參考：

（三）建築結構物的安全：

此項結構設施一般住戶不易察覺，因此在交屋後，社區管委會成立時，即應遴選有各方面專長之委員，全面對社區各項建物做檢查，對發現之問題向建商反映，一般而言建商為顧及商譽均會配合改善。若建商未能立即採取補救或改善措施，可以書面方式或存證信函方式為之。住戶選擇交屋時間最好在建商交屋前等大雨或地震過後，再行檢查確定安全後為之。事後亦應隨時向管委會或建商反映。

（四）擋土牆（山坡地）：

此項建築設施為社區安全至為重要之檢查項目，擋土牆之位置、厚度、高度、與住屋建築之距離等，是否合乎標準，都會影響整個社區之安全，因此管委會成立後，如有疑慮，即應對此請專家鑑定，並請建商立即限期改善。

（五）圍　牆：

圍牆即如城堡之護城牆，在設計上一般建商較注意美觀而忽略安全，但住戶在心理上寧可安全重於美觀，因此，管委會成立後對此亦應注意其高度、堅固度、與近鄰之間距是否足夠等因素，提供建商改善。

（六）無障礙空間設計：

近幾年來由於無障礙空間設計的概念愈來愈受重視，且住家年長者亦逐年增加，因此，集合式住宅或大型社區，在設計上均應將此納入考量，以免日後造成困擾與不便。

（七）夜間照明設施：

夜間照明是否足夠，如何管制開關燈時間，不會造成住戶之不便與危險，除管委會需用心瞭解，管理中心亦應有所管制。

（八）門窗材質、設計：

此項設計，雖爲建商之權責，但住戶如發現門窗材質、設計有安全顧慮時，亦應向建商反映，並由管委會出面協調爭取改善。

（九）鑰匙、磁扣：

住戶的鑰匙與社區大門、側門的磁扣或鑰匙如何分配管制，往往會給宵小有機可趁，這是管理委員會和社區管理中心必須注意的事項。

（十）門禁（大門、側門）：

這是社區住戶最主要的進出入口，也是社區安全最重要的管制口，管委會如何訂定管理規約，住戶如何配合實施，管理中心如何有效執行相關規定，都是確保社區安全的關鍵。

（十一）車道與停車場：

這是進入社區另一個重要的管道，一般社區均採用自動鐵捲門，並無警衛或保全人員，很容易被宵小或歹徒趁機混入躲藏，對社區住戶構成潛在之安全死角。

（十二）保全人員：

保全人員未必一定安全，如事前未能做好安全檢查，或保全人員經常更換、與住戶發生衝突夾怨報復，因此如何慎選管理公司及保全人員，就成爲社區管委會重要之責任。

（十三）監控系統：

一般建商在規劃監控系統時，雖然會概略考慮監視器之設置位置，但在日後管委會實際運作時，應重新檢討，並做適當之調整，使其更符合社區住戶安全需要。

（十四）公共設施（兒童遊戲設施、游泳池、運動設施）：

目前集合式社區住宅，均朝休憩旅館管理方式規劃，因此社區內有各項休閒、運動設施，這些設施是否符合安全規定，基本上都有相關規定可查，但管委會應特別注意。

（十五）潛在不安全住戶：

一種米養百樣人，社區住戶很難預期均符合大家的要求水準，難免有些住戶會有令人意想不到之舉動。因此，管理中心或保全人員甚至管委會應對這些住戶有基本之資料，並特別留意。

另外如火災（電線走火、燒水），違章建築（頂樓加蓋或其他不合規定之違建）等均爲社區常見之有關安全問題。

二、由誰來負責管理督導

上述這些安全問題，應由誰來負責管理督導，卻是不易回答，因爲其中可能牽涉 2-3 個管理督導單位，但基本上與**一、建設公司，二、管理委員會，三、管理公司，四、社區管理專業經理人，五、住戶（區分所有權人）**都有關係。完全視情況與案情而定。

第二節　社區管理組織架構

一、何謂社區

「社區」是社會學中的基本概念，最早是在德國社會學家斐迪・滕尼斯的《社區與社會》一書中提出。一般認爲：社區就是在一定地域內發生社會活動和社會關係，有特定的生活方式並具有成員歸屬感的人群所組成的相對獨立的社會生活共同體。其基本構成要素有：

一個特定的區域，是社區成員活動的基本空間場所。

一個相對穩定的人文意義上的區域，社區成員對此環境的認同。

一定的建築居住規模和一定的人口。

而社區管理，主要是指一定的社區內部各種機構、團體或組織，爲了維持社區的正常秩序，促進社區的發展和繁榮，滿足社區居民物質和文化活動等特定需要而進行的一系列的自我管理或行政管理活動。因此，社區管理的性質側重於群眾性的自我管理和自我服務，強調社區群眾的參與。

依據民國八十八年六月二十九日公（發）布**「公寓大廈及社區安全管理辦法規定」**：所稱公寓大廈係指供住宅、商業及住商混合使用之區分所有建築物。所稱社區係指數幢公寓大廈、住宅，依本辦法規定，聯合設置有守望相助巡守組織之地區。

二、社區管理的三個主要機制

社區管理有三個主要機制：區分所有權人及住戶、社區管理委員會、社區管理中心。

（一）區分所有權人及住戶

所謂「區分所有」指數人區分一建築物而各有其專有部分，並就其共用部分按其應有部分有「所有權」。（簡單說，就是指大廈中每一住戶之所有權，例如 XX 路 23 號 1 樓、2 樓等均為一區分所有）

1.**區分所有權人**：

指擁有上述『區分所有』的所有權人。（簡單說，指大廈中每一住戶之屋主或所有權人，即該房子登記是誰的，那人就是區分所有權人，與『住戶』或『承租戶』等之定義不同）「住戶」與「區分所有權人」的定義並不相同，如果區分所有權人住在自己的屋子裡，就必然是「住戶」；住在公寓大廈內的人，一定是住戶，但不一定是區分所有權人，他可能是承租人，或是經區分所有權人同意而住在公寓大廈內的其他任何人。

2.**住　戶：**

指公寓大廈之區分所有權人、承租人或其他經區分所有權人同意而為專有部分之使用者或業經取得停車空間建築物所有權者。

不管是區分所有權人或住戶，對於社區之優劣成敗都有責任與義務來共同經營、管理、維護與遵守相關之規約。換言之，區分所有權人與住戶即為社區之基本民意。

（二）管理委員會

1. 為執行區分所有權人會議決議事項及公寓大廈管理維護工作，由區分所有權人選任住戶若干人為管理委員所設立之組織。
2. 管理委員會只是執行公寓大廈全體住戶組成的「區分所有權人會議」的決議，或關於公寓大廈日常性的管理維護工作的管理性組織，在未經區分所有權人會議決議，或規約中未授權下，尚無自行決定足以影響住戶權益事項之權力。
3. 管理負責人及管理服務人。

1.**管理負責人：**

未成立管理委員會，由區分所有權人推選住戶一人或依（公寓大廈管理條例）第 28 條第 3 項、第 29 條第 6 項規定為負責管理公寓大廈事務者。換言之，社區管理委員會，由區分所有權人選出編成，代替區分所有權人管理、監督、執行社區各項事務，為社區最高權力執行組織。

2.社區管理中心主任（經理）或總幹事：

又稱社區管理服務人：由區分所有權人會議決議或管理負責人或管理委員會雇傭或委任而執行建築物管理維護事務之公寓大廈管理服務人員或管理維護公司。

（三）管理服務人包括自然人及法人二類：

1.公寓大廈管理服務人員：

係指領有中央主管機關核發認可證，受僱或受任執行公寓大廈一般事務管理服務事項之人員。包括：公寓大廈防火避難設施管理人員、公寓大廈設備安全管理人員。

簡言之，社區管理中心乃由社區管理委員會招商聘僱之物業管理公司或經理人、總幹事等管理服務人。

以上係對社區管理之組織架構做一介紹與說明。

第三節　社區組織如何運作

一、區分所有權人會議

（一）區分所有權人會議：

區分所有權人為共同事務及涉及權利義務之有關事項，召集全體區分所有權人所舉行或召開之會議。

（二）會議目的：

制訂社區或大樓規約、社區大樓是否有重大修繕或重建必要、住戶違反法令時應否加以強制遷離或將其所有權強制出讓、約定專用或約定共用大樓某部分建物等重大事項及決定其他公共事務。主要是社區公寓大廈同居共治及住戶自治的具體表現。

出席該會議的成員，自應以「區分所有權人」爲主，住戶若爲承租人、使用人時，除非受區分所有權人委託出席，否則不能參加區分所有權人會議。

簡言之，區分所有權人會議：指區分所有權人爲共同事務及涉及權利義務之有關事項，管理委員會之組織及選任方法等，均須經區分所有權人會議之決議後生效，故區分所有權人會議可稱之爲「住家最高意思機構」。亦爲召集全體區分所有權人所舉行之會議。

區分所有權人會議，由全體區分所有權人組成，每年至少應召開定期會議一次。

有下列情形之一者，應召開臨時會議：

1.發生重大事故有及時處理之必要，經管理負責人或管理委員會請求者。

2.經區分所有權人五分之一以上及其區分所有權比例合計五分之一以上，以書面載明召集之目的及理由請求召集者。

區分所有權人會議除（公寓大廈及社區安全管理辦法）第二十八條規定外，由具區分所有權人身分之管理負責人、管理委員會主任委員或管理委員爲召集人；管理負責人、管理委員會主任委員或管理委員喪失區分所有權人資格日起，視同解任。無管理負責人或管理委員會，或無區分所有權人擔任管理負責人、主任委員或管理委員時，由區分所有權人互推一人爲召集人；召集人任期依區分所有權人會議或依規約規定，任期一至二年，連選得連任一次。但區分所有權人會議或規約未規定者，任期一年，連選得連任一次。

召集人無法依前項規定互推產生時，各區分所有權人得申請直轄市、縣（市）主管機關指定臨時召集人，區分所有權人不申請指定時，直轄市、縣（市）主管機關得視實際需要指定區分所有權人一人爲臨時召集人，或依規約輪流擔任，其任期至互推召集人爲止。

（一）何謂第一次區分所有權人會議？

所謂「第一次區分所有權人會議」，乃指公寓大廈建築物所有權登記之區分所有權人達三分之二以上及其區分所有權比例合計三分之二以上時，起造人應於六個月內召集區分所有權人召開區分所有權人會議訂定規約並依法向主管機關報備（本條例第二十六條）。

（二）如何召開第一次區分所有權人會議

區分所有權人會議應推舉召集人一人來召開會議，該召集人並無代表全體區分所有權人之效力，其職權亦僅限於召集會議而已。一般之區分權人會議，其召集之推選方式，在本條例施行細則第八條固有明文。然而，在第一次區分所有權人會議中，究竟由誰來召開區分所有權人會議？若第一次區分所有權人會議無法召開時，又如何處理？

首先關於第一個問題：由誰來召開第一次區分所有權人

會議？

如前所述，第一次區分所有權人會議係指公寓大廈建築物所有權登記之區分所有權人達三分之二以上及其區分所有權比例合計三分之二以上時，起造人依法應召集之會議。由此看來，「起造人」係第一次區分所有權人會議法定之當然召集人，若起造人有數人時，則互推一人爲之（本條例第二十六條）。且依法起造人必須於公寓大廈建築物所有權登記之區分所有權人達三分之二以上及其區分所有權比例合計三分之二以上時六個月內召集之。若起造人不召集會議時，依劇本條例第二十七條第二項規定，此時可由區分所有權人間相互推選，或者由地方主管機關指定臨時召集人。

再者，區分所有權人會議之合法開議所需要件，依其是否爲本條例第三十一條之事項，而有所不同。其決議事項若爲前述之重大情事者，應有「區分所有權人三分之二以上及其區分所有權比例合計三分之二以上出席，以出席人數四分之三以上及其區分所有權比例占出席人數區分所有權四分之三以上之同意」始得行之。反之，則以區分所有權人過半數及其區分所有權比例合計過半數之出席，以出席人數過半數及其區分所有權比例占出席人數區分所有權合計過半數之同意行之。

其次，區分所有權人會議區分爲定期會議及臨時會議兩種。「定期會議每年召開一次。臨時會議具備有下述要件之一時，得隨時召開之：一、發生重大事故有及時處理之必要，經管理負責人或管理委員會請求者。二、經區分所有權人五分之一以上及其區分所有權比例合計五分之一以上，以書面載明召集之目的及理由請求召集者。」公寓大廈管理條例第二十五條定有明文。至於開會通知之分送，依第二十八條之規定，「區分所有權人會議，應由召集人於開會前十五日以書面載明開會內容，通知各區分所有權人。但有急迫情事須召開臨時會者，得以公告爲之；公告期間不得少於二日。」

而召集臨時會議，依公寓大廈管理條例第二十五條第二項第二款之規定「經區分所有權人五分之一以上及其區分所有權比例合計五分之一以上，以書面載明召集之目的及理由請求召集。」辦理。

二、管理委員會如何編組成立？有何權利義務？如何運作？

(一) 依據 (公寓大廈及社區安全管理辦法) 第二十九條公寓大廈應成立理委員會或推選管理負責人。

公寓大廈成立管理委員會者，應由管理委員互推一人爲主任委員，主任委員對外代表管理委員會。主任委員、管理委員之選任、解任、權限與其委員人數、召集方式及事務執行方法與代理規定，依區分所有權人會議之決議。但規約另有規定者，從其規定。

管理委員、主任委員及管理負責人之任期，依區分所有權人會議或規約之規定，任期一至二年，主任委員、管理負責人、負責財務管理及監察業務之管理委員，連選得連任一次，其餘管理委員，連選得連任。但區分所有權人會議或規約未規定者，任期一年，主任委員、管理負責人、負責財務管理及監察業務之管理委員，連選得連任一次，其餘管理委員，連選得連任。

前項管理委員、主任委員及管理負責人任期屆滿未再選任或有第二十條第二項所定之拒絕移交者，自任期屆滿日起，視同解任。

公寓大廈之住戶非該專有部分之區分所有權人者，除區分所有權人會議之決議或規約另有規定外，得被選任、推選爲管理委員、主任委員或管理負責人。

公寓大廈未組成管理委員會且未推選管理負責人時，以第二十五條區分所有權人互推之召集人或申請指定之臨時召集人爲管理負責人。區分所有權人無法互推召集人或申請指定臨時召集人時，區分所有權人得申請直轄市、縣（市）主管機關指定住戶一人爲管理負責人，其任期至成立管理委員會、推選管理負責人或互推召集人爲止。

（二）管理委員會之職掌如下：

1.區分所有權人會議決議事項之執行及制訂社區規約。
2.共有及共用部分之清潔、維護、修繕及一般改良。
3.公寓大廈及其周圍之安全及環境維護事項。
4.住戶共同事務應興革事項之建議。
5.住戶違規情事之制止及相關資料之提供。
6.住戶違反第六條第一項規定之協調。
7.收益、公共基金及其他經費之收支、保管及運用。
8.規約、會議紀錄、使用執照謄本、竣工圖說、水電、消防、機械設施、管線圖說、會計憑證、會計帳簿、財務報表、公共安全檢查及消防安全設備檢修之申報文件、印鑑及有關文件之保管。

9.管理服務人之委任、僱傭及監督。

10.會計報告、結算報告及其他管理事項之提出及公告。

11.共用部分、約定共用部分及其附屬設施設備之點收及保管。

12.依規定應由管理委員會申報之公共安全檢查與消防安全設備檢修之申報及改善之執行。

13.其他依本條例或規約所定事項。

（三）上述第一條所謂規約係指：

1.公寓大廈區分所有權人為增進共同利益，確保良好生活環境，經區分所有權人會議決議之共同遵守事項。

2.規約按其性質係三個以上區分所有權人意思表示相互合意而成立的法律行為，對各區分所有權人及住戶具同一意義及利害關係，即所謂「居家憲法」性質。

3.規約的內容得由區分所有權人透過集會自行訂定，但不得違反強制、禁止規定，亦不得違背公序良俗及排除或變更區分所有權人之本質。

（四）管理委員會一般設置職務區分：

主任委員、副主任委員、監察委員、財務委員（爲主要基本委員），另視需要可設 機電委員、公設委員、文康委員、環保委員、清潔委員等任何對社區有助益之相關委員。

（五）會議召開：

管理委員會原則上每月得召開一次會議，但於社區剛成立時，因事務龐雜亦可由管委會決議每月召開兩次或數次，待社區事務逐漸步上正軌，即應恢復常態。爲使管委會對相關工作之推動與執行發揮功效，避免於委員會討論時浪費過多時間或無法確切掌握狀況時，管委會議亦可授權成立權責小組會議，由相關權責委員及與該事務有關人員共同研商討論後提委員會決議。

（六）管理委員會任期：

按公寓大廈管理條例第二十七條第二項規定：「管理委員、主任委員及管理負責人任期一年，連選得連任。」本法並沒有授權可以規約或經區分所有權人會議來改變任期；因此，管理委員會每年改選一次是爲強制性的規定。管理委員會任期屆滿，就要辦理改選。

三、如何遴選管理公司？管理中心主任（經理）或總幹事之職責？

（一）如何挑選好的物業管理公司

管理委員會面對的第一個課題就是爲社區挑選一個好的管理公司或好的管理專業人員，一般較具規模的社區，會遴選一個物業管理公司，來規劃協助管理。有些小社區或大樓，僅雇用一位總幹事或一位保全，並不需要透過管理公司。端賴社區管委會如何取決。以下僅就一般較具規模的社區，如何遴選一個好的物業管理公司做一介紹：

首先可打聽或上網那些管理公司口碑較好，然後在眾多管理公司中選取3～5家，安排時間分別聽取物業管理公司之簡報，實地訪查公司營運狀況，瞭解相關案場居民反應狀況並實地參訪案場管理作業情形，均爲瞭解物管公司優劣之方法。但最重要的是必須請物管公司提出未來進駐社區之管理負責人名單，以確保管理公司所說的承諾未來的案場管理專業人員均能落實。而雙方所簽訂之契約亦爲未來重要之佐證資料，因此，第一份契約務必請有經驗、熱心、專業之人士研讀修正，否則簽約後，未來若有任何分歧將無所依據。

（二）管理中心（主任、經理或總幹事）之職責

1.主任（經理）或總幹事之職責

一般來說，管理專業人員人在較大之案場稱經理或主任，較小之案場或大樓稱總幹事。無論其職稱如何，基本上，他們的工作內容是雷同的。

社區之住戶委託管理委員會，授權由主任委員遴選適當的管理公司，聘任管理專業人員（以下統稱社區主任）從事實務管理工作，唯須經委員會及管理公司雙方之同意。

社區主任受管理委員會之監督，負責指揮、調度、督導各項管理及監督維修工作人員，而其人事隸屬管理公司，並向管理公司支領薪資，受管理公司指揮，並且有義務向管理

公司報告一切管理業務情況。

2.社區主任之職責：

（1）負責教育、督導、現場服務人員之工作執行。

（2）不得私下利用職務之便，謀取任何工商利益。

（3）要有能力處理整個大樓所發生一切事件，並於發緊急事故時，於最短時間內，抵達現場，保持鎮定，完滿處理。

（4）尊敬社區之所有成員及愛護所屬職員，不得循私或不公。

（5）遇有工作未能達到理想，應主動找出原因所在並將難題解決，能力所及無法解決問題時，不可積壓問題，應立即反應公司，並追蹤處理結果。

3.社區主任應執行之勤務：（視各社區實際情況調整）

（1）大樓、社區之安全巡視，環境衛生及公共秩序之維持。

（2）大樓、社區內公共設施缺失與協力廠商保養維護之記錄呈報。

（3）具水電基本常識，負責簡易之水電維護工作（如燈泡更換）。

（4）管理費催收，定時呈報催收記錄。

（5）住戶安全公約之執行。

（6）緊急郵電處理、門禁（人、車）管制之嚴格執行與監督。

（7）住戶意見表定時開箱及公告處理情形。

（8）委員會決議及公司交辦事項之執行與回報

第四節 如何督導考核達到有效管理之目的

於本章開始即談到一個社區之優劣成敗取決於三個機制，事實上，一個社區之管理更需要社區全體住戶共同之參與，因為無論區分所有權人、管理委員會都是社區之居民，本於和諧、和睦相處之原則，大家都不願意惡言相向，因此祈求管委會去強力執行或依法執行，勢必會得罪住戶，因此，社區的安危、優劣、水準，端賴各每一住戶是否在乎此一社區，是否願為自己的社區付出更多的心力，才是最根本的管理法門。但對區分所有權人、管理委員會、管理中心之督導考核，仍有一些可藉以判斷之處，僅提供原則性之參考意見，並另列舉優良社區選拔之規範（如附件二），供有心提升社區水準之委員會參考。

一、區分所有權人、管理委員會、管理中心，督導考核管理之原則：

（一）對區分所有權人及住戶：

有什麼樣的選民就有什麼樣的政府，同樣的，有什麼樣的居民就有什麼樣的社區，因此，要提升選民水準就需要不斷教育宣導，同樣的，居民也是要被教育與宣導，以喚起對

社區的共識與認同。因此，

1.社區管委會應經常舉辦各類活動或請學者專家講演，實施潛移默化、教育宣導，提升社區水準　。
2.讓住戶對社區有認同感、榮譽感　。
3.建立社區規約、共同遵守。
4.舉辦消防、救災演練提升住戶應變能力。

(二) 對管理委員會委員之考核：

管委會是社區的核心，社區的安危、優劣成敗，委員會要負絕大的責任，選出的委員是否真心爲社區之發展與提升在努力或只爲謀取個人之利益，對社區影響甚巨，以下列舉數項對管委會及委員之考核觀察方式：

1.瞭解各委員出席委員會次數。
2.瞭解委員發言內容與處事態度。
3.委員是否熱心參與社區活動。
4.委員對社區的貢獻度。
5.委員對管委會決議事項之配合度及執行度。
6.委員對社區居民之關心度與反映意見之重視度。
7.管委會是否定期召開會議。
8.管委會對社區經費之支用是否合法。
9.管委會對社區經費之支用是否用於有利社區發展、教育與安全等方面。
10.管委會對社區各項公共設施安全是否有定期督導檢視及保養。
11.管委會對社區居民是否具有凝聚向心力。

12.管委會對管理公司之甄選、聘用、督導、管理是否得宜。

13.管委會是否能落實居民反映之合理意見。

14.管委會對違法、違章、違約之居民是否有採取必要之處置。

15.管委會是否有定期舉辦各類活動增進社區居民之互動與認識。

16.管委會對管理公司之契約是否確有以社區居民之利益為考量研訂契約內容。

(三)對管理中心主任(經理)或總幹事之考核:

管理中心是社區的手腳、眼睛和耳朵,管理中心主任(經理)或總幹事就是社區的管家婆,舉凡社區發生的大小事情,他都必須掌握,而且瞭如指掌,發生任何狀況,必須立即處理並適時報告管委會,而這樣的管理專業人事,除需要具備以下的能力與條件,更要有對社區的認同感,願意爲社區付出的不只是對價的問題,而是家人的感覺。

1.是否具有擔任其職務該有之相關證照。

2.是否具有落實管委會決議執行事項之能力。

3.是否具備與住戶溝通協調之能力。

4.是否具備文書電腦作業處理之能力。

5.是否具有策劃各類活動之能力。

6.是否具有領導管理其工作團隊之能力。

7.是否建立管理中心各類作業人員之 SOP(標準作業程序)。

8.是否瞭解住戶狀況並掌握不友善或特殊住戶。

9.是否有定時或不定時抽查巡視社區。

10.是否制訂社區管理中心應變計劃（如附件一）。

11.是否瞭解監視器配置狀況能發揮功效。

12.保全人員巡邏路線是否規劃妥當。

13.保全人員配置地點是否得宜。

14.崗哨放置地點是否能兼顧整體或主要出入口。

15.管理中心內部是否具備相關管制板，登記簿或紀錄簿。（如值勤人員表、每月活動事項管制板）。

附件一：社區管理中心應變計劃 本件格式僅供參考

社區管理中心應變計劃
一、火警發生時依下列程序處理：
1.首先按下火警鈴。 2.打電話一一九報警（應將地址及明顯標誌一併報出）。 3.迅速查明起火點立即廣播，以便住戶迅速離火場（廣播時應清處告知起火樓層、棟別，以便住戶判斷逃生路線）。 4.消防隊未抵達前，先召集住戶先行滅火，並協助住戶撤離。 5.應注意門禁，以防宵小趁火打劫。 6.消防隊到達時應主動與指揮人員聯繫，報告災情，提供各項協助。
二、遇有宵小入侵時應注意事項：
1.管理中心接獲宵小入侵警訊時，首先打一一〇報警後，及查明宵小所在位置，並立即廣播召集全体住戶提高警覺、小心門戶並圍捕。 2.此時應關閉大門，管制人車出入，並隨時保持警戒狀態。 3.發現歹徒逃逸時，應牢記其面貌、特徵與使用車輛顏色、廠牌、號碼、逃逸方向並鳴笛示警。
三、遇有住戶家裡發生事故需急難救助時，於管理中心接獲住戶求助訊號時，應先問明情況，在依緊急事故求助，通報救助。
四、遇有不良份子於本社區四周逗留、聚眾滋事或入侵時，依緊急求助通報召集守望相助隊協助警戒。
五、訂定各項安全系統定期測試。
六、社區遇有水災、地震事故處理程序：
1.了解受災情形。 2.通知有關單位求助。 3.將災害回報管理委員會。 4.後續追縱其狀況。
七、缺水：
1.求證是否整棟無水。 2.察看抽水馬達運作狀況。 3.開啓手動送水幫浦。 4.通知維修廠商，並記錄狀況。

八、停電：
1.發電機是否啟動。 2.長時間停電，須注意發電機之油量是否充足，並隨時作關閉電梯及發電機之準備。 3.手電筒及緊急照明燈之備用。 4.通知電力公司及了解停電原因和時間。
九、電梯困人：
1.確定受困人員。 2.通知電梯公司。 3.進行安撫方式。 4.救出人後，了解電梯故障情形並記錄。
十、社區緊急狀況處理程序：
1.設備如何維護 2.人員如何疏散、引導 3.各項安全措施因應等
十一、其他
附記：

本章重點題目：

一、一個社區的安全有效管理，成敗與優劣繫於那三個機制？

二、何謂社區？區分所有權人與住戶有何區別？

三、試述區分所有權人會議的定義、目的為何？

四、管理委員會如何編組成立？其職掌為何？

五、試述管理中心（主任、經理或總幹事）之職責為何？

第十六章　公務機關安全防護工作

「機關安全維護」係指維護機關人員與重要物資、器材、設施等之安全，以防制外來的危害或破壞，所採取的各種防範措施。

「機關」是國家行政體系中具有獨立地位與職權範圍的組織體，是代表國家行使行政權的部門，亦是國家推行政務、政令，維持國家生存與發展的單位。因此，機關的安全直接影響到國家安全，兩者是息息相關的。「機關」的組成分子是公務員，而公務員代表政府執行公務、行使公權力，使國家事務均能正常運作；爲了避免機關及員工遭受危害及破壞之虞，而影響國家安全，因此有必要瞭解並重視機關的安全維護工作。

機關安全維護工作，是一項「未雨綢繆」、「防患未然」的工作，也是一項今天不做，明天就會後悔的工作，因爲一旦發生事故造成傷亡或損失時，大家才來重視，事後再來檢討加強或追究責任，均已無法改變事故發生所造成的損害事實。總之，「平時多一分防護準備，遇到事故時就少一分安全威脅」、「安全防護做得好，生命財產皆可保」。

機關安全維護工作，不僅是機關首長的責任，亦是機關內每一位員工的責任。安全維護工作的良窳，固然需要縝密的維護計畫，完善的維護設備及嚴密的維護措施來配合，但更重要的是，需要全體員工高度的防護警覺及全力的配合，始能事竟全功。

第一節　公務機關安全維護基本認識

一、確保機關內部安全，落實防護作為

公務機關安全防護作爲，關係到民眾對政府機關的印象與員工之工作效率，所以機關安全維護應與每位員工息息相關。近年來，由於社會型態的快速轉變，價值觀與道德觀念隨之丕變，導致社會治安問題層出不窮，在愈趨複雜的環境下，各類犯罪案件及意外災害頻傳，殊值吾人重視。例如：某機關發生火警燒燬了許多重要資料與設備，或是被竊賊侵入，損失財物或重要器材、文件；甚至有聞及某機關重要設施遭人蓄意破壞，造成停工……等等。其損失不僅是財物，更影響到政府機關形象及整體公務的運作。所以落實各項安全防護作爲，當爲有效確保機關內部安全的不二法門。

機關內部安全維護主要作爲，在於「防災」、「防竊」、「防破壞」、「防資料失散」，以及「做好重要器材設被的維護」等，換言之可以說是一切爲「人安」、「事安」、「物安」、「地安」而密切執行，並賴全體同仁共同配合。例如：隨時可以做到便是善盡值班職責、下班時檢視鄰近門窗水電是否關好、離開座位時不要把經辦文件散置於桌面、對於形

跡可疑的陌生人提高警覺，迅速反應、發現消防器材故障不堪用或任何防護死角立即向有關單位反應，這些都是隨時隨地很容易做到的，只要稍微花一點心思注意週遭的一切，便是對機關的安全幫了一個大忙，也爲自己的上班環境，具體表達出一份關心與愛護。

另者，安全防護工作必須隨著環境的變遷來作調整、改進。防護工作之良窳，固然需要「愼密的防護計畫」、「完善的保全系統」及「優良的防護設備」來相互配合。且更需要有具高度警覺及良好專業技能的人員，加以串連融合，時時洞察週遭情勢變化，了解不利的潛在因素，知所警惕，並求防微杜漸，始能阻卻危險發生。

而影響機關安全的因素包括有天災人禍及人爲外力因素等二類，簡述如後：

一、天災人禍：天災包括了風災、水災、火災、旱災、震災等天然災害，如 921 大地震、八八水災、賀伯颱風等。天災人禍雖是不可抗力之因素，然若平時提高警覺，事前做好防範及因應措施，自能減低傷亡及損失。

二、人為外力因素：人爲外力因素又區分爲政治因素及非政治因素等二類，分述如后：

（一）**政治因素**：包括有敵人、國外野心人士及國際恐怖組織等之陰謀危害或破壞活動等。

1.**敵　人**：

敵人是依據國策決定的，是危害或破壞國家安全、國家利益的只主要對象，亦是影響政府機關安全的最大因素。

2.國外野心政客及國際恐怖組織：

國外野心政客暗中操縱或影響他國政治、軍事、經濟，進行諜報活動，以達滿足個人政治野心或獲取不當利益等。國際恐怖組織包括了宗教或政治狂熱分子、如回教基本教義派分子等，以進行如暗殺、汽車炸彈案等，製造恐怖活動。

（二）非政治因素：包括有社會治安、重大工安事故、群眾活動及個人因素等。

1.社會治安：

從最近層出不窮的槍擊事件、恐嚇取財、擄人勒索、縱火、搶劫竊盜、毒品氾濫、走私槍械彈藥及兩岸交流延伸之犯罪案件等，顯見社會治安已亮起紅燈。而公務員依法執行公權力，亦因黑道勢力及黑槍泛濫而遭受空前衝擊，顯示台灣治安在多元化環境下有相當大改變，這些都對機關安全工作造成潛在危機及威脅。

2.重大工安事故：

國營生產事業機構因機器故障或設備老舊、操作不當或人爲的疏失，所造成的工安事故及勞工安全事故，致機關設施及人員的傷亡，如高雄前鎮瓦斯管線氣爆案等。

3.群衆活動：

係指民眾爲其權益或公益，聚集眾人向政府機關陳述、請求，因常有不法分子介入鼓煽，或滲入群眾中藉機破壞、騷擾等，致群眾情緒失控，導致事件擴大變質，引發破壞、流血或暴力之傷亡事故，而影響機關設施及人員安全。

4.個人因素：

公務員個人因精神異常或情緒失控、感情糾紛、在外結仇及人爲疏失等因素，如中油公司辦公大樓縱火案、破壞郵局自動提款機案等，亦是危害機關安全的重要因素之一。

第二節　如何做好機關安全防護工作

千尋之堤，潰於蟻穴，禍常起於所忽，機關執行安全防護工作，其目的即在確保單位物質、器材、設備與人員等之安全，由另一種角度解釋，安全防護工作也就是「預防」的工作。綜觀現今社會及政府機關重大影響安全事件卻一再重演，除充分表露人爲的怠惰，更突顯安全觀念與警覺嚴重不足，因此，惟有加強建立員工「安危與共」之認知，並輔導積極參與各項安全防護工作，對於一切可能發生的危安因素，及時發掘並消弭，才能防止單位危安事件發生，就算不幸發生，亦能有效應變與處理，將傷害或損失程度減至最低，謹彙列「安全防護工作」應有的認知、危安案例及落實安全防護工作應有的作爲如后，以供參考。

一、安全防護工作應有的認知

爲能有效落實機關安全防護工作，單位在擬定安全防護預防作爲時，在規劃上首應決定目標、預定方向；在作爲上要內、外兼顧，配置適當，防所當防，使不至於備多力分，顧此失彼。故應確實掌握機關安全狀況，考量預防機制並置重點如次：

（一）在想定階段：

全盤瞭解機構安全狀況，預判機構首長、重要人員，在遭受危害破壞、劫持、恐嚇；或發生竊盜、縱火、爆炸、襲擾等危安狀況，研析單位安全防護存在那些缺失，妥爲規劃防範。預判機構發生風災、水災、火災、震災後，現有各項器材設施及措施，在安全防護強度上，還有那些不足與缺失，協同各級行政單位，著實檢討予以強化。機構安全防護軟、硬體設施應加強危安預防措施，尤其科技警報系統，對安全防護功能深具影響，應考量機構任務特性及預算編列，適時配置，俾能有效發揮輔助功能。

（二）在計劃階段：

安全防護工作計畫之規劃作業，必須兼顧防護對象的內、外硬體環境與機構任務特性，並考量安全防護目標的必要性、效益性、適時性，避免資源的浪費，以做好安全防護基礎工作。明訂機關安全防護定期、不定期檢查計畫，不僅要做重點檢查，更應經常做好全面之實作演練，以避免因安檢作業廢弛，或人爲操作不當，導致預防功能喪失，形成安全罅隙。辦理安全防護設備實物檢驗，應實施「預知危險」的動態檢測，排除任何可能引發災害的變因，尤對於可能間接產生災變的潛存因素，均應妥擬防制措施，確保設施安全無虞。

（三）在執行階段：

依據安全防護計畫，統合各分工單位，善盡教育、管理、督導、檢查的責任，定期實施單位物質、器材、設備安檢，不僅列行性的檢查要落實，紀錄要詳盡，對於尚存之缺失，更應綿密管制複查，俾建構安全防護工作的體檢機制。透過各種時機，加強安全教育，培養員工高度警覺觀念，對本單位各項設備之使用保持高度之關注，並經常留意其他機構所發生的案例與專家的建議，反諸自省，並研擬機關防範措施，以機先掌握危安因素，弭患於未然。落實單位「安全防護會報」責任分工，定期集會檢討機關設施安檢缺失，並結合辦公處所，明確建立安全防護責任區制度，賦予各級單位主管與員工安全防護責任，統合全體員工的力量，共同防護本機關之安全。

二、維護機關設施安全

「機關」是政府推行政務、宣傳政令之重要樞紐，其行政功於「機關」之「安全」與「安定」，而「安全」與「安定」更決定於維護機關設施之良窳。

茲就維護機關設施安全防護作法，分「獨立性」機關與「複合性」機關兩方面加以說明：

獨立性機關方面：

（一）維護設施、物質器材之安全：

1.定期辦理設施維護總檢查，發現缺失列管追蹤，檢討改進。2.消防器材之全面配置，發現缺失列並注意滅火器具換藥時間，以確保其效能。3.重要財物、文件檔案、機密資料等設專櫃專人保管，並不定期抽查清點。

（二）推行值勤制度：

實施二十四小時值勤高警覺，並通報處理危害破壞等偶突發事件。

（三）有效門禁管制工作：

1.員工出入辦公處所應配帶識別證。2.外賓、廠商、訪客登記後取得來賓證，始得進入指定區域。3.下班及例假日期間，由執勤人員負責驗證進出辦公室處所人員。4.平時由駐警人員負責巡查走道、樓梯及公共處所，發現可疑狀況或疑似爆裂（炸）物品，應立即通報有關單位處理。

（四）明確責任區制度：

各辦公處所下班後，應清理辦公室桌面，抽屜、公文櫃加鎖並檢查電源、門窗，確定安全無虞始行離去。

（五）審慎處理陳情、請願或偶突發事件：

1.得知醞釀中之陳情請願案件，應深入瞭解事件真相及訴求主題，立即報告首長及通報權責單位。2.主動派員向陳情群眾溝通說明，妥慎疏導彌平民怨。3.防護團員工應予編組，如有異動應隨時調整，並定期實施講習、演練，以熟悉任務，達到防護目的。4.成立緊急（危機）事件處理小組，以發揮統合力量，妥善處理重大偶突發事件。

（六）加強與警察單位及相關單位之聯繫配合：

遇特殊狀況，隨時通報警方與有關單位迅速處理。

複合性機關方面：

複合性機關係指在一幢辦公大樓內有著若干不相隸屬的公民營機構而言，若平時各行其事全無聯防概念，一旦一發生危安狀況，其衍生後果將不堪設想，建議採取以下作爲：

（一）策劃成立安全維護會報，並定期召開會議，由各機關共同研討加強維護整體安全事宜及興革事項。維護會報決議事項，函交各會報成員確實執行，且列入管制，於下次會議提報執行及改進情形。

（二）統合制定大廈整體消防逃生、防震演練辦法，使各機關同仁都能瞭解如何預防或使用，遇有真實情況時，方能處變不驚，安然渡過難關。

（三）訂定聯繫辦法，以利各會報機關作爲連繫之依據。

（四）建立安全維護連繫通報系統及員工緊急連絡人名冊，將各單位連絡電話製成卡片，以利迅捷連繫通報。

（五）凡辦理消防、防震、防颱、防破壞、防爆裂（炸）物等講習演練，大樓內之會報單位應互相配合，一體實施。

維護機關設施安全之目的，在於防制外來的危害或破壞，以及各種偶、突發的意外災害，使政府機關的各項業務均能順利的推行。高度警覺的狀況判斷，嚴密無懈的維護計畫，萬無一失的應變措施，排除一切可能的危害因素，提供機關員工安全、安定、寧靜、和諧的工作環境，提升政府位民服務的品質與效率。

三、機關安全防護之具體做法

機關執行安全防護工作，其主要目的在於確保機關內之人員、物品、設施、器材等之安全，其主要作爲則在於防災、防竊、防破壞等危安事件的發生，茲參考法務部函頒「政風機構預防危害或破壞本機關事件作業要點」之規定，提出機關安全防護之具體做法如下：

（一）強化教育宣導

欲落實機關安全防護，首要建立機關內所有員工「安危與共」之認知，並提高其警覺觀念，因爲「禍常起於所忽」，因此，機關應利用各種集會或文宣管道，機會教育所屬，並針對相關危安案例，宣導正確安全共識，使每位員工都能主動參與各項安全防護工作，以期發揮整體力量，杜絕危安事件之發生。

（二）充實防護設備

完善之防護設備，能有效彌補機關人力不足之窘境，各機關應針對其環境特性，充實各項防護措施，例如；裝設門禁管制系統，以避免閒雜人等任意進出；安裝保全裝置，以防止機關設施遭竊。各防護器材與裝備，並應隨時保持正常堪用狀態，適時維護與更新，以強化其防護功能。

（三）落實管制檢查

安全警衛之設置，爲機關之第一道安全防線，因此，應落實車輛與人員進出之辨識管制措施，並對於機要處所執行機動巡查工作，以期弭患於未然。此外，並應針對機關之安全狀況與特性，詳細擬訂計畫，實施各種定期與不定期之安全檢查，避免安全防護之漏洞與死角。

（四）蒐報預警情資

各機關對於已發生之天然、人為災害或其他危安事件所發現之安全防護缺失，應探討發生原因，積極檢討改進，避免日後發生類似情事。另一方面，應隨時蒐集相關情報資料，做好各項安全狀況判斷與應急準備，期能在遭受危害破壞之虞時，立即反應處置，以降低災害損害程度。

（五）規劃應變演練

定期召開安全防護會報，研議有關危害或破壞機關事件之預防事項，規劃編組人力與物力，賦予各級主管與員工之安全維護責任，並事先模擬各種危害、破壞、陳情、請願、滋擾，以及意外災害等緊急狀況，實施預防演練，以提升員工處理危機事件之應變能力。

機關安全防護執行成效之良窳，不僅攸關政府之整體形象與公務運作之順遂，更與機關內所有員工之安全息息相關，換言之，也唯有透過機關內全體員工的共同努力，重視各項機關安全防護工作，方能防微杜漸，阻卻各種危害或破壞情況發生。近來，政府機關之危安事件仍層出不窮，吾人應引以為鑑，秉持「未雨綢繆」、「防患未然」之態度，落實各項防護作為，以有效確保機關之安全。

四、對爆裂（炸）物之認識與防處

案例一：

九十二年五月十五日夜晚，男子吳桂慶駕駛滿載十五桶汽油的中型貨車，在引燃汽油後，無預警地衝進位於台北市博愛特區的交通部圓形拱門，當場引發熊熊火勢及濃煙，轟然巨響更震驚鄰近的總統府及國防部，武裝憲兵紛紛緊急戒備，所幸消防人員在廿三分鐘後撲滅火勢，除駕駛被發現燒死在駕駛座上之外，現場無其他人員傷亡。 時隔半個月，類似案件又再度重演，六月二日深夜，四十八歲的計程車司機吳朝仁載著兩桶汽油，開車衝撞基隆市警察局交通隊大門口，隨後點燃車上汽油桶引起爆炸，幸而交通隊員警立即衝出滅火，並打破車窗，將全身灼傷且有生命危險的吳朝仁送醫急救，現場火勢迅速被撲滅，員警亦無人傷亡。

上述兩件案例，雖然皆因相關人員處置得宜，而未造成機關內的重大損害或人員傷亡，但連續發生的危安事件，卻也突顯出公務機關隨時都有可能遭致破壞或意外災害的危險，因此，我們平日即應落實各項機關安全防護工作，以應付各種突如其來的危安狀況。

案例二：

民國九十三年元月刑事警察局處理一件郵包爆裂物。

爆裂物被發現的過程是：某機關秘書正在進行郵件處理分類的例行工作時，拆開了一個寄給首長的包裹，裡面是一個長方型塑膠工具箱，而工具箱裡面則是四個貼著「樣本」字條，裝著不明黑色物體的藥瓶。對機關業務極為熟知的張秘書不曾見過這類物品，而且首長最近也沒有交待她添購物品。心中正覺疑惑，當她發現這四個瓶子外面還纏繞著電線時，不禁打了個哆嗦，會不會是……。

她趕快通報相關長官，長官目視這些纏繞著電線的怪異藥瓶，立即認定是危險物品。於是交代張秘書保持現場不得碰撞，並通知所有員工到會議室開會，同時拿起電話就撥一一〇報案。警方防爆小組接獲報案很快攜帶防爆毯趕到現場，檢視現場確定是個沒有引爆裝置的郵包炸彈，隨即展開鑑識、拆除等偵辦工作。

事後，相關單位認為在多元化社會下，對爆裂（炸）物多一分認識確是必要而有意義的，於是有關單位提供下列參考資料供參。

（一）對爆裂（炸）物之認識與防處爆裂（炸）物的認識：

1.定　義：

指有爆發性，且有破壞力，可於瞬間將人及物殺傷或損毀者而言。

2.觀　念：

過去多以為爆裂（炸）物的外型都是鐵殼有風葉尾的炸彈，而現在多是經過偽裝成不易發覺其危險徵候的日常用品，如信件、包裹、禮盒、食品或手提箱等詭雷炸彈。

3.種　類：

（1）土製炸彈。

（2）信件包裹炸彈。

（3）其他可塑性炸彈。

4.引　爆：

引爆裝置方法很多，可以藉壓發、拉發、鬆放、震動、感應、遙控或其他方式誘使接通電路而引爆電雷管，造成爆炸。

（二）如何發現可疑爆裂（炸）物

如發現可疑信件、包裹、箱匣，或有聲響之不明物品，和不確定物主的任何一件普通日常用品（具），及各種違常棄置的有價物品，在心理上都應提高警覺 — 假設它是一件爆裂（炸）物。

非熟悉之郵務人員或身分不明人士投寄或送達之信件、包裹、禮盒，具有陌生地址、筆跡、怪味，或是厚薄、重量不均衡，有線頭突出、有針孔、破損、油漬、以帶密縛等有違常理的狀況都應謹慎。

（三）發現可疑爆裂（炸）物的處理

（1）「不要碰它」「更不要動它」；受過良好訓練的電子技術人員，都可以製造出一般處理人員無法破解的引爆裝置，處理不當，頃刻間即造成重大災害。

（2）利用偵檢器材試探有無金屬反應。

（3）迅速報告本機關主管單位聯繫警察機關派員處理。

（4）撤離現場人員，設置警戒範圍，禁止任何人接近。

（5）查看附近有無類似或其他可疑爆炸物。

（6）搬開附近易燃、易爆物品，關閉電源總開關。

(7)利用阻絕物體加以隔離，如輪胎等可防止爆炸引起之震波及四散飛射之物體。

(四) 防範爆裂(炸)物應採措施

(1)擬訂防範爆裂(炸)物計畫，定期實施檢查與演練。

(2)訓練收發人員及機要人員養成習慣性高度警覺及具有使用偵檢器材辨識處理可疑郵件或包裹之能力。

(五) 處理爆裂(炸)物之警察機關

(1)特殊爆裂(炸)物(困難處理者)：刑事警察局下轄之特殊事件處理隊之六個組（台北、桃園、臺中、嘉義、高雄、花蓮）

(2)一般爆裂(炸)物(簡易處理者)：縣市警察局刑警隊之鑑識組。

(六) 美國聯邦調查局教導民衆辨識信件及郵包炸彈要點

「FBI 辨識信件及郵包炸彈要點」主要內容爲教導民眾如何辨識信件郵包炸彈，該報告內容重點摘譯如下：

※辨識信件及郵包炸彈要點爲

（有下列情形的郵件均可能爲信件及郵包炸彈）：

1.超資郵件。

2.不正確的頭銜。

3.有頭銜卻沒有名字。

4.一般常用字都拼錯。

5.有油漬或污點。

6.沒有回信地址。

7.超重郵件。

8.使用硬質信封。

9.不對稱、不平均及不平坦信封。

10.突出的電線或錫箔紙。

11.使用造成視覺錯亂的文字或圖案。

12.外國寄來的郵件、空運郵件及特別方法運送的郵件。

13.有限閱標誌，如標示機密文件或私人信件。

14.用手寫或不工整的打字方式書寫地址。

15.使用多餘不必要的安全材質處理郵件，如細繩線或膠帶。

※防範郵包炸彈注意事項

1.絕不在你上班地點或家中接收外國地區寄來的不明郵件，特別是郵包。

2.讓你的家人及機關職員都確實瞭解，拒絕接收任何非預期的郵件。

3.切記每一件郵件都可能是炸彈，將每件郵件均以可疑郵件處理。

炸彈郵件並非全無徵兆足以辨查，開拆前多加留意，這些炸彈郵件並非全無徵兆足以辨查，應用科學設備探測、警犬聞嗅以及在處理郵件時、拆開郵件前多加留意，還是可以查出若干端倪。以 X 光機檢查可使具金屬材料和裝於塑膠盒中的炸彈被偵測出，或從顯示幕上顯露出可疑的型體而達到第一步的過濾功能；警犬亦可嗅覺多種炸藥的氣味提供進一步過濾的參考；而且這類郵件也可能未寫明寄件人姓名地址（或假造資料）致露出疑狀。當然，經過多道程序以詳加檢測將會使郵件的處理成本增加甚多，處理時間也會明顯延長，故郵局可於事先廣爲宣導，免得民眾不明究裡而抱怨郵件延誤。另外，恐怖分子冒著生命危險、煞費周章的製作出炸彈應係具有特定之目的，若未拉扯引爆裝置當不致輕易造成意外，故郵件處理人員倒無需因此而常覺駭怕，造成心理壓力。

收信人若收到發信地址不明、封裝方式怪異的來信，勿輕易拆閱，可洽警方辦理；倘真的是炸彈郵件的話，將會拆除引信後，再留作證物據以偵查。有一點或可供作參考 — 拆開信件時不妨儘量用剪刀來剪除封口，避免用撕扯的方式開啓。真要是炸彈郵件或可防止引爆，避免疏忽造成傷亡事件。

本章重點題目：

一、試述影響機關安全的因素包括那兩類？

二、為能有效落實機關安全防護工作，單位在擬定安全防護預防作為時，應注意那些事項？

三、試述維護機關設施安全防護作法，就「獨立性」機關與「複合性」機關兩方面加以論述？

四、試述機關安全防護之具體做法有哪些？

第五篇

心理協助與緊急避難

第十七章　人際問題與心理協助

安全管理基本條件是所有的員工都需有穩定的情緒、平靜的心境方能集中精力地工作。可是，人每天都生活在複雜的社會環境之中，不斷與外界社會進行作用，幾乎時刻都在與他人進行著各種形式的交往或聯系。其中，社會人際關係不良、家庭衝突或各種生活事件等問題會經常發生。因此，對個體來說，時常會產生各種複雜的心理衝突、挫折、沮喪或令人乏味之事。在工作環境中，對不少人來說，很難把這些心理矛盾和各種雜念全部排除在工作之外，以致造成分心或反應遲純等情況，從而使作業失誤增加、不安全行爲增多，甚至導致意外事故的發生。因此，人際關係的調適是否良好，對安全管理工作有潛在的威脅與影響。

第一節　人際問題與安全管理

一、人際問題

（一）人際關係的概念

人際關係屬於社會關係的範疇，是人們在相互交往中發生、發展和建立起來的心理上的關係。人際關係貫穿於社會生活的各個方面，是社會與個人直接聯繫的媒介，是人們進行社會交往的基礎，是人們加入工作、學習日常生活及各種社會活動所不可缺少的。不同的人際關係會引起不同的情緒體驗。良好的人際關係會使人感到心情舒暢、工作積極性提高。相反，如果人與人之間發生了矛盾和衝突，一時又沒有妥善解決，一方就會產生冷淡、敵視、憂慮或苦悶等心理狀態。這除了會影響個人的身心健康之外，還會導致人在日常工作中心理和行爲的不穩定，對員工安全來說，是一個極爲不利的因素。國外許多研究證明，在不良的人際關係環境中工作，發生事故的概率比正常條件下要高，特別是上、下級關係緊張的地方，更容易發生事故。對個人際關係的研究認爲，一與上級有對立情緒、與同事矛盾重重、與下級關係緊張的個體容易發生事故。

（二）工作環境中的人際衝突

人際衝突是指兩個群體之間或個人之間在行爲上的對立和爭執等。人際衝突的原因主要有以下幾個方面：

1. 由認識原因產生的衝突。這是指人們由於認識、經驗、觀點及態度的不同，對同一事物產生不同的認識而造成的衝突。
2. 目標對立。這是指人們的活動目標對立。在企業組織中，每一個員工加入公司的目標都應該是：遵守企業規章制度、創造更多的符合社會需要的商品，同時提高自己的生活水準。但有時候，部門與部門、個人與組織、個人與個人之間的目標可能出現對立的狀況，因此也就容易導致衝突。

3.需要對象的異同。每個員工者都經常會有各種各樣的需要，他的需要對象可能與別人相同，也可能不同。如果雙方需要相同，而可供對象又不能同時滿足雙方的需要時，由於一方的獲得勢必造成另一方失去，就可能導致衝突，如在晉升職稱、增加工資、分配住房以及生活習慣形成的需要等方面都可能形成這類衝突。

4.比較心理。在員工任務的分配、報酬的支付以及福利待遇等方面都可能產生比較心理，並進而發生衝突。

5.嫉妒心理。嫉妒是一種常見的病態心理，是發現自己的才能、名譽、地位或境遇等方面不如他人時產生的（羞愧、憤怒、怨恨等）心理現象。嫉妒心理較多發生於個人情況（包括能力、地位等）差別甚微的人之間，這種心理的危害性在於對他人實施攻擊、詆毀等行為，進而引發人際衝突。

6.由於小矛盾或潛在的不和未能及時疏通和解決，缺乏溝通而使誤會不能消除等原因，也會導致衝突的發生。

7.管理機構職責分工不明、有事無人負責，出了問題卻相推委、也容易造成群體或個人之間的衝突。

8.分配不當。這是一個很普遍的問題，例如，在工作或員工任務的分配、報酬的分配，或精神獎勵、表揚等方面不公時，都可能引起衝突。

9.非正式群體。形成非正式群體的主要原因在於利益關係，興趣相投、認識偏見等。非正式群體容易產生排他性，與非正式群體之外的群體或個人易發生衝突。

（三）正確解決和處理衝突

爲正確解決和處理衝突，建議做好以下工作：

1.正確認識衝突。有時衝突並非全是壞事，也有其有利的一方面，如，在處理員工安全問題或某項建設性意見，由於觀點不一致造成爭論衝突，經過協商或討論，有利於分清是非，正確決策，這種衝突只要不發展成個人攻擊，就應該讓它存在並正確引導。相反，如果一味壓制衝突，只求表面上的和諧和平靜，反會導致更深的隱性衝突，這樣對公司、工作均不利。

2.建立正確的工作態度。提高人們的正確觀念，建立協調和睦的人際關係。其特徵是平等、互相尊重、團結友愛和相互幫助。共同的利益、事業，共同的理想、信念和道德等，是人際關係的基礎。

3.管理的民主化和合理化。管理者應以公平合理的原則處理一切問題。虛心聽取部屬和員工的意見，做到上下溝通融洽，建立良好的互動關係。

4.解決衝突、緩和矛盾。首先要分清矛盾衝突的性質，然後分別採用不同的方法進行解決。對於涉及法律的問題，應依法處理。屬於道德範圍的，要採用寓教於罰的方法解決。屬於一般性的爭論，要分清是非，採用緩和、調解的方法達成相互妥協。而對於生活小事引起的矛盾應勸導其互相諒解、忍讓、言和。

二、家庭關係

（一）家庭關係與安全管理

家庭關係即家庭中的人際關係，是指家庭成員之間的相互關係，主要包括姻親關係（夫妻、婆媳、姑嫂、叔嬸、妯娌等），血緣關係（父母子女、兄弟姐妹等）。家庭關係中主要的是夫妻關係，是維繫家庭的第一紐帶。其次是父母和子女的關係，是維繫家庭的第二紐帶。家庭關係是人們日常生活中最重要的人際關係。幾乎每個人一生中都在一定的家庭中生活，人們每天除工作、學習外大部分時間都在家庭中度過。因此，家庭中的人際關係好壞，對一個人的影響很大。更重要的是，家庭還是人們調整情緒和消除疲勞的場所。如果家庭關係和睦，一個人做完一整天的繁忙工作，回到家裡就能得到休息和調養，以恢復體力和精力，有利於第二天的上作。有時在工作單位裡遇到不順心的事情而心情煩悶，在家透過向配偶或父母訴說，會得到安慰和勸解，情緒上就會平靜下來。但如果家庭關係不好，整天吵鬧，不但起不到緩解作用，反而會使煩惱加深，以致員工在工作中亦表現為情緒消極，不能集中注意於手頭的工作，易於發生事故。在實際工作中，由於家庭矛盾造成心情鬱悶而導致人身傷亡事故的案例，時有常見。例如，某員工情緒十分低落和懊惱，在這種心理背景下，其意識很容易被完全籠罩在消極情緒之中，外界的事物和信號很難進入他的大腦，以致前方有危險物或車輛可能完全未發覺和及時躲蔽。其實，工作中類似的現象並不少見，如電車司機發覺前方有人在軌道上行走。在靠高很近時，使勁按喇叭竟不能驚醒沉浸在低落情緒中的行人。

（二）家庭矛盾的一般原因及其解決方法

家庭矛盾一般來說由下面一些原因引起：如性格不和，缺乏共同的人生觀，為人處世方面的差異；自私、埋怨、缺乏理解和互相不尊重；子女教育及就業問題；家務分工、經濟開支問題；令對方厭惡的習慣、嗜好等。對每個家庭來說，家庭矛盾幾乎都是不可避免的，家庭關係是否能夠經常維持良好的狀態，關鍵是能否較好地處理和解決矛盾。這般來說，家庭矛盾的解決可遵循以下方法或原則：

1.家庭矛盾的解決要遵循互讓互諒的原則，各自主動指出自己的缺點、不足或錯誤之處。即使自己有理，也要讓人三分，所謂“讓一步天高地闊”，這樣做，問題的解決就會比較容易了。
2.互相體諒討對方的難處，多做一些有益於對方的事，注意發現對方的長處或正確之處，以求得理解和尊重，共同促成矛盾的緩和解決。
3.凡事不要算舊賬，要就事論事，不要對方的弱點和易受傷害處，更不要互相辱罵。

三、日常生活事件

生活事件是指個體生活中發生的事件，需要一定心理適應的時間。包括負性事件和正性事件，並引起人情緒的波動。在工作和生活中，有許許多多的事件會使人們的情緒發生較大的波動，如親友亡故、夫妻分離、工作變化等等。這些事件無疑會對員工的例行工作產生不利影響。當然還應指出，由於各種生活事件的性質和嚴重程度不同，其對人的影響程度也不一樣。美國心理學家通過調查研究，將每種生活事件均賦以一定的數值，如配偶死亡 100；離婚 73；夫妻分居 65；親密家屬死亡 63；結婚 50；工作調動 39；經濟狀況改變 38；放假 13 等。研究指出，一年中生活變化值超出 150 分便有可能導致疾病或發生意外事故。若超過 300 分，則幾乎 100 ％會生病，發生意外事故或工作中發生差錯的可能性更大。將每種生活事件均賦于一定的數值來表示它們對人影響的大小，並未對一個生活事件量表。利用這個表，可以使一個人在一定時間內所經歷的生活事件數量化。研究還表明，生活事件與心理障礙也有關係。如生活群體越多，發現的精神障礙（如抑鬱症狀、睡眠失調等）越多，發生心理病理行爲的可能性也越大，甚至可能促進精神分裂症發病。另外，生活事件與人的某些軀體疾病（如潰瘍病、原發性高血壓等）的發生亦有密切關係。某研究者在 1970 年對美國 410 個離婚的司機做這個調查統計，發現他們在離婚的前 6 個月和後 6 個月這一期間，事故率和違規駕駛次數要比普通司機大得多，尤其在前後 3 個月中更爲明顯。

若分數累計低於 30 分，即生活較安定，則可保持心理的穩定和有利於身體健康。有時，生活當中的區區小事也有可能對人的心理和行爲產生極大影響。人作爲“社會關係的總和”，作爲複雜紛繁的現代社會中的一員，相對於個體來說，正面的和反面的生活事件，幾乎每天都在發生，它們對個體的心理和行爲均會發生消極的或積極的作用。而當這種作用的強度達到一定程度，反映於員工的例行作業過程中時，就會導致人爲失誤的增加，更有可能發生意外。

四、節慶假日

在節慶假日前後，比較容易發生事故，似乎已成爲一個普遍的現象。例如，有的人這幾天就要結婚了，在回家辦喜事之前偏偏出了事故。家遠的員工，在回家探親前或者剛回來上班這些時間裡，有時也容易出事故。更有退休前的最後一個班，以及接到資訊回家奔喪，或請假探視重病的父母或家人等前後而發生事故的情況。在節假日前後，由於與假日有關的事情會在員工的頭腦中起干擾作用，使他們在工作過程中容易注意力分散，情緒不穩定。假日前，人們常會盤算看如何安排假日生活、和家人團聚以及走訪親友等。假期之後，假期中有關事件的映像還未在頭腦中消失，特別是一些令人興奮或令人煩惱的事情，更不會在頭腦中立即煙消雲散，因此會造成勞動者思想不容易馬上轉移到工作上來。很顯然，這些情況都會對安全管理產生不利影響。因此，在員工喜慶、婚喪、節假日前後，作爲一個單位的安全管理者或主管特別是基層管理幹部要及時做好提醒工作，除此之外，在調度、安排工作時，也要考慮採取有關措施，以防患於未然。

第二節　事故後心理協助

一、心理協助

(一) 心理協助的概念

心理協助也稱爲危機干預，是指對處於心理受創後的個體、家庭及群體採取明快有效的心理救助措施。常見於對受暴力威脅、事故傷害與感情受挫者進行的個體心理咨詢和心理治療、勸導與鼓勵，特別是指對經受重大災難者給予的物質和精神上的幫助、慰問等（如 921 大地震後）。心理協助具有溝通觀念、救人於危難的性質，也是人際關係的必然體現，同時也是社會應該承擔的責任。

(二) 心理協助的意義

任何一起意外傷亡事故對於受害者都是災難，無論是地震、颱風、土石流、火災、山崩等造成的重大傷亡事故，都有很深的影響，人們在面臨這種情境時不可避免地會產生十分強烈的心理恐慌及激烈反應。其中，還有很多人會發生行爲的紊亂，導致災害的擴大、傷亡的增加，而災後還會有相當比例的受害者和親歷者留下難以自癒的身心創傷，甚至產生心理和行爲障礙，影響到其日後的工作與生活及社會和企業的安定，甚至有的人還會由心理和行爲的不穩定現象，導致「二次意外」，再次發生事故。所以，心理協助工作不但是人性關懷的必然需要，而且對事故預防、社會和諧、心靈安定也具有重要意義。

（三）心理協助的一般步驟

心理協助的一般步驟是：在危機發生的最初階段，提供情感支援，以緩解緊張情緒；然後指導其根據實際情況，尋求可能的援助；進而通過心理輔導幫助受害者分析危機情境，指導其學習新的認識方法和應付方式，有效地處理危機事件；最後達到提高心理適應能力、重建社會生活的目標，回歸正常的生活。

（四）事故導致直接身心創傷

事故創傷不僅會帶給人們身體上的損傷與痛苦，也會加重個人、家庭和社會的經濟負擔，同時也是一種心理和精神的創傷，並由此可引起一系列心理行爲改變。這些變化又可以直接或間接影響受害者本人及其周圍人的身心健康，影響受害者的生理、心理以及社會康復，影響其人生觀或生存價値。更會對事故發生後的安全工作造成不利影響。以往人們只注重對傷害本身所致的各種生理功能和病理改變的作用機制、治療和康復的問題，而忽視其心理行爲改變及其全面康復後的社會適應問題。實際上，任何一秒創傷都會引起人們的心理行爲反應，有的還會非常嚴重，造成長時間甚至永久性精神損害。這些都需要我們重新加以認識。

二、事故後的心理和行為障礙

（一）心理和行爲障礙類型及特徵

由於事故不但會對人造成軀體傷害，還會對人造成心理創傷（精神創傷），若這種精神創傷超過一定程度即出現創傷後適應不良症（Post -Traumatic Stress Disorder , PTSD）。PTSD 被定義爲個體對異乎尋常的威脅性或災難性適應不良或情景的延遲及延長的反應。它可引起個體的心理、生理功能紊亂，繼發心理適應性疾病。據研究，遭受不同程度創傷後，會有 80%的人會發生創傷後適應不良症，導致明顯的或長久的心理痛苦。各種職業傷害中，特別是在工作場所發生的重大傷亡事故及自然災害受害者、目擊者，甚至在搶救中的工作者都有可能發生創傷後適應不良症。

創傷後適應不良症是一種常見的心理障礙，其特徵有：

1. 反復重現創傷性體驗。儘管患者對經歷事件極不願想起，但卻不自覺地反復回想。
2. 持續回避易使人聯想到創傷的活動和情景。患者會產生一系列退縮症狀，如對旁人疏遠，與親人的感情變得淡漠，對未來失去憧憬，覺得活著沒有意義等。
3. 持續性心理敏感度和警覺性增高。常伴有種經興奮、過度的驚跳反應、注意力集中困難、失眠或易驚醒、情緒不穩定或易怒以及焦慮、抑鬱、自殺傾向等表現，這些心理症狀如果不能改善，會增加再次發生傷害的可能性。

（二）事故創傷後的急性與遲發性不良反應

急性不良反應又稱“急性心因性反應”，常發生於突發性的嚴重精神刺激事件之後，由異乎尋常和來勢迅猛的精神打擊所致，如地震、建築、工廠火災等重大傷亡事故，受害者家屬和事故倖存者均容易發生以上急性不良反應所致的精神傷害。

急性不良反應的症狀一般在遭遇精神刺激若干分鐘至若干小時內出現。主要有兩種表現：一是伴有強烈恐懼體驗的精神性興奮，行爲帶有一定的盲目性，如言語增多，動作雜亂，激烈或叫喊；情感、言語多不協調。另一種是伴有情感遲鈍的精神運動性抑制，表現爲緘默少語，可長時間呆坐或臥床，無情感流露，近似麻木狀態，對痛覺刺激也少有反應；此時可有輕度意識障礙。一般情況下，上述症狀可持續一周至數周左右，然後自行緩解。在適應不良心理反應方面，大體上可分爲三個不同而又有所重疊的發展階段。

1. 焦慮反應階段。突發性的生活事件發生後，當事人不知所措、緊張焦慮、茫然驚恐，甚至有歇斯底里發作。
2. 緩和安定階段。當事人通過取得社會性支持和自我心理防禦，使焦慮情緒趨於緩和，並且開始理性地面對現實。

3.問題解決階段。當事人將注意力指向刺激源，理智地分析導致刺激的原因，尋找解決問題的辦法，最終可能通過消除刺激源、逃避刺激源等改變環境的策略，或通過改變認知評分、培養自己耐受挫折能力的方法解決問題。該反應的強度和刺激源本身的性質、當事人的人格特徵及取得的社會性支持的質量密切相關。另外，對於親身經歷傷亡事故的受害者，還會發生倖存者症狀（Survivor Syndrome），亦稱“生還者綜合症”，它是精神創傷後不良適應的一種表現形式。其主要呈現在抑鬱、夢魘、夜驚、情感脆弱等。

遲發性不良反應爲精神創傷後不良反應的一種急性不良反應相對性症狀。出現於刺激性事件結束較長時問之後。多見於重大的自然災害和兩大事故發生之後，也可發生於某些嚴重的生活變故（如遭受暴力襲擊、親人死亡等）之後。明顯的刺激反應症狀多發生於刺激事件結束後數日至數周之內，常見症狀有焦慮、恐懼、沉鬱、頭痛、頭昏、失眠、記憶力減退和內臟功能紊亂，臨床上稱爲精神創傷後適應不良症。需要給予適當的心理和醫學治療。其發生因素有關：個人的基本需要甚至生命受到刺激性事件的威脅；事件具有不可預見、不可控制的特徵；當事人缺乏靈活有效的應對方法。

（三）恐怖性神經症

恐怖性神經症是傷害引起劇烈心理創傷後產生的嚴重精神障礙。以嚴重燒傷（如火災、瓦斯爆炸、恐怖攻擊等事故）

病人爲例，燒傷發生時殘酷而又令人恐懼的場景，已使患者經歷難以忍受的痛苦折磨，治療時頻繁的創面換藥、多次植皮手術、後期整形等又不斷出現新的刺激，使他們重複體驗著創傷經歷，在精神上引起強烈反應，出現心理恐怖並伴有強烈的焦慮、悲傷、抑鬱等，以至出現驚恐症狀。此外，還有神經功能紊亂等症狀，如顫抖、虛汗、口乾、頭暈、失眠、煩躁、心悸、血壓升高、恐懼凝視、社交逃避意向、嚎哭，甚至大小便失禁等，從而形成恐怖性神經症。因此，傷後的心理護理、治療和醫療救治同樣重要，是患者戰勝自我、重塑人格、再返社會、提高生存質量所必須的。

（四）傷害致殘者的心理行爲損害

各種嚴重傷害的後果可能會導致受害者永久性的殘疾，包括軀體功能障礙、癱瘓、畸形等都會作爲長期的心理刺激因素而影響其身心健康狀態。

瓦斯爆炸、火災、嚴重燒傷患者創面癒合後的外貌畸形、功能障礙等殘疾，常使病人產生刻骨銘心的印象，並誘發病人的心理活動異常。首先，是患者對以後自我形象的心理反應，有的人表現爲悲傷，有些人則表現爲焦慮或抑鬱。隨著肢體部分功能的恢復，整形手術對外貌和功能的改善，或再經心理治療，多數患者能夠接受現實，主動配合功能鍛鍊，最終達到生活自理，有的還可以參加一定的工作。值得指出的是，親屬和社會公眾的態度與反應直接影響他們的心理狀態，如果親屬對病人愈後容貌及功能障礙能夠接受，細心照料，使其得到親情的溫暖則有利於促進心理康復。如果親屬或配偶對受害者產重畸形和功能障礙接受不了，如分居、分離、離婚等則會對他們造成嚴重的精神打擊，有的因得不到應有的心理治療，甚至會自殺。另外，嚴重燒傷患者痊癒後在與社會接觸時，公眾的不良反應可加重其心理創傷，致使他們的自尊心受到損害，使他們害怕接觸人群，生活空間進一步縮小，生存質量下降。因此，對嚴重傷害致殘者的心理康復和社會康復是長期、艱巨而複雜的工作，需要發揮社會、單位和家庭等各方面的力量共同給予幫助。

三、事故創傷發生後的一般協助原則

根據已有的研究和實踐，事故創傷發生後的協助一般應遵循以下原則：

（一）總體原則

1.在事故發生後，首先應該做的是在身體創傷方面進行積極搶救與治療；在心理創傷方面首要的是提供情感支援，以緩解緊張情緒為目標，使受害者感到周圍有人在幫助他們，不使他們產生孤獨無助的感覺。對事故現場的瞭解主要靠實地調查分析，要避免急忙向當事人直接詢問情況，以減少當事者陷入對創傷刺激的“再體驗”之中。國內不少媒體記者在重大傷亡事故發生後常常在事故發生不久就採訪和詢問受害者，這是很不正確的做法。

2.在協助工作中，應該讓人們瞭解到，有些反應是正常的創傷後適應不良反應，並不意味著脆弱或無能，這樣或許有利於減少回避症狀，恢復心理平衡。另外，創作後心理和行為障礙的症狀有長期性、慢性化的特點，如果對患者心理障礙的康復期望過高，反而會增加他們的心理負擔，影響康復。所以，在協助工作中努力在患者周圍營造一種包容和理解的氛圍是—項重要的原則。

3.心理和行為障礙患者在經歷嚴重心理創傷後，常會變得意志消沉，對生活失去興趣。此時，重點在幫助他們重新樹立生活勇氣，指導其學習新的認識方法和應付方法，明確立足現實的生活目標，重建“新的世界”。

（二）在物質與精神支持，促進心理康復

有研究發現，心理創傷事件的強度並不是心理和行爲障礙發生的決定性因素，事件發生後物質和精神支持的強度不夠，生活事件和繼發性不利處境等才是主要的患病因素。周圍正常人群對受害者的社會心理支持會引起重要的緩衝和保護作用。創傷後實施早期干預措施，進行完善、細微的物質上的照顧和感情上的支持，是減少心理和行爲障礙發生及提高預防效果的重要方法。

（三）防止因組織行爲的過度反應導致“禍不單行”

在工作場域中常可見到這種情況：上級幹部在一次事故發生後，唯恐再發生事故，於是厲聲厲色，不斷講，並制定

更加嚴厲的管理措施，結果事故接連發生，個人無法捉摸。所以在發生事故後首先要做好心理協助工作，防止加劇恐懼情緒造成過度激烈言行，避免再次發生事故。

（四）積極開展心理治療工作

心理治療是對心理和行為障礙患者的主要療法，常用的方法有認知治療、行為治療（鬆弛療法、暗示療法、催眠療法、生物反饋）、精神分析療法和集體心理治療等。對於遭受事故創傷而又患創傷後適應不良、恐怖性神經症和事故傷殘者遺留的心理和行為損害都應進行心理治療。因此，在建構緊急應變系統網絡時，除了建立各級政府部門、抗災中心、執法人員、教育、新聞媒體、家庭等災後社會支持體系外，還應建立一套包括臨床醫護人員、心理工作者、精神科醫生、社區衛生心理保健機構在內的，較為完善的災後人群心理救護體系。

四、重大傷亡事故發生時的心理恐慌及其協助

恐慌是人在面臨某種直接威脅時做出的一種不協調和無理性的反應行為。在較多人聚集的場合，還會造成群體性的恐慌現象。如在發生火災事故、重大爆炸事故、輪船失事以及各種嚴重自然災害（如洪水、地震）的情況下很容易出現恐慌現象。比如，當一家商場發生起火事故時，人們都試圖在大火蔓延之前逃出去，而他們的做法卻僅僅是使出口堵塞，造成自己和別人都無法逃脫。當人們知道出口被堵塞時，可能會造成更大的恐慌。為了逃命，他們相互推打踐踏，結

果導致傷亡人數的大大增加。在非群體性場合，恐慌一樣使個體的行爲產生嚴重紊亂和非理性，比如，在發生微小地震甚至聽到有人喊地震時匆忙跳樓等等。發生重大事故時也是如此，如在電影院發生火災事故，當人們看到事故發生後，由於恐慌而忘記逃生避災方法和路線（甚至往更危險的方向奔跑）、忘記佩戴上自救器和採取應急措施等。

每當重大事故發生時，救護人員不是逃出災區而是衝向災區，他們同樣會出現恐慌現象，對此應加以重視和預防。救護人員的救災行動是一種在極危險和惡劣的情況下進行的。在各種極端惡劣危險的處境下，難免會出現恐懼心理和恐慌性異常行爲。特別是在缺乏嚴格訓練和未經嚴格身體與心理選拔的隊員中，表現更爲明顯。這對救護隊員的自身安全和有效救災十分不利。有的隊員在進入救災現場之前就非常恐慌，進入救災現場後，面對強烈的現場危險刺激，如能見度很低的環境、頂板的坍塌、高溫、深煙，特別是見到傷亡者的慘狀，有的人思想陷入停頓，失去了用理智去解決問題的能力，以致茫然不知所措。這不只對救災十分不利，對救護隊員也是十分危險的。

防止由於恐慌導致事故擴大的最有效措施是制定完備、細致的緊急救援方案，對救護隊員進行嚴格的體能和安全心理的教育和訓練。對於一般職工而言，則是進行事故逃生及救災相關知識的教育和經常性的避災演習。

第三節　重大災害事故的心理救援

一、重大事故心理救援的意義

重大事故的主要特徵是傷亡者眾多，受心理創傷的人涉及面廣，社會影響面大，甚至影響全社會。特別是重大事故往往造成數十甚至上百人的傷亡，受傷者本人及傷亡者家屬、救援者、目擊者，都需要心理救助。

經歷一場重大災難刺激後，無論心理素質多強的人，都會留下誰以癒合的心理創傷，甚至因無法適應而做出自殺、或傷害他人等極端行爲。在經歷重大災難刺激後，相當比例的人在三個月內會有發抖、噁心等急性反應，三個月後會出現噩夢等心理反應。不及時治療，就會伴隨終生。對重大災害事故來說，負面影響會涉及相當大的範圍，可觀察到社會上有憂鬱、自殺傾向心理疾病的患者增多，這對全民心理健康很不利。

在以往，發生重大災難或事故後，很快就會有人慰問、救援、物質送到災害發生地，政府和民間全面行動，甚至全社會參與、各方協助，進行物質和精神支持及善後撫慰，傷亡者家屬及子女工作和生活的未來保障也安排很充分，應該說效果還是滿意的。但隨著心理科學的發展，採取這些措施仍是不夠的。如何在重大災害發生後，在心理專家的指導下，及時地對災害承受者進行心理救助，減輕他們的心理創傷，仍有待加強。

二、心理救援的原則

進行重大災害事故的心理救援應遵守以下原則：

（一）救援時心理工作者對遇難家屬進行針對性的心理協助

在毫無準備的情況下突然失去了親人，家屬受到的心理刺激是巨大的，面對失去親人的悲痛和將來需要面對的生活困難，家屬的心理承受能力已經處於崩潰的邊緣，有的甚至陷入心理上的絕望，急需通過心理輔導進行開導和處理。遇難者大多是青年和中年人，他們一般是家庭經濟的支柱。我們必須首先抱著充分的同情心，對他們進行心境的撫慰。由於家屬各自面對的生活前程不一樣，所以，應該根據遇難者家屬的實際情況，有針對性地開展善後的心理協助，使家屬早日擺脫悲痛，面對未來生活。

（二）在救援善後工作中讓幹部得到安全教育

平時幹部雖然將安全掛在嘴邊，但實際上，並未落實，因此，意外發生時，過去沒有經歷部屬或同僚突然在安全事故中失去親人的悲痛感受；沒有體驗到家屬撕心裂肺痛苦的經歷；沒有看到年邁的老父、老母送黑髮兒子的老淚縱橫。因此，應該更多地讓那些主管安全的幹部參與到善後工作中，在家屬對生命的渴盼和悲痛中得到安全教育，而更加重視安全管理！

三、心理救援的具體措施

每遇重大災難，悲痛欲絕的莫過於遇難者家屬。而接下來如何做好家屬的接待、安撫和善後工作，將是妥善解決遺留問題時一個不可或缺的重要環節，而重大事故的善後工作應該有心理救援工作的積極加入。

一般來說，遇難者家屬的悲哀期都有情感休克、麻木、否定、接受四個階段。對這些家屬進行心理危機協助比起其他協助工作的難度要大。“情感休克”發生在災難初期，表現爲受害者家屬面對慘劇，反應麻木，沒有內心體驗，沒有表情，沒有思考。如果沒有及時干預，後果很誰預料，因爲麻木只是對殘酷現實的一種躲避，但最終要醒來，如果無法面對，人就會垮掉。所謂“哀莫大於心死”，不重視心理援助，最終的結果是心理疾病和行爲異常。

在危機發生的最初階段，應把救援的重點放在提供情感支援方面，以緩解緊張情緒。要認真傾聽他們的哭訴，使悲傷的情緒得以宣洩，這樣對防止他們的心理病理化是很重要的。然後，指導個體根據自己的實際情況，尋求可能的援助，要使受害者感到周遭有人在幫助他們，與他們共渡難關。另外，對於受傷人員的積極救治、心理撫慰和及時細致地聆聽關懷，也是對家屬心理撫慰的重要方面。在最初階段之後，遇難者家屬會在心理上接受已經發生的事件這個現實。這時，應重點指導他們學習新的認識方法和應付方法，勸導他們承擔起將來生活的責任，提高適應能力。最後，要以生活救助爲重點，使他們在物質和精神兩方面都能重新適應新的生活，達到最終戰勝困難、重建生活的目標。

要防止因措施不當造成不良後果。如果不對這些受害者家屬進行心理引導、撫恤，他們就會沉浸在傷感中無法自拔。巨大的傷感會表現爲憤怒，他們可能會生病，情感會變得冷漠，甚至會自殘，這是內化的憤怒；有些人的憤怒會向外投射，儘管不是針對某一個人或機構，但他們的憤怒會泛化地向外投射，會表現出一定的攻擊性，會有“報復心理”。如2010 年 10 月颱風外圍環流引發北部連續的豪雨，造成蘇花公路嚴重坍方，致使創意旅行社遊覽車遭埋，後續引發花蓮人到台北抗議政府給花蓮人一條「安全回家的路」。有些協助團體對待家屬的態度不是真誠撫慰，而是以維持秩序的心態防止“鬧事”，也是引起衝突事件的主要原因。

實際上，心理救援並不神秘，幾句親切真誠的問候，生活上的細微照顧，就能起到很大的作用。比如，災難發生後，慈濟志工及時地“送溫暖”，給那些寒夜中焦躁等候的家屬親手披上一件外套，送上一杯熱水，就會讓他們的痛苦稍微的減輕，也會穩定他們的情緒。

總之，越紮實、越細緻、越人性化的救援善後工作，越能安撫社會的悲慟氣氛，越能夠安撫家屬的煩躁不安和驚恐悲慟的心情，越有利於社會情緒的穩定。所以，一定要重視心理救援工作。另外值得指出的是，許多傷亡人員都是一個家庭的物質和精神的雙重支柱，一個人的失去無異於整個家庭的坍塌，所以及時、合理、足夠的賠償金是基本的救援措施，物質救援和心理救援兩者要相輔相承。

此外，爲心理援助不能只靠慈濟或民間團體，政府應成立在救援體系下的心理救援團體，主動積極的加入救援行列。

本章重點題目：

一、事故救援的基本概念及對安全工作的意義主要有哪些？

二、事故創傷後的心理與行為適應不良症有哪些，如何針對這些問題加　以解決？

三、事故創傷後心理協助的方法主要有哪些？

四、重大災害事故心理救援對安全工作有何意義？

第十八章　性格與安全

性格是一個人對現實的穩定態度和習慣化的行爲方式。性格貫穿在一個人的全部活動中，是構成個性的核心部份。人對現實的穩定態度和行爲方式，受到道德品質和社會的影響。因此人的性格有優劣好壞之分。但並不是人對現實的任何一種態度都代表他的性格。在有些情況下，對待事物的態度是屬於一時情境性的、偶然的，此時表現出來的態度就不是他的性格特徵。

第一節　性格與安全管理

一、性格的特徵

性格是一種十分複雜的心理構成物，它有著各個側面，並形成一個性格特徵系統。性格特徵主要表現在下列四個方面。

（一）性格的態度特徵

人對現實的態度主要是對社會、對集體、對他人、對工作以及對自己的態度。對社會、集體、他人的態度的性格特徵有：愛集體、富有同情心、善交際或孤僻、拘謹甚至粗暴等；對工作的性格特徵有：勤勞或懶惰、革新創造或墨守成規、儉樸或浮華等。對自己的性格特徵有：自豪或自卑、大方或羞怯等。這類特徵多數屬於道德品格。

（二）性格的意志特徵

一個人的行爲方式往往反映了性格的意志特徵。屬於正面特徵的有：自覺性、自制性、堅定性、果斷性、紀律性、嚴謹、勇敢。

屬於負面特徵的有：盲目、依賴性、優柔寡斷、衝動、脆弱性、草率、怯懦等。

（三）性格的情緒特徵

性格的情緒特徵是指情緒影響人的活動或受人控制時經常表現出來的穩定特點，主要表現在情緒反應的強弱和快慢、起伏的程度，保持時間的長短，主導心境的性質等方面。如暴躁、溫和，樂觀、悲觀，熱情、冷漠等。

（四）性格的理智特徵

人的感知、記憶、想像、思維等認識過程方面的個別差異，即認知的態度和活動方式上的差異，稱爲性格的理智特徵。例如，在感知方面有主動觀察型和被動感知型，詳細分析型和概括型、快速型和精確型的差別。

二、性格的結構特徵

性格不是多樣性格特徵的簡單堆積，而是性格的多種特徵以獨特的方式組成的一個完整結構。性格的結構具有以下四項特點。

（一）性格結構的完整性

一個人的各種性格特徵並非彼此孤立地存在，而是相互聯繫、相互依存地成為一個系統。例如在反應對工作態度的性格特徵方面表現出認真負責、踏實勤奮的人，往往在性格的意志特徵方面表現出有較好的堅持性和自制力，在性格的理智特徵方面表現出謙遜的品質，在性格的情緒特徵方面遇事沉穩冷靜。由於性格特徵之間存在著相互關聯系，因此只要瞭解一個人的某一種或某幾種性格特徵，就可能推測出其他特徵。

（二）性格結構的複雜性

性格雖然是完整的系統，但是它的完善性與統一性不是絕對的。隨著人活動的多樣性與多變性，性格也表現出極其複雜性。有的人性格較完整、完善，在各種場合表現都一致性；有的人性格就不太完整、完善，在不同場合表現出不同的性格特徵。例如，有的學生在校努力學習，熱心社會工作，舉止端莊，可是在家態度驕橫，不願參加家庭工作。有些人性格的某些特徵在一定場合的表現也有程度之分。例如，一個懶散的學生在嬌慣他的父母而前其弱點表現較多，在老師面前則可能表現較少。因此，只有在各種環境下多方面地考察性格，才能洞察一個人的性格全貌。

（三）性格結構的穩定性與可塑性

由於性格是在不斷地受社會生活事件的影響，教育的影響和自身實踐的鍛練下，長期塑造而成的。所以性格一經形成就比較穩定。但是，客觀事物是極其複雜、不斷發展變化的，人們之間的接觸與交流也是紛亂複雜的，這種現實影響的多樣性和多變性，又決定了人的性格不是一成不變的。因此，性格既是穩定的，又是可變的。正是因爲人的性格具有一定的穩定性，人們才能識別一個人的性格，並根據他的性格特徵預測他在一定情境中可能出現的行爲。又由於性格具有可塑性，人們才有可能培養性格和改造性格。

（四）性格的典型性與個別性

性格的典型性是指某一集團人們共有的本質特徵。人做爲社會團體的成員，與該團體其他成員具有大致相同的經濟、政治和文化的條件，從而在其身上也形成團體成員共有的、典型的性格特徵。另一方面，做爲社會團體成員的個人的具體生活條件，所受的教育以及所從事的各種活動，又有差別的。這一切反映到人的性格上，就形成了性格的個別性。可見，每個人的性格都是典型性與個別性的統一。

三、性格的類型

性格的類型是指一類人身上所共有的性格特徵的獨特結

合。許多心理學家力圖將性格加以分類，找出性格的類型。但由於性格本身的複雜性，至今還沒有一個公認的分類法，現將一些常見的分類方法列舉如下：

一種是按理智、意志和情緒，何種在性格結構中占優勢來劃分性格類型。理智型人用理智衡量一切和支配行動；意志型人行動目標明確、積極主動；情緒型人情緒體驗深刻、舉止受情緒左右。除上述三種類型外，還存在著混合型，如理智意志型等。

另一種最普通採用的分類是按個體心理活動有傾向於外部或有傾向於內部來確定性格類型。外傾型人注意和興趣傾向於外部世界，開朗、活潑、善於交際；內傾型人注意和興趣集中於內心世界，孤僻、富有想像。但多數人屬於中間型。

還有一種是按個體特立性的程度把性格分爲順從型和獨立型。順從型人獨立性差而易受暗示，不加批判地接受別人的意見並照辦，也不善於適應緊急情況；獨立型人獨立性強並有堅定的令人信念，喜歡把自己的意志強加於人，在緊急情況下不驚慌失措，能獨立發揮自己力量。

五、性格的測定

性格心理現象是通過人的言語、行爲和外在風貌表現出來的；性格的外部表現，爲研究性格提供了依據。通過對一個人外部表現的研究，可以判斷他的性格。心理學家已經發明出許多辦法來進行性格測定。常用的有以下幾種。

1.投射法

是一種利用某些圖面材料提出問題，讓受試者對它做出回答時，自然地流露出自己的心理特點。

2.觀察法

是一種通過觀察和分析一個人的日常言行、外表來判斷其性格特徵的辦法。可以是長期有計劃觀察，也可以是短期有計劃觀察。

3.自然實驗法

這種方法是讓受試者在正常從事某項活動時完成一些實驗性試題，以反映出他的性格。

4.談話法

這是一種試圖在與受試者進行各種談話進行觀察和分析，確定受試者性格的方法。

5.作品分析法

這是通過對受試者的日記、信件、命題作文及其他工作的分析而進行的。性格是十分複雜的心理現象，如果僅採用單一的方法，鑒定的結果往往有很大的局限性。只有將多種方法綜合運用,才可能對一個人的性格做出合乎實際的判斷。

五、性格與安全

（一）易引發事故的性格類型

在企業裡，可以看到一些對待工作馬馬虎虎，幹活懶散等性格的人，他們在工作中往往是有章不循、野蠻操作。一些研究表明，事故的發生率和職工的性格有著非常密切的關係,無論技術多麼好的操作人員,如果沒有良好的性格特徵，也常常會發生事故。具有以下性格特徵者，一般容易發生事故。

1.攻擊型性格。具有這類性格的人，常常是妄自尊大，驕傲自滿，在工作中喜歡歡冒險，喜挑戰，喜歡與同事鬧無原則的糾紛，爭強好勝，不接納別人的意見。這類人雖然一般技術都比較好，但也很容易出大事故。

2.孤僻型性格。這種人性情孤僻、固執、心胸狹窄、對人冷漠，其性格多屬內向，與同事關係不好。

3.衝動型性格。這類人性情不穩定，易衝動，情緒起伏波動很大，情緒長時間不易平靜，因而在工作中易忽視安全工作。

4.抑鬱型性格。這類人心境抑鬱、浮躁不安，由於長期心境悶悶不樂，精神不振，導致做什麼事情都引不起興趣，因此很容易出事故。

5.馬虎型性格。這種人對待工作馬虎、敷衍、粗心，常引發各種事故。

6.輕率型性格。這種人在緊急或困難條件下表現出驚慌失措、優柔寡斷或輕率決定、魯莽行事。在發生異常事件時，常不知所措或鹵莽行事，使一些本來可以避免的事故成為現實。

7.遲鈍型性格。這種性格的人感知、思維或運功遲鈍，不愛活動、懶惰。由於在工作中反應遲鈍、無所用心，亦常會導致事故發生。

8.膽怯型性格。這種性格的人，懦弱、膽怯、沒有主見。由於遇事愛退縮，不敢堅持原則，人云亦云，不辨是非，不負責任，因此在某些特定情況下，也很容易發生事故。

上述不良性格特徵，對操作人員的動作會發生消極的影響，對安全工作極爲不利。但由於工種的不同以及作業條件的差異，所以具有這些不良性格特徵的人，發生事故的可能性也有很大差異。以安全管理的角度考慮，平時對具有上述性格特徵的人，加強安全教育和安全檢查督促。同時，儘可能安排他們在發生事故可能性較小的工作上。而對某些特種作業或較易發生事故的工作，在招收新員工時，必須考慮與職業有關的良好的性格特徵。

（二）性格的可塑性與安全

人的性格可以因經驗、環境、教育等因素而改變。在嚴厲、環境、教育因素的影響下，人可以不斷地克服不良性格，培養優良的性格特徵。經歷，尤其是給人以強烈刺激的經歷，對於性格的改變可以產生相當大的作用。當然，在日常工作活動中，並不是每個人都得親身經歷一場事故之後才去注意改變不良性格，而是應該把別人的事故看做一面鏡子，檢討自己在性格等方面是否與肇事者有相似的不良品質，引以爲戒，克服缺點。

在良好性格的形成過程中，教育和實踐具有重要的意義。一個人的性格具有相對穩定性，不是一朝一夕就能改變的。爲了取得安全教育的良好效果，對性格不同的職工在進行安全教育時，儘量採取不同的教育方法：對性格開朗，自以爲是，又希望別人尊重他的職工，可以當面進行批評教育，甚至爭論，但一定要堅持，就事論事，平等待人；對性格較固執，又不愛多說活的職工，適合於多用事、榜樣教育或後果教育方法，任他自己進行反思和從中接受教訓；對於自尊心，又缺乏勇氣、自暴自棄性格的職工，適合於先冷處理，後單獨做工作；對於自卑、性格的職工，要多用暗示、表揚的方法，使其看到自己的優點和能力，增強勇氣和信心，且不可這多苛責。

（三）性格與安全管理

企業的安全管理是保證安全工作的關鍵環節。安全管理需要考慮工人性格的因素。在一些危險性較大或負有重大責任的工作上，應對工作人員進行性格上的認真瞭解。對具有明顯的不良性格特徵的人應調整職務。對於留下來的人員，也應該常與他們接觸，瞭解他們的想法和性格變化。

應該特別注意的是特徵，大膽與輕率、果斷與武斷、謹慎與膽小屬同一傾向的性格、不像勇敢與膽怯、慎重與魯莽這類對立傾向的性格特徵那樣界限分明而容易區分，卻由於兩相接近而不好分辨，有時會側重其有傾向性而忽略其優劣的界限以及潛在的發展趨勢。企業管理，特別是安全管理，要重視這類同向性格特徵的區分，避免因辨識失誤導致嚴重的後果。

第二節　疲勞與安全管理

人，本身是一個隨時隨地都在變化的巨大系統。這樣一個巨大系統被大量的、多維的自身變數制約，同時又受到系統中外在因素與環境方面的牽涉和影響，使人的生理、心理狀態發生不利變化。這些來自外部和內部干擾的因素，會導致一個人身心疲憊，使工作可靠性降低，人爲失誤或差錯增加，進而導致事故的發生。

一、疲勞因素

（一）疲勞的性質與特徵

勞動者在連續工作一段時間以後，會有疲勞和機能衰退現象，這就是疲勞。疲勞是一種正常的生理心理現象。以生理學的觀點來看，疲勞和休息是能量消耗與恢復相互交替的機體活動。疲勞與休息的合理調整，可以使人體的感覺器官、運動器官與中樞神經系統的機能得到鍛煉、提高。在適度的範圍內，疲勞對人體並沒有什麼傷害性。相反，人體如果長期缺乏該有的疲勞，則會引起機體內部活動的失調，如睡眠不良、食慾不佳、精神不振等。但是，如果由於工作負荷過重及連續工作時間過長，造成過度疲勞，就會嚴重影響人的心理活動的正常進行，造成人體生理、心理機能的衰退和紊亂，進而使勞動效率下降、作業差錯增加、工作事故增多、缺勤率增高等。

疲勞對安全管理的影響目前已引起人們廣泛的重視，已有人把疲勞稱之爲安全管理事故中具有重要的因素之一，同時也是國際上安全方面一個長期研究的重點。因此，在安全管理工作領域中如何重視疲勞因素的研究和預防，以緩解各類事故居高不下的局面，是一個重要的課題。

疲勞按其產生的性質，可分爲生理疲勞（或稱體力疲勞）和心理疲勞（或稱精神疲勞）兩種。生理疲勞是由於人體連續不斷的活動（或短時間的劇烈活動），使人體組織中的資源耗竭或肌肉內產生的乳酸不能及時分解和排泄引起的。心理疲勞有時是由於長時同集中於重複性的單調工作引起的，因爲這種工作不能引起勞動者的動機和深厚的直接興趣，加之沒有適當的休息與調換工作的性質，就會使人厭倦和焦躁不安，甚至失去控制情緒的能力。在有些情況下，心理疲勞可能因爲有些工作需要用腦判斷精細而複雜的工作，腦力消耗太大而引起。在另一些情況下，可能由於人事關係矛盾或家庭糾紛等令人很傷腦筋的事情，造成精神疲勞。

生理疲勞和心理疲勞在勞動中並不一定是同時間生的。有時身體上並不感到疲勞，而心理上卻感到十分厭倦。也有時雖然工作負擔很重，身體上感到疲勞，由於工作富有意義或做出了成就而感到精神輕鬆，仍能很有興趣的工作。生理疲勞和心理疲勞既有一定的區別，又有一定的聯系，並且相互制約。在生理上疲勞時，由於某種動機的驅動和意志上的努力，可以繼續工作一段時間，但不能維持過長，超過某種限度，勉強工作就會引起過度的疲勞。這不僅有礙於員工的身心健康，而且容易發生意外事故。因此，在實際工作中，要尊重人體的生理規律，對延長工作時間和加班必須予以嚴格的限制。

（二）疲勞的產生與發展規律

疲勞這一特殊的生理心理現象的產生與發展具有以下幾

個方面的特點：

疲勞發展的幾個階段

1.疲勞的積累。疲勞在活動過程中發生，並隨活動時間的持續而逐漸積累、加重。活動時間越長，疲勞就越加重、明顯。

2.疲勞的持續。人體發生疲勞後，並不由於活動的停止而隨之消失，它要持續一段時間。疲勞的程度越重，持續的時間也就越長。

3.疲勞的發展與人體的生理效率有關。有關學者的研究表明，疲勞與人體生理效率之間的相互關係的變化，大體要經過以下四個時期：

（1）機能水準上升的逐步適應期。例如，剛上班不久，人體的感覺器官、運動器官，從不適應工作環境到逐步適應，這個時期工作效率不高，人體能量消耗不多，所以一般不會產生疲乏的感覺。

（2）機能水平高的適應期。這個時期人體機能完全適應了工作環境，工作效率較高，體能消耗也較大。但由於體內能量的儲存，使能量的供應與消耗仍能保持平衡狀態，所以工作者只有輕度的疲乏感。

（3）機能水平趨向下降的意外補償期。這個時期機體內的能量開始滿足不了活動的需要，勞動者也有明顯的疲勞感。但是，由於工作的責任感與主觀意志的努力，工作效率仍能保持或稍低於前一時期的工作水平。

（4）機能水平下降的不適應期。下班前往往處於這一時期，工作效率迅速下降、機體能量供應明顯不足，勞功者感到饑餓、四肢無力、腰酸背痛，有較重的疲勞感。

（二）疲勞產生變化的幾個特徵

1.疲勞有一定的積累效應，未完全恢復的疲勞可在一定程度上繼續存在到次日。在重度勞累之後，第二天還會感到全身無力，不願動作，就是積累效應的表現。如果次日又達到六分疲倦程度，就感到疲乏到了十分。

2.疲勞可以恢復。年輕人比老年人恢復得快。體力上的疲勞比精神上的疲勞恢復得快。

3.人對疲勞也有一定的適應能力，例如，連續做幾天，反而不覺得累了，這是體力上的適應性。

4.青年作業人員作業中產生的疲勞較老年人小得多，而且易於恢復。青年人的心血管和呼吸系統比老年人旺盛，供血、供氣能力強。某些強度大的作業是不適於老年人的。

5.環境因素直接影響疲勞的產生、加重和減輕。例如，噪聲可加重甚至引起疲勞，優美的音樂可以舒張血管、舒緩緊張的情緒而減輕疲勞。所以某些作業過程中、休息時間和下班後聽聽抒情音樂是很值得我們的。

6.工作的單調。周而復始地做著單一的、毫無創造的、重復的工作。這種沒有興趣的“機器人”作業，使人易於厭煩、疲勞。

7.夜班工作比白天工作疲勞。心理學家研究發現，夜班工作只能完成白天班工作量的 80%，就會感到與白天一樣的疲勞。連續上三四次夜班，就有疲勞積累的傾向，這是由於白天與夜間，人體內環境的生理變化不同而引起的。夜間體溫、血壓、脈搏降低，血液水分、鹽分、尿量減少，副交感神經處於優勢狀態等，這些都是有利於休息、有利於睡眠的重要條件。在白天休息時情況則不同。由於血液水分不充足，能量消耗不能降低，體能轉動多，再加上環境不安靜，睡眠效果較差，所以上夜班的人通常都會睡眠不足，甚至連續好幾個星期夜班後還不能完全習慣。此外，還有一個值得注意的問題是，如果人們的疲勞長期得不到足夠的休息而恢復，會日積月累而逐漸形成一種慢性疲勞。此時，人的疲勞感加劇，不單在工作結束之後，而且在工作之前就感到疲勞。這種情況已帶有病理性質，常出現一系列的心理生理症狀，如情緒易激動（出現反社會行為，與人不和等）、有抑鬱傾向（無緣無故地焦慮）、缺乏活力和主動性等。這些心理效應還常伴有許多身體不適症狀，如頭痛、眩暈、心脈和呼吸功能障礙，食慾不振、消化不良、失眠等。若長期疲勞，則會導致人體健康狀況下降和患病率增加。

（三）人在疲勞時的生理心理狀態

根據俄羅斯心理學家列維托夫對疲勞的研究，人在疲勞時的生理心理狀態包括以下幾個方面：

1.無力感。甚至當生產率還沒有下降的時候，工人已經感到勞動能力有所下降，這就是疲勞反應。勞動能力下降表現為一種特殊的難受感覺和缺乏信心。工人感到無法按照規定的要求繼續工作下去。
2.注意的失調。注意乃是最易疲勞的心理機能之一。在疲勞狀態下，注意容易分散，並表現為怠慢、少動，或者相反，產生雜亂的好動，游移不定。
3.感覺方面的失調。在疲勞的情況下，參與活動的感覺器官功能會發生紊亂。如果一個人不間歇地長時間讀書，那麼他會對眼前的字行開始變得模糊不清。聽音樂時間過長，高度緊張，會喪失對曲調的感知能力。手工作時間過長，會導致觸覺和運動覺敏感性的減弱。
4.記憶和思維故障。與工作相關的領域都會直接出現這種故障。在過度疲勞的情況下，工人可能忘記操作規程，把自己的工作弄得雜亂無章。在此同時，對與工作無關東西，反而熟記不忘。腦力勞動造成的疲勞尤其有損於思維過程，然而在體力勞動造成疲勞的情況下，工人也經常抱怨自己的理解能力降低和頭腦不夠清醒。
5.意志減退。疲勞狀態下人的決心、耐性和自我控制能力減退，缺乏堅持不懈的精神。
6.睡意。疲勞能夠引起睡意。這種情況下，睡意是保護性抑制反應。當人工作得疲憊不堪，睡眠的要求會變得強烈，以致任何姿勢下也能入睡。在工作上我們有時會看到，在連續工作時間太長而疲勞至極時，人會毫無警覺地突然入睡。這種情況對正在從事危險性較高工作現場的作業人員來說十分危險。如各種車輛司機等。

二、疲勞產生的原因分析

工作中引起疲勞的原因很多，根據日本著名疲勞研究專家、國際工效學會理事長大島正光對疲勞的一般原因和心理原因所作的分類，結合企業的實際情況，將疲勞的原因臚列如下。

疲勞的一般原因

（1）不熟練

（2）睡眠不足

（3）連續作業時間過長

（4）休息時間不足

（5）連續多日白班或夜班

（6）白天和夜間多連續作業

（7）過長地加班

（8）作業強度過大

（9）工作中能量代謝率過高

（10）拘束、固定的作業姿勢時間過長

（11）單調、簡單重複、缺乏變化的工作太久

（12）年齡過輕，或高齡

（13）環境不利（高溫、照明不足、振動、噪聲）

（14）在有害物質（氣體）下的作業

（15）不當的作業條件（如作業位置過高、過低、空間狹窄等）

（16）由於疾病體力下降等

疲勞的心理原因

（1）工作熱情低落

（2）興趣喪失

（3）工作不安定（如不安心本職工作、擔心失去工作等）

（4）拘束感，束縛

（5）家庭不和

（6）惦記家外事（家裡人生病，經濟緊張等）

（7）對健康擔心

（8）危險感，危機感

（9）責任壓力過大

（10）種種不滿（對工資、福利、晉升、不平等待遇、以及對整個企業的不滿等）

（11）職業工作與個性不合

（12）對疲勞的暗示

由上述說明可知，產生疲勞的原因是複雜多樣的，既有工作強度過大，作業時間過長、作業環境較差及身體條件不適應等一般性原因，又有諸如缺乏對本職工作的積極動機、工作中存在消極的心理因素等眾多的心理原因。因此，安全管理者如何從日常生活中觀察、注意到工作者的疲勞跡象，是確保安全管理重要的因素。

本章重點題目：

一、試說明性格特徵主要表現在那四個方面？

二、試述性格的測定常用的有那幾種？

三、請說明易引發事故的性格類型有那些？

四、試述疲勞發展的幾個階段？

五、人在疲勞時的生理心理狀態，包括那幾個方面？

第十九章　安全避難與自衛逃生

第一節　火災、消防與逃生

一、火災特性

火災的形成有一成長期，在火災的初期，五分鐘以內，不論其燃燒的溫度或範圍，只要你備有適當的簡易滅火器材，即可輕易快速地予以撲滅；若不能即時處理，導致火災擴大後，因燃燒產生高溫的輻射，將使附近可燃性物質發生自燃現象，此時火焰傳播異常迅速，已非單純使用個人滅火器材所能撲滅，而應快速脫離火場，由專業消防人員處理。

二、火場逃生

我們都知道，熱氣流上升，冷空氣下降，同理，火的延燒是以每分鐘約三至五公尺向上，而橫向卻只有〇・一至〇・五公尺，且受建築設計的規範，其向上燃燒一樓層的時間，則應在三十分鐘以上，因此，如身處於大樓中之任何一樓，當火災發生時，可參考下列原則處理。

（一）火災現場在你的樓層上方，則火災不會立即影響到你，你可視個人能力，選擇協助滅火或逃生，但決不乘坐密閉之升降電梯，以免停電受困。

（二）火災現場在你所處之樓層，而你懂得如何滅火時，應儘速協助撲滅初期火災，如你同大多數的人一樣 — 懼怕火時，則應確認前往安全門的安全逃生路徑，迅速脫離火災現場，而更重要的是，你要養成進入任何建築物之後，即先確認安全門所在位置的習慣。

（三）火災現場在你的樓層下方，此時你可能要面對火災的挑戰。首先，嘗試往下層逃生，而當不可行時，立即向頂樓平臺逃生，切莫以為停留在較低（原）樓層內，較有利雲梯車救援。

（四）遠比火更為可怕的是 — 燃燒廢氣與燻煙，因為建築和裝橫的材料，於燃燒後，會產生大量的戴奧辛、氰化氫、氯化氫、氮氧化合物及一氧化碳等劇毒性氣體，與高溫的碳粒，隨熱氣流上昇及四竄於升降機通道內、安全門未適當關閉的安全梯內，及最佳傳播系統之冷暖氣導管內，並立即由下而上的充滿整棟大樓；對未有適當安全衛生防護器具之逃生者，極易產生中毒、缺氧窒息、眼睛灼傷或肺氣管灼傷等災害。

三、使用消防器材

（一）滅火器 — 一般大樓均依建築技術規則，裝置有火災預警設備及自動灑水設備與消防水栓，如設置得當，應能有效完成滅火。惟為防止固定消防設備之故障或功能不良，另應備置適合公共場所使用之輕便型滅火器。對於場所內經常性人員，應教育訓練熟悉滅火器使用及逃生技能。首先，我們要談的是，實用性極佳，但價格較貴的鹵化院滅火器，使用時，僅須將頂方安全插梢拉掉，以手按下開關即可噴出，優點在操作簡單、重量輕，對女士、小孩使用均無困擾，滅火效能極佳，尤其適用於電氣火災，如電腦中心等地必須裝設。缺點在可能造成缺氧，及其滅火高溫下會產生氟化氫等多種劇毒性氣體，故一般使用濃度應設定在百分之五至七之間，使用者必須瞭解其特性及自己之有關安全措施。

（二）常見的 ABC 多效乾粉滅火器，其構造分兩種，一、是經常在滅器內，儲存有壓力的蓄壓式，它附有一壓力表，由壓力表之壓力，指示降低情形，可知是否有漏氣發生，便利更換補充及救災使用，使用時僅須將頂上插梢拉出，一手握滅火器，一手持噴管，向火源的底部噴灑即可；二、是利用附裝之二氧化碳或氮氣小鋼瓶，使滅火器內充填之乾粉吹出的加壓式，使用時，須先將小鋼瓶保護蓋移開，用手掌壓下鋼瓶頂蓋，一手持滅火器，一手持噴管，走向火源，壓下噴管手柄，向火源的底部噴灑，即可達到滅火的效果。乾粉滅火器，一般在十餘公斤，亦方便女士使用；由於乾粉滅火器之乾粉，極易受潮結塊，使用後，不論殘餘多少，均應將鋼瓶倒置、噴管向上，使其全部釋出，重新裝填備用，而不可留待下次，造成後者使用之危害。

四、火場避難

首先我們必須知道火場中有什麼因素會危害我們生命安

全，正所謂「知已知彼，百戰百勝」。火場中的頭號殺手是什麼？濃煙。但濃煙為什麼能成為頭號殺手？煙不濃時，會不會一樣造成重大人命傷亡呢？由於煙中混有劇毒性的氣體，所以他是火災中最可怕的殺手，而煙不濃時，一樣會致人於死，只是所需時間較長而已。因為煙可怕之處不僅是含有劇毒性的氣體，最重要的尋他無孔不入，而且每秒鐘上升速度三至五公尺，故一棟十層樓建築物，一樓起火時，不到十秒鐘，十樓就煙霧迷漫，防不勝防。

當然除了濃煙外，高溫是火場另一可怕的殺手，一般鋼筋水泥建築物發生火警時，其溫度可高達八五〇˚C，木造平房則為一二〇〇˚C，而人暴露在一七七˚C 的環境中，三〇秒鐘會死亡，或許各位會想，發生火警，要多久時問才會達到一七七˚C，如果需費時十時幾個小時，那根本威脅不了我們的生命。事實上實驗研究顯示，一個木造平房起火到一七七˚C 以上高溫，不需要三分鐘。換句話說，一個火場中要達到致人於死的高溫，根本就輕而易舉。

此外，根據經驗，火場中伸手不見五指的漆黑環境，會讓人慌亂、惶恐，進而選擇一些錯誤的逃生方法—跳樓，亦為造成人命傷亡的要因。而這些跳樓喪生的人，都是從較高樓層跳下，其主因可能就面對黑暗的環境，不知何去何從，認為自己再不離開這棟大樓必死無疑，但又不懂正確的避難逃生要領，所以選擇了跳樓這種不智的舉動。

透過上面的分析，我們知道濃煙、高溫、黑暗是影響逃生的主因，應該如何加以防範、應對？首先必須是採低姿態逃生。因為熱、煙均往上升，採低姿勢可減少熱煙之傷害。

但是採低姿勢爬行，要爬到那裡去？當然是找出口。而火場漆黑一片，如何才能找到出口？最便捷的方式就是沿牆壁，因爲門都跟牆聯在一起，而且沿牆壁可避免被掉落的物品擊傷。那什麼又是出口，所謂出口係指安全門或一樓大門。那什麼又叫安全門？安全門是做什麼的？安全門是要將火煙阻隔在起火樓層，防止火勢濃煙擴大波及至其他樓層，所以安全門一定是鐵做的，因爲它必須具有一定程度之耐火時效。而且爲了指示人們逃生方向，安全門上方都會有一個出口標示燈，二十四小時保持常亮狀態。

從上述所談，我們可以瞭解安全門平常一定要保持關閉狀態，方能發揮阻隔火煙之效果。當我們通過安全門，就可到達安全梯，或另外一個安全區域，生命即可獲得保障。

另外，爲什麼安全門通常都是單向開啓？萬一我通過安全門，發現安全梯阻塞，無法逃生，該怎麼辦？我還可以回到屋內，選擇其他的逃生路徑嗎？安全門的作用是將火煙阻隔，也就是說只有在起火層的人安全門才有這個作用，而當我們身陷在起火層，如能順利通過安全門逃離火場，我們就不希望再返回火場去，因爲根據統計，兩分半鐘內沒有跑出來的，都是被抬出來的。換句話，火場逃生時間非常有限，當你有幸逃出時，就不應再折返火場去搶救財物，這就是安全門只能單向開啓的主因。

當我們通過安全門，並不代表我們已完全排除火災的威脅，接下來我們就必須決定逃生方向，到底應該往上逃或往下逃？如果有一棟十二層樓建築物，你身處在十一樓，十樓起火燃燒，你會選擇往上還是往下逃？如果這時候火勢持續向上延燒，你怎麼辦？如果你選擇往下，有本事穿越十樓這個起火層，到達九樓，理論上火不會往下燒，相對於十一、十二樓，你的安全是不是獲得更大的保障，同樣只跑一層樓，其所產生的結果截然不同，這是一個相對安全區的觀念。

由於熱氣流上升，冷氣流下降。所以，火災發生後，尚未發生擾流或充分空氣對流時，地表面或樓梯死角仍殘存有清淨的空氣，在逃生路程中可匍匐吸取；亦可採用透明塑膠袋捕集清淨空氣後套置頭部，供應逃生期間所需之氧氣，且具防止燻煙危害，但決不可碰觸高溫，避免黏牢頭部。在逃生過程中，遇有門時，切忌立即開啓，而應以手觸摸門面，如高溫即表示門後有燃燒情形，以免開啓造成燻煙漫延及火舌吐出。

歸納上面所講，火場逃生四個原則：

一、低姿。二、沿牆。三、從安全門梯。四、往下。

除了前述基本的避難逃生要領外，人類避難逃生時的特性，亦是決定能否全身而退的重要因素。分述如下：

(1) **向光性**：人有往光亮處前進的特性，但火場上往明亮地方前進是否安全，值得深思。

(2) **歸巢性**：人遭遇緊急危難時，會先回到最熟悉的地點躲藏。如英國曾統計旅社火警時，人們的處置流程為①出房門確認火警是否發生；②返回房間著裝，收拾裝備。在分秒必爭的火場中，這種歸巢性可能會造成不必要的傷亡。

(3) **從眾性**：大部分的人都會盲從，如別人跳樓，而您又不具備正確的避難逃生技巧，就很容易跟著別人跳樓。

(4) **習慣性**：火場搭電梯是大忌，如果您平常都搭電梯上下樓，又沒有觀察安全門梯的習慣，發生火警時，由於習慣性，可能會帶領您往電梯間衝，造成錯誤的選擇。

(5)**左轉性**：大部分人心臟都在左邊，所以田徑比賽時，都是逆時鐘前進，換言之，將自己的心臟隱於內側，感覺上未曝露於外，較有安全感。如果今天火場的樓梯設計左轉往上，由於左轉性的影響，可能會帶著您左轉往上逃生，違背逃生往下的原則，進而肇致傷亡。

五、火災時如何自救？

「火災時如何逃生？」最重要的是甚麼時機？選擇甚麼方向？什麼路徑（方法）逃生？唯有平日「居安思危」，多認識火災與應變知識，或許因此就可保住自身的安全，逃過一劫。

(一) 一般居家逃生常識：

在設定逃生計畫之前，請各位先要澄清以下的四個觀點：

1.火場是黑色的且黑的可怕，你不可能看得見東西。

2.煙和一些有毒氣體會要了你的命。

3.火場的溫度很高，很可能瞬問殺死你。

4.火場中你沒有時間，唯一的動作就是逃生。

逃生狀況可分爲三種，一是逃生避難時，二是室內待救時，三是在無法期待獲救時，其方法敘述如下：

逃生避難時

1.不可搭乘電梯，因為火災時往往電梯會中斷，會被困於電梯之中。

2.循著避難方向指標，由走道進入安全梯逃生。

3.以毛巾或手帕掩口：利用毛巾或手帕沾濕以後，掩住口鼻，可避免濃煙的侵襲。

4.濃煙中採取低姿態爬行：火場中產生的濃煙江瀰漫整個空間，由於熱空氣上升的作用，大量的濃煙將漂浮在上層，因此在火場中離地面三十公分以下的地方應還有空氣存在，尤其越靠近地面空氣越新鮮，因此在濃煙中避難時盡量閉氣，採取低姿態爬行，頭部越貼近地面越佳。但仍注意爬行的便利性及速度。

5.濃煙中戴透明塑膠袋逃生：在濃煙中避難逃生，人體如果防護不當，一吸進濃煙倒致昏厥或窒息，同時眼睛亦會陰濃煙的刺激，產生刺痛而睜不開。因此如有簡易的裝備能使人們在煙中逃生時，能提供足量的新鮮空氣，並隔離煙對眼睛的侵襲最佳，此時即可利用透明塑膠袋。

6.沿牆面逃生：在火場中，人常常會表現驚惶失措，尤其在煙中逃生，伸手不見五指，逃生時往往會迷失方向或錯失了逃生門。因此在逃生時，如能沿著牆面，則當走到安全門時，即可進入，而不會發生走過頭的現象。

在室內待救時

（1）用避難器具逃生

避難器具包括繩索、軟梯、緩降機、救助袋等。通常這些器具都要事先準備，平時亦要能訓練，熟悉使用，以便突發狀況發生時，能從容不迫的加以利用。

（2）塞住門縫，防止煙流進來

一般而言，房間的門不論是銅門、鐵門、鋼門，都會具有半小時至二小時的防火時效。因此在室內待救時，只要將門關緊，火是不會馬上侵襲進來的。但煙是無孔不入的，煙會從門縫問滲透進來，所以必須設法將門縫塞住。此時可以利用膠布或沾濕的毛巾、床單、衣服等，塞住門縫，防止煙進來，此時記住，潮濕能使布料增加氣密性，加強防煙效果，因此經常保持塞住門縫的布料於潮濕狀態是必需的。另外如房問內有大樓中央空調使用的通風口，亦應一併塞住，以防止濃煙侵襲滲透。

（3）設法告知外面的人

在室內待救時，設法告知外面的人知道你待救的位置，讓消防隊能設法救你是非常重要的。如果你待救的房間有陽台或窗戶開口時，即應立即跑向陽台或窗戶之明顯位置，大聲呼救，並揮舞明顯顏色的衣服或手帕，以突顯目標，夜問如有手電筒，則以手電筒為佳。如所在的房間剛好沒有陽台或窗戶，則可利用電話打「一一九」告知防消單位，你等待救助的位置。

（4）選擇易於獲救處待命

在室內待救時，如可安全抵達安全門，進入安全梯或跑至屋頂平台，均是容易獲救的地點。如不幸地，受困在房問內，則應跑至靠陽台或窗戶旁等待救援。

（5）要避免吸入濃煙

濃煙是火災中致命的殺手，大量的濃煙吸入體內會造成死亡，吸入微量的濃煙則可能導致昏厥，影響逃生。因此務必記住，逃生過程中，儘量避免吸入濃煙。假如爲濃煙所困，因地面之空氣較清新，應採用低姿勢及短呼吸法，用鼻孔呼吸爬向安全出口逃生。由於濃煙的上昇速度較人之上樓速度快，故儘可能向地面逃生。假如被困在濃煙密佈的房間裡，應盡量靠近地面，如有可能應在窗口附近坐下呼救。

無法期待獲救時

當無法期待獲救時，應利用現場之物品或地形地物，自求多福，設法逃生。

1.以床單或窗簾做成逃生繩
2.沿屋外排水管逃生
3.可用消防栓水帶或電線替代逃生繩
4.絕不可跳樓（三樓以上）

六、居家防火常識

一般居家以廚房、瓦斯的防火措施爲首要：

(一) 常引起瓦斯災害原因：

1.瓦斯器具品質不良。
2.瓦斯器具放置地點不當空氣不流通，燃燒不完全造成CO（一氧化碳）中毒。
3.瓦斯器具附近堆放易燃物品。
4.瓦斯管、橡皮管等損壞漏氣。
5.忘記關閉瓦斯開關或火燄被湯水熄滅而漏氣。

(二) 廚房防火措施:

1.廚房內部應為防火構造(牆壁用不燃材料,出入口為防火門)並自成一防火區劃。

2.油煙管、過濾罩應該經常清洗,不可積有油垢。

3.油鍋起火立即以鍋蓋蓋下熄火。

4.應熟悉滅火器操作技術。

5.如果廚房鍋子加熱過久而起火,你可以使用鍋蓋、蘇打粉、滅火器都有窒息或冷卻滅火的效果。

七、居家安全平時注意事項

針對居家環境之防火類型可分爲公寓、住商混合大樓及透天厝,針對居家安全於平時應注意事項:

(一) 公寓防火常識

1.內部裝潢要用不燃材料(如混凝土、磚、玻璃纖維)或耐熱材料(如石膏板、耐燃合板、耐熱纖維板)

2.陽臺、門窗勿裝鐵窗;如非裝不可,應預留逃生出口。

3.要有二處以上不同方向逃生通路。

4.自備滅火器,並熟悉使用方法。

5.安全門不得加鎖。

6.自備輔助逃生器材(如軟梯、繩索、滑袋、緩降機等)

（二）透天厝

一般純住宅單棟建築物之透天厝，由於高度不高，只要注意防盜鐵窗，預留緊急逃生出口，危險性較低。經常發生而造成人命傷亡的火災案例，則以擅搭屋頂平台加上鐵窗封死逃生無門，而造成悲劇爲多。

（三）住商混合大樓

此種居家大樓常有供公眾使用之場所存在，如 KTV、MTV、旅館、戲院、醫院、娛樂場所等，而業者爲求空間的美化及充分利用，因此，安全門梯、走廊通道加以易燃裝潢，加上部份安全門之自動關閉裝置故障或脫落，使原本是安全逃生的管道，可能就成了煙火蔓延的途徑。而長期居住在此複合性大樓者對生命的安全實爲一大危機。對於此類的大樓住家應隨時保持建築物之安全門梯、及通道的暢通，不要任意的堆積雜物、加鎖或堵塞。另外對於電梯口的防火區在逃生避難時相當重要，因爲在電梯內，對各樓層狀況並不瞭解，冒然地步出電梯間而電梯口處並無適當的防火區，於發生火災時，易造成人命傷亡，加以高樓濃煙分佈各通道，且大樓常因高熱而在斷電狀態中，更造成恐慌。此類場合視爲複合性大樓，其防火逃生措施應比照公共場所爲之，宜加強之安全措施如下：

1.窗口不可加設鐵窗。
2.店內裝修時不可封閉原有之門窗。
3.樓梯間應保持暢通，不可加設鐵．門上鎖或封閉。
4.裝修時應保留原有消防安全設備（如消防栓、探測器、照明燈、廣播設備等）不可任意拆除或遮蓋，尤其自動火災警報設備，應維持正常功能。

5.裝修時應考慮使用防火、防火材料裝修或隔間。

6.櫃檯人員換班時應檢查每個空間（房間）以策安全。

7.客人離去時應立即清理居室（房間）以防客人殘留之煙、火種造成災害。

8.全體員工平時應予消防編組，並熟練滅火器及室內消防栓之使用，將火災消滅於初萌，遇事故時，能即時通報住戶，引導逃生避難。

9.滅火器適用於油類及氣體（瓦斯）火災。如一般火災使用滅火器同時，應再用水冷卻，以免死灰復燃。

10.訂定緊急逃生計畫實施演練；以因應突發事故，引導疏散顧客安全逃離現場。

八、經常檢查事項

除上述之應變常識外，爲使居家防火更爲安全，茲提供下列各點，請經常對社區、住家、大樓自我檢查，深信必將多一分安全保障。

1.樓梯間勿放置機車。

2.會使用室內消防栓嗎？

3.準備有滅火器嗎？

4.出入口或走廊未堆放物品阻礙逃生嗎？

5.住家四周未置放易燃物品嗎？

6.能順利到屋頂避難平臺嗎？

7.火柴或打火機物品，不放在小孩能輕易拿到處。

8.有準備避難逃生計畫嗎？

9.居家逃生計畫，有實地演練嗎？

10.電熱器旁未放置易燃物品嗎？

11.排油煙機、管定期清洗。

12.烹飪時，人不可離開。

13.外出時、就寢前，確實檢查瓦斯火源。

14.有準備手電筒、急救箱嗎？

15.瓦斯熱水器裝設在通風良好處。

16.能從陽台或窗戶逃生嗎？

17.外出時不可將行動不便或者幼童獨留屋內。

18.裝設鐵柵是否預留逃生出口？

19.室內裝有火警偵測器。

20.電線定期檢查。

21.有無易燃材料裝修。

22.使用延長線不接用多孔插座。

23.具備初期火災應變能力。

24.祭祖、焚燒冥紙小心火種。

一分準備，三分小心，十分安全。

第二節　颱風常識知多少

一、颱風從那裡來

風從高壓中心來，吹向低壓中心去，颱風從海上來，但並不是所有的海上都會產生颱風，在北半球，太平洋區的①墨西哥灣，②菲律賓群島，包括臺灣，香港和日本，印度洋區的③孟加拉灣，④阿拉伯海，這四個地區，每年五至十一月會產生颱風，七到十月為颱風旺季。在南半球，太平洋區的①澳洲東岸，印度洋區的②澳洲西岸，和③馬達加以西，這三個地區，每年十一月到次年四月會產生颱風。

颱風產生的原因是到了夏季，在赤道無風帶的地面上受熱增強，使暖濕空氣上升，到了一定的高度，水汽凝結，形成大量的積雨雲，因而釋放出了大量的熱能，使空氣成了暖氣團，重量減輕，氣壓下降，結合地球自轉所產生的偏向力成一個反時鐘方向的空氣旋渦。這個氣旋如果越旋越快，到達每秒鐘一七點二公尺的風速準標，便稱為颱風。颱風越旋轉範圍越大，旋渦越旋越深，這個旋渦我們稱颱風眼，颱風眼是風的中心，如果颱風眼經過臺灣，我們在颱風眼裡的時候，因為空氣稀薄，會覺得悶熱難受，情緒低落。在颱風眼裡，風平浪靜，有時候會看到太陽，但颱風眼一過，又會風雨交加，陷入颱風中。

二、颱風的名字

全世界每年會產生許多颱風，如果有颱風而沒有名字，怎樣處理每一個颱風的資料呢？

美軍關島聯合預報中心（現已移至夏威夷），在 1947 年依照英文字母，取了八十四個女人的名字，分四組，每組二十一個，如果颱風一旦產生，便給她一個現成的名字，後來在 1979 年加入男性名字。2000 年起，颱風的命名改由國際氣象組織中的颱風委員會負責。現在西北太平洋及南中國海颱風的名字，由颱風委員會的 14 個成員（中國、北韓、南韓、日本、柬埔寨、越南等）各提供 10 個名字，分為 5 組列表。

實際命名的工作則交由區內的日本氣象廳（東京區域專業氣象中心）負責。每當日本氣象廳將西北太平洋或南海上的熱帶氣旋確定為熱帶風暴強度時，即根據列表給予名字，並同時給予一個四位數字的編號。編號中前兩位為年份,後兩位為熱帶風暴在該年生成的順序。例如 0312，即 2003 年第 12 號熱帶風暴（當其達到強熱帶風暴強度時，稱為第 12 號強熱帶風暴；當其達到颱風強度時，稱為第 12 號颱風），英文名為 KROVANH，中文名為“科羅旺”；0313 即 2003 年第 13 號熱帶氣暴，英文名為 DUJUAN，中文名為“杜鵑”。颱風中文名字的命名，是由我國氣象局與香港和澳門的氣象部門協商後確定。

三、怎樣聽懂颱風警報

颱風警報和其他氣象報告一樣，其中有許多術語，如果你不明白術語的定義，你就無法徹底了解颱風警報的內容。例如：中央氣象局發布「海上颱風警報」，如果你認為是「海上有颱風」，那就錯了。「海上颱風警報」的定義是：預測二十四小時內，颱風的暴風範圍可能侵襲臺、澎、金、馬一百公里以內的海域。同樣「海上陸上颱風警報」的定義是：預測十八小時內，颱風的暴風範圍可能侵襲臺、澎、金、馬的陸地。

我們聽颱風氣象報告的時候，一定會聽到下列的術語：

颱風強度：「颱風強度是依照颱風中心附近的風速劃分的。每小時三四海里至六三海里，稱爲輕度颱風」。每小時六四海里至九九海里，稱爲「中度颱風」。每小時一〇〇海里以上，稱爲「強度颱風」。颱風是一種海上熱帶氣團，中心附近的風速必須要達到每小時三四海里，才能稱爲「颱風」。否則便是「熱帶氣旋」颱風大小：颱風以風範圍大小，分爲三種：風暴半徑不足一〇〇海里者，稱爲「小型颱風」。風暴半徑超過一〇〇海里，但不足二〇〇海里者，稱爲「中型颱風」。風暴半徑超過二〇〇海里者，稱爲「大型颱風」。

大型強烈颱風：颱風中心附近的最大風速達到每秒五一公尺以上，風暴半徑達到二〇〇海里以上者，始可稱爲「大型強烈颱風」。

超級颱風：颱風中心附近的最大風速達到每秒鐘六五公尺以上者，始稱爲「超級颱風」。

四、防颱須知

※颱風來臨前

（一）密切注意颱風資訊，包括風速大小、行經路線、登陸時間、預判離開時問等。

（二）一般颱風多會夾帶大量雨水，故應清理排水口、排水溝，以防阻塞而造成水患。

（三）對於門窗屋瓦進行檢修，使其牢固，例如可加釘防固條、防止門窗因風速之衝擊而破裂、掉落；門窗縫隙予以密封以防止滲透，屋瓦亦可用水泥強化，防止翻掀漏雨。

（四）屋外樹枝修剪、樹木亦用支架牢固、懸掛看板、招牌、電桿、電線或易受風襲之物，均應暫時拿下或固定，以防止吹落、倒塌、碎片等傷人。

（五）及早準備急救箱、照明設備、電池、收音機、飲用水、食物等應急物品。

（六）因低窪地區、有水患地區（如河堤兩旁）或機關建築物不穩固者，均應及早疏散人員。

※颱風來襲時

（一）儘量留在牢固之建築物內，減少外出，並應隨時收聽颱風動向，以爲應變。

（二）維持通訊之靈活，隨時與相關機關或警方保持密切之聯絡，遇有緊急事故時儘快通報及處理。

※颱風過後

（一）檢修損害，搶救危難，並進行復建工作。

（二）對於吹落之電線、玻璃等小心注意，以防止傷人，對於傾斜鬆脫之物，立即通知支援人員妥慎處理。

（三）檢討損害原因，做爲下一次颱風時防範之依據。

第三節　地震的基本認識與防範措施

一、台灣的地理位置

臺灣位處於地震發生頻率最大的「環太平洋地震帶」上，而臺灣東部的花蓮、台東等地區又位於「歐亞大陸板塊」和

「菲律賓海板塊」的衝擊點，因此，不但地震發生的次數很多，而且經常有強烈之地震發生。根據中央氣象局之統計，從二十世紀初期至今有超過七十五次的地震在臺灣地區造成生命、財產之損失，且大約每二至三年即可能有一次規模六點五級強震發生。目前臺灣地區經濟繁榮，人口亦日趨集中，潛在之地震危害度亦更嚴重，故亟需居安思危，建立正確之防震知識，以及有效逃生避難的方法，俾及早完成萬全之防震準備。

二、地震的類別

（一）起因不同之區分：

1. 構造性地震：因造山運動或板塊運動而造成岩石斷層變形或其他構造性過程所引起之地震。
2. 火山性地震：因火山噴發或火山運動所伴隨之有關地震。
3. 衝擊性地震：因地面受到撞擊或爆炸等擾動所引起之地震。

（二）發生次序之區分：

1. 前震：在強烈地震之前，有時會先發生若干次為小地震，即所謂「前震」。前震有時不易察覺，即使察覺也難以判斷他是否為強烈地震之前奏。
2. 主震或本震：一系列地震發生時，其規模最大者為「主震」或稱「本震」，其造成之災害最為嚴重。

3.餘震：主震之後常會發生若干規模較小的地震，稱之為「餘震」，通常隨著時間逐漸減少，餘震之發生較前震明顯，次數亦較多。

4.群發性地震：如一系列地震發生時，其震動次數相當多且規模約略相等，如此不具有主震之一群地震，即稱為「群發性地震」。

（三）以規模區分：

1.無感地震：震度為零級，地震儀有紀錄，人體無感覺。

2.微震：震度為一級，人在靜止時或對地震敏感者可察覺到。

3.輕震：震度為二級，門窗搖動，一般人都可感覺到。

4.弱震：震度為三級，房屋搖動，門窗格格有聲，懸物搖擺，盛水動盪。

5.中震：震度為四級，房屋搖動甚烈，不穩物傾倒，盛水容器達八分滿者濺出。

6.強震：震度為五級，牆壁龜裂，牌坊煙囪傾倒。

7.烈震：震度為六級，房屋傾塌，山崩地裂，地層斷陷。

三、地震災害

（一）大地搖動

地盤不穩下沈

泥土滑動

土壤液化

大地突然傾滑

雪、土、石崩塌

（二）沿斷層之大地變位

大地搖動及沿斷層之大地變位等兩種情形可能導致：

1.房屋建築物倒塌，尤其公共建築物如戲院、學校、醫院、市場等人口密集的地方最易引起重大傷亡。

2.水壩崩潰、水庫裂開、河堤決口，致洪水氾濫引起水災。

3.公路坍方，橋樑斷裂，路面突起或下陷造成交通阻塞，以致消防車、救護車無法駛援施救，擴大災情。

4.鐵路路軌扭曲、火車出軌、地下電纜、自來水管、瓦斯管斷裂造成水荒、電路不通等影響災區施救火災。

5.山崩、落石傷人或土石阻塞溪河、道路，引起水災並造成交通癱瘓，因此地震之後不可登山或入山旅遊。

（三）海嘯與海浪激盪

沖毀海港、碼頭、船塢、船舶及沿岸房舍。

（四）火災

地震之後，火災常相繼發生。

四、防震要領

（一）平時之防震措施

1.居家：

（1）平常家裡應備有乾電池收音機、手電筒及急救藥箱，並使每個家人知道這些東西所儲存的地方，了解急救方法。

（2）知道家裡瓦斯、自來水以及電源安全開關的位置，家裡的每一個人亦應知道如何關閉。

（3）重物不要置於高架上。

（4）將笨重家具栓牢。

2.學校：

尤其是中、小學的教師應經常在課堂裡，提示學生如何避難。

3.辦公室及工作場所：

應有緊急應變的計畫，而且每個人應了解緊急情況發生時，各人所擔負的任務以及應採取何種行爲。

（二）地震時之自保

1.保持鎮靜，不要慌張，迅速關閉電源開關，熄滅火源，打開門。如在室內，請留在室內，切勿慌慌張張跑到戶外。如在室外，請待在室外，許多災害的發生，是因地震時，人們逃難或闖進建築物所致。

2.在室內，請躲在堅固家（器）具三角下，或靠建築物中央的牆站著或站立於走道口，切勿靠近窗戶或站於門口，以防玻璃震破，墜物擊傷。

3.在室外，請站於空曠處；應遠離頭頂有電線或任何東西可能掉落（如建築物的屋瓦或招牌等）的地方。

4.不要使用蠟燭、火柴或其他的明火。

5.如在行駛中的車輛內，勿緊急煞車，注意前後左右所發生的情況，減低車速，將車靠邊停放，並留在車內直至震動停止。

6.在辦公室及工作場所：藏身於辦公桌或堅固的家具下，遠離窗戶。

7.在高樓大廈裡，請在堅固的家具下避護或靠樑柱站立。如需要疏散時，使用樓梯比使用電梯來得安全。

8.在學校：

（1）於教室內，應避於桌下，面背窗戶。

（2）如在操場，應遠離建築物。

（3）如在行駛中之校車，應留在座上勿動，直至車輛停妥。

（三）地震後

1.查看周圍的人是否受傷，如有必要，應施予急救，檢查水、電、瓦斯管線有無損害，如發現有損壞，應將所有門窗打開，立即離開並向有關權責單位報告。

2.打開收音機，收聽緊急情況指示；儘量不要使用電話，因此時電話線路需作較優先緊急救難的通信之用。

3.檢查下水管道有無故障前，勿使用沖水馬桶及排放污水。

4.請離開受損之建築物。

5.儘可能穿著鞋子，以防被震碎物刮傷。

6.在學校、辦公室及工作場所應聽從救難人員的指示。

7.遠離海灘、港口附近地區以防海嘯之侵襲，即使地震後數小時亦應小心。

8.地震發生而造成災害之地區，除非特准，否則不應進入，並嚴防歹徒趁機掠奪

9.注意餘震之發生，因其常導致另外的災害。

大地震所帶來的災難雖無可奈何，但我們如能事先擬妥防範計畫及應變措施，臨事時能處理得當，應可將災害減至最低程度。

六、防震守則

保持鎮靜勿慌張　切斷電源關瓦斯　在高樓勿近窗　堅固家具好避處

室外行走避來車　慎防墜物和電線　震後電梯勿搭乘　上下樓梯要小心

檢查住所保性命　危樓勿近先離開　行車勿慌減車速　注意四方靠邊停

公共場所要注意　爭先恐後最危險　收聽廣播防餘震　自助救人勿圍觀

防震演習要確實　時時防震最安全

第四節　如何自衛

我們無法改變犯罪人的意圖，但我們可以消滅其機會。

＊ 一個人走到妳和妳的丈夫面前，拔出刀子，向你們勒索，妳怎麼辦？

＊ 妳發現有車子在跟蹤，對妳似有企圖，該怎麼辦？

＊ 半夜醒來，聽到客廳裡有腳步聲，該怎麼辦？

處於危機之中，一舉一動都是生死攸關，了解一些應變的方法，對於危機的到來，將不會慌張失措，才能夠保全性命。

第一種狀況 — 妳和丈夫在路上漫步，突然有人從暗中躍出，用刀子抵住妳丈夫的胸部要他把錢掏出來，這時妳該怎麼辦？沒什麼好辦法，只有照他的話把錢遞給他，和他纏鬥或辯駁都得不到好處，只有吃虧更大，遇到這種情形，妳應冷靜地問自己：錢重要還是生命重要？很多人就忽略了它，而吃了大虧，但要記住他身上的特徵、高度、口音等。

一旦一脫離了他的威脅，不要浪費時間。儘快跑，或是呼喊求救，地勢太偏僻，盡可能找個有電話的地方報警這種情形不可等到回家再做，如果你們能正確而仔細地描述他的身影及特點（體型特徵十分重要：衣物是可以變動的，無大價值），以及逃走的方向，將有助於找回失去的東西，也可使日後更多人免於受害。同樣的方法對於扒手及小偷也很有效。扒手雖然不及搶錢的歹徒可怕，但是，如果想當場逮住他，可能招來不必要的傷害。

顯然，沒有絕對必要，外出不要攜帶太多的錢。零錢和化妝品、眼鏡等等雜物儘可能放在皮包裡，而鉅款或貴重物品則貼身爲要。因爲歹徒總是以爲婦女的一切都放在皮包裡，所以目標集中在她的手上。

第二種狀況 —— 一位婦女被車子跟蹤。如果她誤會了他們的用意，答應搭他的車子，那真是愚不可及。如果知道被人跟蹤，最安全的措施是，向著車子行駛的反方向奔跑，一面叫嚷。如果他窮追不捨，至少他得把車子掉過頭來，那要花費時間的。如果妳嗓門夠大，他很可能只好作罷。

第三種狀況 —— 半夜醒來，發覺客廳有響聲。據研究犯罪的專家表示，闖入者可能有各種不同的動機；不能採取固定不變的方法，完全得看當時情形，靠頭腦去判斷去應付了。

譬如，歹徒闖進房間，翻箱倒櫃，這時，最好靜靜地躺著，一面仔細地觀察他。如果他以爲妳睡了，很可能在搜索完畢之後即迅速溜走。如果妳叫喊，或打開燈，甚至撥電話，他很可能狗急跳牆，轉而攻擊妳。

如果闖入者在房子的另一層樓，與妳有相當距離，採取的行動應該是另一種方法。如果自己所處的位置近於出口或有鄰居可幫忙，儘快跑出去。如不可能，關上房門，打電話報警（所以，床邊裝電話是有必要的）。冷靜地報告事情的經過，然後耐心地等待來援，不要單獨去和歹徒搏鬥。

對於闖入者有兩大禁忌。第一，不可以把他逼到絕境，應放他一條生路。第二，也許妳有刀、棒等武器，千萬不可動用它。除非一下子就能把他打在地上，否則，他可能奪取妳手中的武器來攻擊妳。

如果外出，回來時發現家裡有被人闖入的跡象，先別進去，賊人可能還在屋內。

如驚動他，反而惹上不必要的傷害。應借用鄰近的電話，及時報警，然後守候，等待警察的到來。

如果妳夜裡駕車，發現一部車子有跟蹤的企圖。也許妳想儘快趕到家門口，衝進屋去。但專家的意見是，按喇叭，開向多人的地方，或是警察局甚至加油站。並且，記下車牌號碼。如果怕奔馳路上撞到別的車子，那麼車子停下，關上窗門，按喇叭，等候援救。

說不定，妳剛上車，發覺後座傳來聲音：「向前開，不准叫嚷！」該怎麼辦？除非他用刀槍抵住妳，否則迅速地打開門，尖叫飛奔。這是逃走的唯一時機，錯過了它，妳就很難脫離他的掌握。如果遇紅燈停下時，有人鑽進車來，最好的對付方法是「尖叫飛奔」。同時，儘可能先取下鑰匙。顯然，駕車及停車時，關閉不需用的門窗，才是防範不速之客的最佳辦法。

婦女在夜間步行最容易受到攻擊。如果妳發現有人跟著妳，最好的辦法是穿過街道，朝相反的方向快步離開。避免接近樹叢等蔭暗處，因爲那裡容易藏匿歹徒。還有，走路時不要回頭。如果他仍跟來，跑向附近有住戶的地方，或是商店求救。如果情況實在太糟，被他追上了，儘量保持鎮靜，迅速對準歹徒的重要部位反擊之。用洋傘、皮包，甚至高跟鞋敲他的頭；乘機咬他的手，踢他的小腿，踩他的腳背，抓他的臉和手，用全力頂撞他的鼠蹊部。乘他無力攻擊時，尖叫飛奔，直到安全爲止。

如果必需獨自在黑夜外出，如何保衛自己，攜帶武器是辦法嗎？不行，那是犯法的。而且武器落入歹徒手中，後果更是不堪設想。最好是在皮包裡放置一枚警笛，它不止可招來救兵，更有嚇阻歹徒的效用。

另外一種雖不嚴重，但擾人的是，在公共汽車、擁擠的戲院，甚至電梯裡，常遇到一些毛手毛腳的人。妳也許跟別的婦女一樣，除了窘迫地推開或換位子之 外，真是束手無策。但那是非常不好的，歹徒會認爲妳好欺侮而更是想人非非。如果附近有別的男士，妳最好開口說：「這個人在侵襲我」。否則，用肘部用力頂撞他的肋骨，踩他的腳，踢他的踝。讓他知道妳不是好惹的。當然，如果他逼人太甚，只有尖叫才是上策。

如果妳目睹一場攻擊的展開，而自己又無防身之術，不可輕易挺身而出，最好是儘快招人前來幫忙。或設法報警，很多人都有「自掃門前雪」的習慣，這是很不對的。也許就那麼一念之差，使某一無辜的人白白喪失了生命。

當然，與其知道如何應付危急的場面，還不如知道怎麼避免它來得更好。據專家認爲，犯罪需要兩項因素 — 意圖和機會。我們無法改變犯罪人意圖，但我們可以消滅機會。以下是幾點專家的意見，不妨一聽。

維護孩子的安全：

維護孩子的安全，最重要的是，隨時注意使孩子處於安全情況之中。嬰兒及幼童應不離眼線，孩子上下學，應指示他走最安全的路線，囑咐他不可在外逗留。不准孩子在夜間出去，非不得已，也應有成人陪伴前往。

不要嚇唬孩子，但叮嚀他們，未經許可不准接受別人的禮物，或搭便車。告訴他，如果有陌生人表示過度的友善或有意接近，不可聽從他，應把情形報告父母、老師。警告孩子，不可在無人的小巷子，或是正在搭建的房子裡玩耍。

多了解家裡的佣人。注意其精神是否正常，有無對孩子猥褻的行爲。外出時要佣人關大門，晚間打開外邊燈光。並且吩咐佣人及孩子，不准讓任何陌生人進屋。電話機附近，張貼重要電話號碼，以便於急需時使用。

注意孩子的交往。欺侮孩子的常是親人或熟人，而不是生人，你也許會感到詫異！據統計，犧牲在性犯罪之下的人75%是未成年，而其中只有25%是牽涉到生人。

青少年出去，父母應知其去處及其同伴。如赴約，最好能預先知其對象。提醒他們，不可往偏僻黑暗處，青少年們常憑幻想愛到一些羅曼蒂克的「情人谷」之類地方，最易爲歹徒所暗算，前些時報紙，曾經刊載一對情侶晚間在一所小學約會談心，結果遭歹徒殺害。而且在黑暗的地方常有抽「戀愛稅」的不良分子匿藏，應多提防。

警告孩子們，不搭別人的便車。即使，爲生人指引路途時，也應謹慎。有些青少年好心陪伴生人，到他所指的地址去，結果遭暗算。歹徒知道欺騙青少年最好的辦法就是，利用他們喜好幫助人的天性，請他們帶路。

女兒獨自看家時，提醒她不可把名字和地址告訴電話裡的陌生人。特別是，不能讓對方知道，家裡只剩她一個人在。家中的安全：留意門窗 —— 家裡所有的門都應加雙鎖及門栓。鎖是擋不住職業小偷的，但雙鎖可以拖延他們的時間，而他們對於從裡面上的門栓是毫無辦法的。

多用鎖——即使在家，或出門片刻，也應把門鎖上。據估計，發生於家庭裡的竊盜案，其中25%是門敞開時，讓歹徒溜進去的。

留意應門的動作——房門巨應有探窺裝置或在門上加裝鎖鍊。遇推銷員或修理工人請他們出示身分證（雖然對他們來說，有點受辱的感覺，但這是不得已的）。如果陌生人想借用電話，答應替他打；而不讓他入內。

獨棟式住屋夜間應保持前後門的明亮，不可爲省幾個錢，誤了大事。

天黑後拉上窗帘，或關閉百葉窗。

記牢鄰人的電話號碼。電話機旁，張貼盜警一一〇、火警一一九及轄區派出所的報警號碼。

睡前留意門窗是否關好，該亮的燈光是否開著。

鑰匙——每一家人各備有房門鑰匙。最好不要把鑰匙留在信箱或其他自以爲安全的角落；那才是最危險的辦法。

第五節　行車與獨行的安全

1.駕車時，停車後都應保持門窗的關閉。爲了便於通風，窗子留一兩吋的隙縫。

2.注意油箱內的油量，以免開車到偏僻的路上拋錨，爲歹徒所乘。

3.養成進車前探視後座的習慣。歹徒可能就蹲伏在那裡。

4.車應停靠在明亮處。貪圖方便，停於幽暗的地方，常常是吃虧的原因。

5.如果車輛發生故障，把手帕綁在天線上。打開引擎蓋，將自己鎖在車裡。如有不明身分的陌生人示意幫忙，不要開門。耐心等公路警察的到來。

6.儘量在光明而交通流量人多的道路上行駛。雖然路程可能遠了一點，也是划得來的。

7.不要停車，幫忙拋錨的車子；女人的力量是有限的。說不定這就是歹徒的陷阱。最好還是通知警方。

8.皮包不可放在座位上。應將它放在小櫃子裡，或是地板上。

上街的安全：

儘量以輕快的步伐穿越街道。在明亮的招呼站等公共汽車。避免走偏僻黑暗的捷徑。同時最好，有人陪伴。

提包應抓緊，愈近身體愈佳。敞開的袋子是最容易招引歹徒注意的。

熟悉周圍的環境，遠離群聚的不良分子。

常言說的好，多一分準備，少一分損失。如妳和妳家人都能對安全多加留神，救可免於不必要的傷害。

婦女深夜獨行如何保護自己？

女子深夜獨行，安全受到威脅，是一個不可避免而又無法確實掌握狀況的問題。

一個單身女子深夜回家，在一處無人的巷子裡，突然被歹徒抱著，她應該怎麼辦？

也許，她的反應是大聲尖叫，以爲這是最好的辦法，可是往往那些歹徒都是選擇一些任你叫得再大聲也沒人聽得見的地方下手，所以，我們若遇到這些情況，隨機應變才是上策。

據一位在警界服務多年的王姓警官說，女子深夜獨行安全受到威脅是一個不可避免而又無法確實掌握狀況的問題，同時也是個古今中外都有的老問題。

如何避免不幸情況

怎麼樣才能夠避免這種不幸呢？最好的辦法就是避免在晚間獨自一個人出門，否則的話，安全多少都會受到威脅的。不過，有些婦女是從事夜間的工作每天都是獨行夜歸；同時有些婦女遭遇到無法避免的情況，必須在深夜回家，或者晚間一個人走在靜謐的巷子裡。以下的幾點意見可供參考：

1.一個人夜行，儘量避免走僻靜無人的區域，如果非經過這樣的地方，那麼就儘可能的走在路燈下，但是如果路燈的間隔很遠，最好就走在路的中心，容易被人看見的地方。

2.平時就要注意自己經過的路線上，哪裡有商店、哪裡有警察派出所，哪裡有住宅、郵筒以及哪裡有守望相助的崗哨等等，以備必要時可以呼救求援。

3.當你發現有可疑的車輛停泊在你必經之途。那麼你應該提高警覺，臨時改變路線，或者找個隱密的地方等候它開走，或者等到有其他的行人車輛過來時才繼續前進。

皮包要背在右邊

4.你的手提包應該貼身挽緊，而且要揹在右手邊。一方面是右手通常比較有力，反應比較敏捷，如果遇到情況，能作緊急的保護措施，另一方面我們靠右行走，皮包背在右邊是靠裡面，歹徒不容易搶奪。

5.當你發現被人跟蹤的時候，一定要提高警覺，同時保持鎮靜，因為「作賊心虛」是必然的道理，那些想做壞事的傢伙，一定比你更慌張，而你露出越害怕的樣子，他們的膽子就越大。如果情況緊急，絕不可猶豫不決，不知如何是好，又怕誤會了別人，你應該當機立斷，馬上跑到最近的住宅去按門鈴，甚至打門，高聲呼叫，即使搞錯了也不要緊，為了自身的安全，寧可弄錯也沒關係。

6.如果迎面有人走過來，你也要提高警覺，最好不要給他接近的機會，萬一不幸的被擋住去路，你必須保持鎮靜，不要搭理他，用較快速的步伐離去，如果你非常害怕，也不要跑著離開，除非已有相當的距離。或者那人已露出什麼不軌的企圖，以免觸怒歹徒而對你施以強硬的手段，造成不幸的後果。

不過，你一旦被擋住去路，而且那人也對你有糾纏不清的行動時，你還是要憑智慧去分析處理那種困境的。

比方說你碰到的是醉漢，你如果能脫身跑走最好，否則鼓起勇氣推他一把，甚至摑他一記耳光好了，這樣或許能夠把他打清醒，而你也可以趁機溜掉。如果你碰到的是那種心理不正常的人，你就不妨哄哄他，說些話分散他的注意力，找機會溜掉。

保全生命與貞操

7.如果你碰到的是色狼、或者想搶你錢的人，那麼隨機應變是最重要的，假若真的無法脫身，在逼不得已的情況下，寧可把錢給他，因為生命和貞操都更重要啊！

8.晚間出門，身上不要帶太多錢，同時財物也不要露白，以免引起歹徒的非分之想。如果必須多帶錢的話，也不要集中放在一處，可以將錢分裝在皮包裡，或者衣服的口袋，這樣萬一被歹徒「光顧」，也不至於「全軍覆沒」。

9.如果在深夜，你走進自動電梯，發現有可疑的陌生人在裡頭，你最好還是退出，另外改坐一部電梯比較可靠些。

10.如果你自己開車出門應酬，途中如果遇到陌生人攔你的車，不論他是否有什麼意圖，你都不要停下來，即使他真的需要你的幫忙，你也還是小心些，別上當才好，讓其他的人行善吧！

夜間加馬車也得當心

如果你在郊外碰到類似車禍的情況，最好也別停車查看，你最好趕快去報案，讓警方去處理好了。雖然這樣看起來似乎太不「見義勇爲」了，可是一個單身女子在深夜裡，她本身的安全就是需要保護的，沒有誰會責備你的態度。

另外當你去應酬的時候，你的車子最好停在你認識的車輛附近，同時在下車後，要特別小心的將車門窗都鎖好。而你離開的時候，儘可能與熟朋友一起出來，讓他們陪你到停車的地方，登車以前，要看清楚你車子的後座，甚至車箱裡有沒有人藏在裡頭。

最重要的一點就是：對於陌生或者可疑的人，你平時就應該養成一種注意的習慣，比方說他的相貌的特徵、身材的高矮、膚色、髮型、衣著、說話的口音，甚至看清楚他們的臉上有沒有明顯的痣，或者疤痕等等，如果發生什麼事故，這是指認歹徒甚至破案的重要的線索。

準備袖珍「警報器」

當然，夜間經常遲歸的婦女，最好能夠準備一個袖珍的「警報器」— 小哨子之類可以代替呼叫的東西。否則，也可以利用現成的飾物，如鍊條似的向皮帶」、雨傘等做爲防身之工具。

而近年倍受重視的防身術，也是婦女應該學習的「功夫」。不過，據王警官說，許多曾經學過防身術的婦女，在遇到緊急情況的時候，除了驚叫以外什麼都想不起來，更別說「防身術」了。所以，保持鎮靜和機警是最重要的事。

而所謂的「防身術」，你只要記住以下幾個觀念，在緊要關頭能夠用上，那麼對你一定會有幫助的：

1. 由背後被抱住時，趕快把你兩邊的手肘向上提起，再猛然的蹲下，即可擺脫對方的控制。
2. 被正面擰住一隻手時，把手握成拳頭，使勁的向內扭轉，找到歹徒手指與拇指間的缺口，那裡是最沒有力量的地方，你順勢在那個「缺口」用力向外掙脫，很容易就可以擺脫了「魔掌」的。

用鞋跟猛踩對方

3.無論在什麼情況被抱住，你都可以趁歹徒不備時，用高跟鞋跟猛踩對方的腳，然後在他唉喲叫痛的時候趕快逃之夭夭。

4.如果你是被歹徒從側面抱住肩膀時，你略將身體往下蹲，再用你的手肘使勁的反擊對方的前胸或下腹部。

5.假如歹徒還沒有抱住你，而正設法接近的時候，有兩個方法可以保護自己。第一，你將你的手掌伸直，把手指併攏，各指的第一節關節用力弓下，像一把利刀似的往對方的眼睛攻擊，歹徒對你這一招的反應，一定是往後退，那麼你豈不是可以趁機調頭而逃了嗎？

另外，當歹徒要接近你時，你也可以利用你的腿，看準他的面部，或對準其他要害，抬腿踢去，對方下意識裡也一定是先保護自己，那嘜你就可以趁他踉蹌後退時，迅速跑掉。

無論如何婦女總不是男人的對手，最安全的防身術有時也不一定能脫身，最好的辦法還是多運用女性的智慧，隨機應變的嚇阻對方，保護自己才是上策！

本章重點題目：

一、試述火災時如何自救？

二、颱風來臨前、中、後應注意那些事項？

三、地震時的防護措施為何？

四、歹徒入侵屋內應如何自救？

五、夜行婦女應注意那些事項？

第二十章　緊急救命術 CPR

什麼是 CPR

CPR 是「心肺復甦術」（Cardiopulmonary Resuscitation）的英文簡寫。在 1960 年代美國國家研究委員會，鑒於 CPR 的施行沒有標準，特別是醫師接受 CPR 的訓練不完全，因此建議醫護人員要根據美國心臟學會的標準學習 CPR 的技術。這是 CPR 的開始。到 1970 年代中期，CPR 始成爲美國全國推廣的活動，至今在美國有超過 4000 萬人次接受過 CPR 訓練。

在台灣，CPR 的推廣最早是由紅十字會推廣，及至急診醫學會成立，在急診醫學會下設有全民 CPR 推廣小組，CPR 的推廣始步入軌道。

心肺復甦術（CPR）技巧是使用於心臟或呼吸停止的病人，直到更高一層的生命救命術到達。CPR 包括口對口人工呼吸和心臟按摩。它會使一些帶氧血流到腦部和其他重要器官。

為什麼要學習 CPR

一般人發生事故，第一個想法就是把病人送到醫院，殊不知人的大腦如果失去血液流動，在 4-6 分鐘後，即將失去功能。我們送醫的過程常常超過這個時間。如果在送到醫院前我們能對於心跳呼吸停止的病人給予 CPR 的話，病人的救活率就會提高。

目前的研究知道有四個重要因素影響病人的救活率，就是：早期通知緊急醫療服務體系，早期 CPR，早期電擊，早期高級心臟救命術（ACLS）。如果這四個因素都做得好的話，病人的救活率就會比較高，但如果任一因素有缺陷的話，則救活率會大打折扣。這就是所謂的生存之鏈（Chain of survival）。

學習 CPR 的重要性在呼吸、心跳停止後 4-6 分鐘內是黃金救援時段，在救護技術員（EMT）未抵達之前，若您能立即實施正確的 CPR 步驟，將有助於提升病患的存活率。

根據美國近年來重要「生命之鏈」之觀念，在心臟及呼吸停止之狀態，人之腦細胞於四分鐘開始死亡，於十分鐘內腦死成爲定局。依據此一觀念，全世界目前對病危患者之救治目標在達到四分鐘以內有基本救命術（BLS）之救治；八分鐘以內有高級救命術（ALS）之救治。

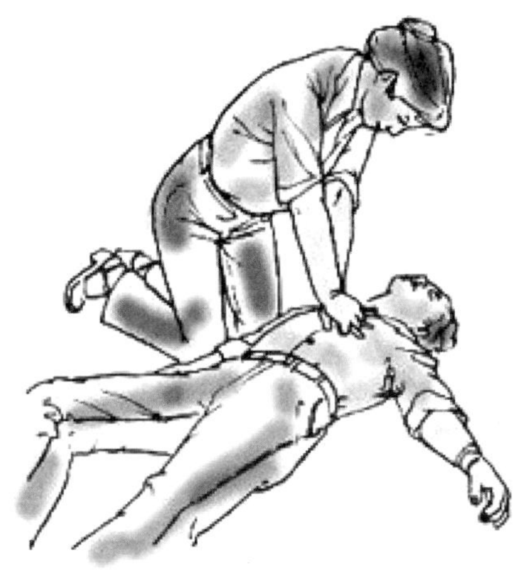

心肺復甦術（CPR）技巧是使用於心臟或呼吸停止的病人，直到更高級

的生命救命術到達。心肺復甦術（CPR）包括口對口人工呼吸和心臟按摩。它會使一些帶氧血流到腦部和其他重要器官，爭取那重要之幾分鐘使病患生命徵像能夠維持穩定。

此次，新版 CPR 強調「叫（檢查意識）、叫（求救）、A（暢通呼吸道）、B（呼吸）、C（循環）、D（去顫）」等六個程序，其中在「循環」執行「按壓方式」時，更有「用力壓、快快壓、胸回彈、莫中斷」的口訣，強調持續按壓的重要性，而壓胸與吹氣的比例，由原本的 15：2 改為 30：2，而最後的 D 去顫，依照現行我國法規規定，應由受過專業訓練之醫療救護人員操作。以下心肺復甦術（CPR）技巧，系依據行政院衛生署公佈新版心肺復甦術急救法,參考美國心臟醫學會（AHA）2005 年 11 月公告 CPR 2005 new guideline 訂定。

心肺復甦術（CPR）技術

對突然心跳及呼吸停止的人而言，及早 CPR 是生存之鏈中的一項重要連結。CPR 包括了口對口人工呼吸（或其他人工的吹氣方式）及胸部按摩。它使得部份含氧血流至腦部及其他重要器官，直到獲得進一步適當的醫療，以回復正常心臟功能。

心跳停止會使人在幾秒鐘之內喪失意識，如能迅速啓動緊急醫療救護系統（先打電話、快打電話），及早 CPR，儘速電擊及及早有高級救命術，病人就有存活的機會。

CPR 的技術包含了三種基本的急救技巧，稱之為 CPR 的 ABCs：呼吸道（Airway）、呼吸（Breathing）、循環

（Circulation）。

呼吸道

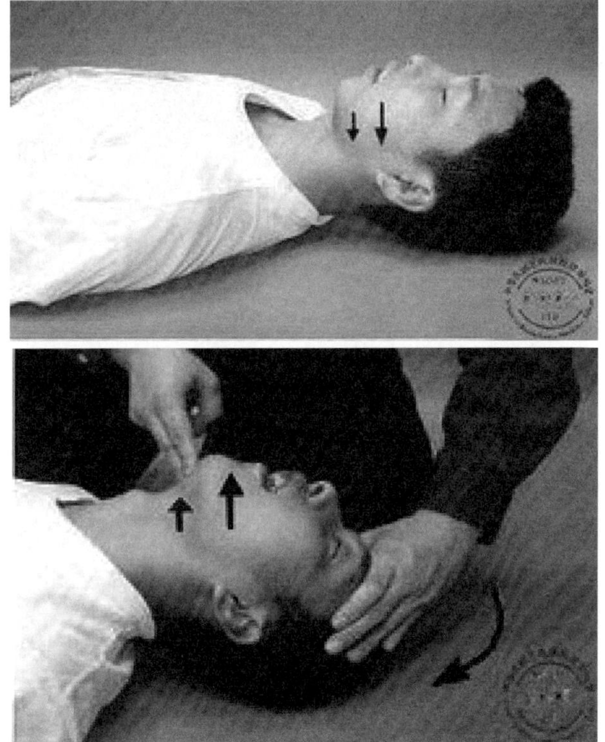

一個成功急救的關鍵是立即藉由正確調整頭部姿勢，來打開呼吸道。我們必須謹記，一個沒有意識患者，他們的呼吸道常被舌頭背面及會厭所阻塞。

由於舌頭是直接兩會厭是間接的連接在下顎，所以將頭向後傾斜，下頦向前抬起可使舌頭及會厭遠離喉嚨後壁，因而打開呼吸道。

呼 吸

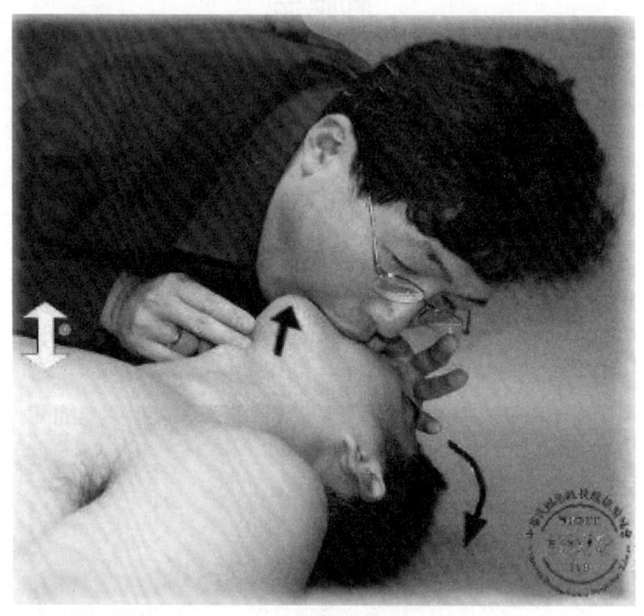

當呼吸停止時，體內只有肺部及血流中殘存有氧氣。因此呼吸停止之後，心跳停止，死亡便很快地接著出現。口對口人工呼吸是最快將氧氣送到患者肺中的方法。你所吹入的氧氣已經足夠提供患者所需。人工呼吸須執行到患者可自行呼吸或有受訓過的專業人員接手爲止。

如果患者無意識，但有呼吸且無外傷徵象，你應將他她擺成復甦姿勢。

如患者有心跳，你應維持呼吸道通暢，幫助患者呼吸。

如果患者沒有心跳，則須進行人工呼吸加上胸部按摩。

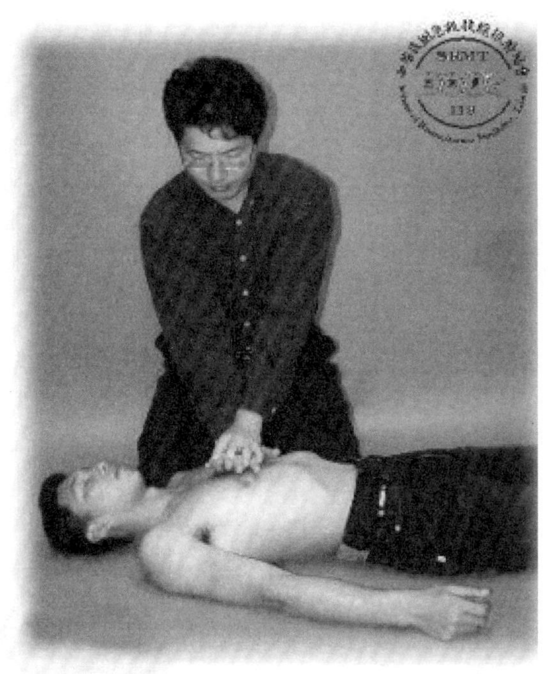

胸部按摩可維持一些血流流入肺、腦、冠狀動脈，及其他主要器官之中。當進行胸部按摩時，亦須同時進行人工呼吸。

復甦姿勢

如果病人在急救之中或之後回復呼吸及脈搏，你須將病人擺成復甦姿勢。

操作指引

成人心肺復甦術流程

程序：確認四周環境安全檢查意識。

動作：叫“先生！先生！”（或小姐、小朋友）輕拍兩肩膀或給予痛的刺激。

說明：意識分四級：意識清醒（A）對叫有反應（V）對痛有反應（P）意識昏迷（U）

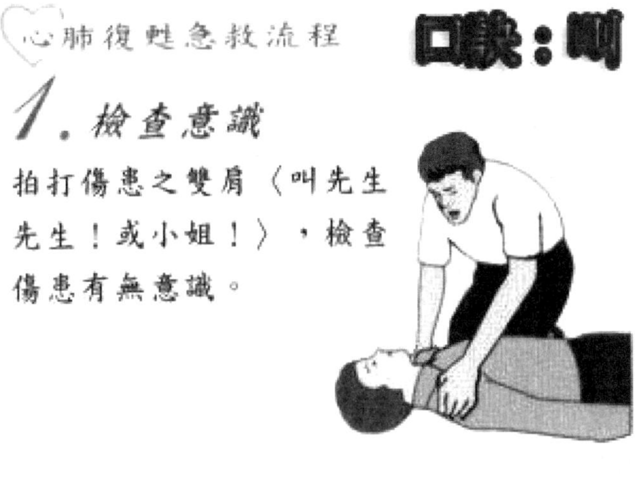

心肺復甦急救流程

口訣：叫

1. 檢查意識

拍打傷患之雙肩〈叫先生先生！或小姐！〉，檢查傷患有無意識。

程序：求救，擺正患者姿勢

動作：請幫我打“119”或自己先打（啓動救護系統）

說明：下列情況，若沒有旁人，請先 CPR 一分鐘再打求救電話：溺水創傷藥物中毒小孩（＜8 歲）

口訣：叫

2.求援

若傷患沒有反應，並處於下列情況（溺水、創傷、藥物中毒、小孩小於八歲）且無旁人協助時，請先施以CPR一分鐘，再打119求救。

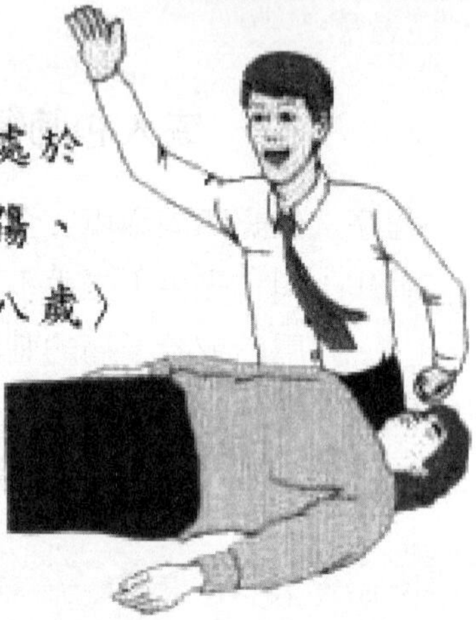

程序：打開呼吸道

動作：壓額抬下巴（非創傷病人）下顎上舉法（頸椎受傷病人）

說明：一手掌根壓前額另一手食、中兩指上抬下巴骨。注意不可壓到喉部

程序：評估呼吸

動作：耳朵靠近病患口鼻（3L）：看（Look）“胸部起伏”聽（Listen）“吐氣聲”感覺（Feel）“氣吹到臉上”若都沒有呼吸，則行人工呼吸

說明：檢查時間不可超過 10 秒 維持呼吸道打開的姿勢

口訣：A（airway）暢通呼吸道

心肺復甦急救流程

3.打開呼吸道檢查呼吸

1.以壓額頭抬下巴方式打開呼吸道。

2.檢查是否有呼吸

看：胸部是否起伏。

聽：是否有呼吸聲。

感覺：有無氣吹到臉上

3.檢查時間不可超過10秒

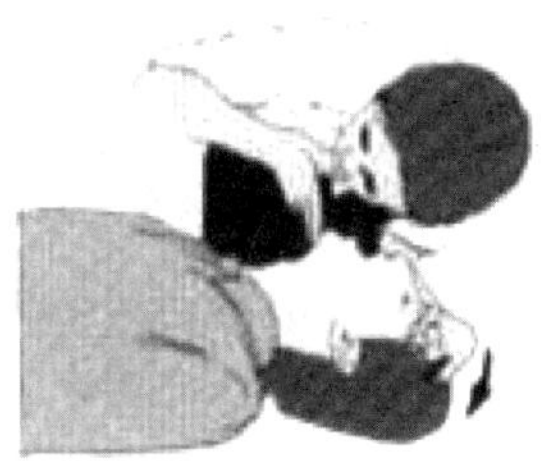

程序：人工呼吸

動作：以拇、食兩指捏住鼻子，口對口或口對面罩先給予 2 口氣給予人工呼吸，若胸部無法起伏，則重新打開呼吸道再嘗試吹氣，若仍無法讓胸部起伏，則行異物哽塞處理（哈姆立克法）

說明：從發現患者到給予人工呼吸不可超過 20 秒每口氣吹氣時間約 2 秒，吹氣量以明顯看到胸部起伏爲原則，每口氣約 10ml/kg

4.若沒有呼吸，給予人工呼吸

1.維持傷患頭部後仰，以大拇指及食指捏緊傷患鼻子。

2.施救者吹 2 口氣，每口氣約 2 秒。

口訣：B（breathing）人工呼吸

程序：檢查循環現象

動作：摸頸動脈並觀察有無循環現象自發性呼吸？咳嗽？身體會不會動？若無循環現象，則行壓胸心外按摩及人工呼吸

說明：檢查時間不可超過 10 秒（除低體溫外）摸頸動脈脈搏，在喉節左右約兩指幅處若有脈搏等循環現象，但無呼吸則不做心外按摩，僅每 5 秒給予人工呼吸 1 次

口訣：C（circulation）

心肺復甦急救流程　胸部按壓

5. 有無循環徵象

維持打開呼吸道姿勢檢視傷患有無：自發性呼吸？咳嗽？或身體有無抖動？〈檢查時間不可超過10秒〉

若無循環徵象則進行壓胸。

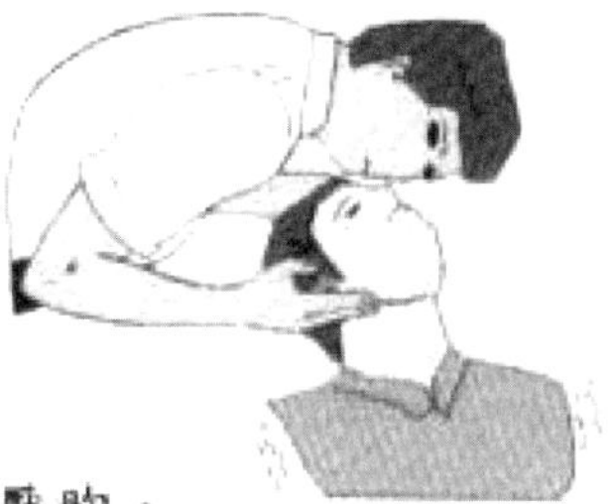

說明：給予人工呼吸 1 次

程序：壓胸

動作：手掌根重疊置於胸骨下半段兩手肘關節打直兩膝靠近患者跪地打開與肩同寬以身體重量垂直下壓，壓力平穩不可使用瞬間壓力放鬆時身體不再向下用力但手掌不可離開胸骨

說明：按壓胸骨的位置原則上是胸骨下半段，兩乳間胸骨上也是方便記憶的方法下壓速率 100 次/每分鐘下壓深度 4-5 公分，約胸壁厚度 1/3 到 1/2

程序：壓胸與人工呼吸比率

動作：不論單人或雙人皆爲 15：2。即每壓胸 15 下，給予人工呼吸二次，此爲一個週期四個週期（約 1 分鐘）後再評估有無循現象

說明：只有在穩定的氣道（如插管）下，雙人爲 5：1

6.壓胸一

施救者將雙手置於兩乳頭間，手掌根重疊置於胸骨上，兩手肘關節打直。

心肺復甦急救流程

7.壓胸二

1.施救者跪在傷患旁，兩膝靠近患者，雙腿打開與肩同寬，肩膀在傷患胸骨正上方，雙臂伸直，兩手肘關節打直。

2.以身體重量垂直下壓，壓力平穩，不可使用瞬間壓力。

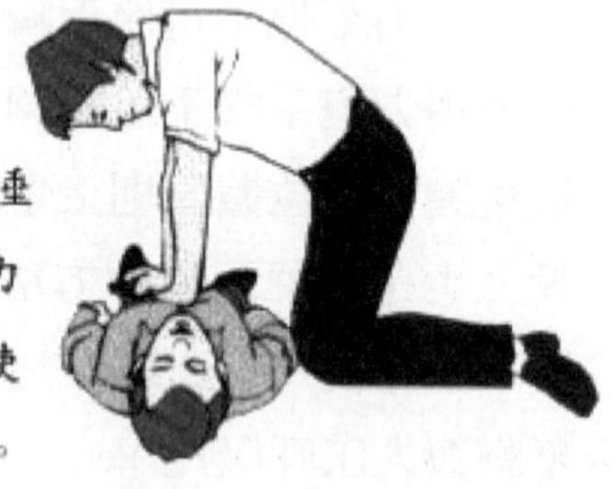

3.每次下壓約胸壁厚度1/3。

4.壓力放鬆時身體不再用力，但手掌不可離開胸骨。

心肺復甦急救流程

8.壓胸三

壓胸的速率為100次/分鐘，連續壓胸30次後馬上接著2次人工呼吸，不論單人或雙人比率皆為30：2

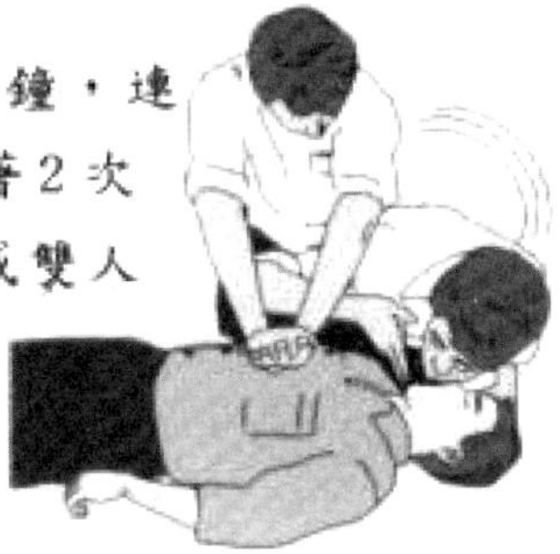

程序：再評估無循環現象
動作：繼續心外按摩和人工呼吸
說明：從壓胸開始

9.再評估循環徵象一

重複四週期的心肺復甦術後，再度檢查患者有無循環徵象，若無循環徵象繼續CPR而後每3~5分鐘再檢查一次

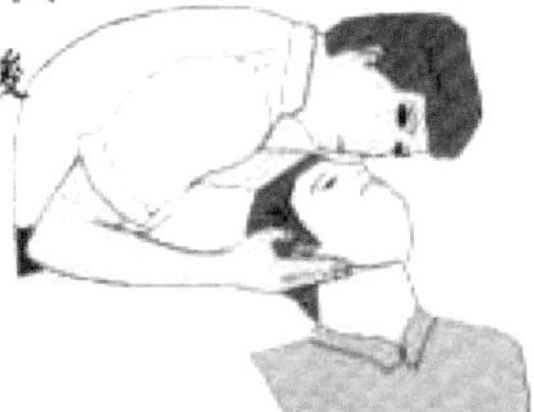

程序：再評估有循環現象
動作：檢查呼吸：沒有呼吸 R 人工呼吸有呼吸 R 無意識
有呼吸 R 有意識
說明：5 秒鐘一次，12 次/每分鐘檢查身體，擺復甦姿勢
檢查身體

心肺復甦急救流程

10.再評估循環徵象二

若有循環徵象、沒呼吸，
以每5秒鐘一次人工呼吸
持續施救

11.再評估循環徵象三

1.若有呼吸、無意識，請檢查身體並擺成復甦姿勢
2.若有呼吸、有意識，請檢查身體

各種年齡層之心肺復甦術

流　　程	≧8 歲	1-8 歲	<1 歲	新 生 兒
打開呼吸道	壓額抬下巴或下顎上舉法	壓額抬下巴（圖 1）或下顎上舉法	壓額抬下巴（圖 6）或下顎上舉法	壓額抬下巴或下顎上舉法
檢查呼吸	看、聽、感覺	看、聽、感覺（圖 2）	看、聽、感覺（圖 7）	看、聽、感覺
人工呼吸吹氣時間	2 秒	1-1.5 秒（圖 3）	1-1.5 秒（圖 8）	1 秒
人工呼吸速率	12 次/每分鐘	20 次/每分鐘	20 次/每分鐘	30-60 次/每分鐘
氣道阻塞	哈姆立克急救法或胸部擠按	哈姆立克急救法或胸部擠按	拍背壓胸法	拍背壓胸法
檢查循環	頸動脈	頸動脈(圖 4)	上臂動脈（圖 9）	臍動脈
心外按摩位置	胸骨下半段	胸骨下半段	胸骨下半段（兩乳頭連線下一指幅）	胸骨下半段（兩乳頭連線下一指幅）
心外按摩方法	兩手指互扣	單手掌根（圖 5）	兩手指按胸骨上，兩人時兩手環抱以兩拇指壓（圖 10.11）	兩手指按胸骨上，兩人時兩手環抱以兩拇指壓
心外按摩速率	100 下/每分鐘	100 下/每分鐘	至少 100 下/每分鐘	120 下/每分鐘
心外按摩深度	胸壁厚度的 1/3 到 1/24 -5 公分	胸壁厚度的 1/3 到 1/23 -4 公分	胸壁厚度的 1/3 到 1/21.5 -2.5 公分	胸壁厚度的 1/3 到 1/2
心外按摩與人工呼吸比	15：2	5：1	5：1	3：1

上述 CPR 心肺復甦術流程為舊版操作流程，與新版僅差別按壓皆改為 30：2，請自行修改為新版動作。

但這些內容僅供參考，一切診斷與治療請遵從就診醫生的指導。

附錄：安全管理各類規章（範例）

公司安全管理規則

第一條　安全工作特指公司辦公區域內的防盜、防火及其他保護公司利益的工作。

第二條　行政管理部負責公司辦公區域的安全保衛工作，辦公時間（上午 8：30 至下午 17：30）由櫃檯秘書負責來賓的接待引見工作，非辦公時間（17：30 至次日 8：30 及節假日）由行政管理部指定專人負責辦公區域的安全保衛工作。

第三條　公司實施門進管理系統，非辦公時間員工應使用門禁卡進入辦公區域。員工應妥善保管門禁卡，如門禁卡遺失需照價賠償。

第四條　公司實施節假日值班制度，由行政管理部負責每月的值班安排和監督工作，值班人員必須按時到職，並認真履行值班職責。各部門對各項安全制度、安全操作規程要落實。

第五條　行政管理部夜間值班人員負責每日的開門和鎖門，值班人員在每日晚上鎖門前必須認真檢查辦公區域內的門窗是否鎖好，電源是否切斷，保證無任何安全隱患。

第六條 辦公區域內的門鎖鑰匙由行政管理部專人負責保管，並於每天早晚按時將辦公室的門打開、鎖好。一般員工不得隨意配置門鎖鑰匙；計畫財務中心的鑰匙由該部門保管。

第七條 公司員工應將印章、錢款、貴中物品、重要文件等妥善保管，下班前將抽屜及文件櫃鎖好，切斷電源後方可離開。

第八條 公司行政管理部負責組織有關人員不定期地對公司辦公環境的安全實施監督檢查。如發現安全隱患，應責成有關部門及時整改。

第九條 公司所屬辦公區域的門鎖鑰匙起用前應在行政管理部備份一套，行政管理部須妥善保管，以備急需時使用。

第十條 公司物品運出辦公室須填寫「出門證件，經有關主管批准後方可搬離。

保全工作管理規定

第一條 儀容儀表

1.保全、消防人員工作前不得飲酒，工作時問要求穿制服，佩戴內部治安執勤證、武裝帶、警號等。

2.保全、消防人員工作時問要集中注意力、舉止端莊，處理問題時要認真、果斷、公平。

3.保全、消防人員不准留長髮、小鬍子、長指甲，違者將給予通報指正，限期改正。

第二條　執勤部分

1.消防中心 不准打與業務無關的電話，非保全人員不得進人消防中心，任何人不准在消防中心會客或聊天。

2.遇到警報時，消防值班人員應沈著、冷靜、準確地向有關部門或值班主管報告，不准錯報，不准隨便離開控制室，如擅自離開工作崗位者，按失職論處。

3.值班人員必須經常打掃衛生，值班室要保持乾淨、整齊，各類控制台（如報警器、水泵控制台）保持無灰塵。

第三條　大廳部分

1.大廳值班員必須在指定時間內堅守崗位。不得亂串閒談，妨礙他人工作。如因離開工作崗位引發事故，造成公司財產損失而又未抓到責任者，視情節輕重給予扣除當月獎金或除名處理。

2.值班人員用餐時必須有人值斑，一旦發現異常情況，應迅速趕赴現場，同時應及時向值班主管彙報。對於遇到異常情況不妥善處理又不及時彙報者，視其情節輕重和影響大小給予必要的處分。

第四條　外勤部分

1.保障消防通道和停車場所暢通，機車、自行車的停放要整齊有序，如因亂停放而造成塞車，追究值班人的責任。

2.外勤值班必須按規定經常巡視重點地方（如配電房、鍋爐房、發電機房、空調房、地下水泵等），發現可疑的人要查問清楚，防止發生意外事故。

第五條　考勤處理方法

1.遲到、早退 10 分鐘內給予警告處分，超過 3O 分鐘以上算曠職半天，曠職1 天扣當月獎金的 50 %。

2.請事假 1 天必須由領班批准；請假一天以上由部門主管批准；請假必須由本人以書面形式提出，不准由別人代請或透過電話請假。

3.請病假必須附有指定醫院醫生開具的證明。

4.不請假而曠職 1 天扣除 2 天薪金，曠職 2 天以上者，呈報總經理室給予行政處分。

5.作時間嚴禁會客、做私事及其他與工作無關的事，發現一次扣除當月獎金，造成工作失誤者根據情節輕重給予處罰。

6.按時交接班，交接班時要詳細填寫值班筆記，領班每天須詳細檢查記錄情況，發現問題要及時彙報。

7.嚴格遵守保密制度，不許洩露保全部人員編制等資料。

防盜工作日常管理規則

第一條　經常對員工進行法制教育，加強員工的法制意識。

第二條　制定各種具體的安全防範規定，加強日常管理，不給犯罪分子可乘之機。具體規定如下：

1.辦公室鑰匙管理規則。

2.收發件管理規則。

3.會客規定。

4.財物安全管理規則。

5.貨倉管理規則。

6.更衣室安全管理規則。

7.員工宿舍管理規則。

第三條　在公司易發生盜竊案件的地點安置監控器、防盜報警器等安全防範設備。

第四條　積極配合人力資源部做好員工的品德考察工作，以保證員工團隊的純潔。

如發現有不符合條件的人員，則按有關規定進行調換和辭退。

第五條　保全部人員要加強日常巡查工作，如發現可疑的人和事要及時報告。

消防管理制度

第一條　消防宣傳教育能加強公司員工的防火意識，充分認識防火的重要性。處理火警的原則是必須認爲任何火警的資訊都是真的，有關人員必須在第一時間奔赴現場，進行查看或撲救。

第二條　宣傳教育的內容包括消防規章制度、防火的重要性、防火先進事蹟和案例等。

第三條　宣傳教育可採取印發消防資料、圖片，組織人員學習，請專人講解，實地類比消防演練等方式進行。

第四條　義務消防員的培訓工作由保全部具體負責，各部門協助進行。

第五條　保全部全體員工均爲義務消防員，其他部門按人數比例培訓考核後定爲公司義務消防員。

第六條　保全部主管負責擬定培訓計畫，山保全部專案領班協助定期、分批對公司員工進行消防培訓。

第七條　消防培訓的內容

1.瞭解公司消防要害重點部位：配電房、保全部、煤氣庫、貨倉、機票室、鍋爐房、廚房、財務室等。

2.瞭解公司各種消防設施的情況，掌握滅火器的安全使用方法。

3.掌握發生火災時撲救工作的知識和技能及自救知識和技能。

4.組織觀看實地消防演練，進行現場模擬培訓。

第八條　培訓後，進行書面知識和實際操作技能考核，合格者發給證書，並挑選優秀者給予獎勵。

第九條　防火檢查是爲了發現和消除火警隱患。本公司有關人員須切實落實消防措施，預防火災事故。

第十條　防火檢查類別

1.保全部人員巡視檢查。

2.各部門人員分級檢查，第一級是班組人員每日自查，第二級是部門主管重點檢查，第三級是部門經理組織人員全面檢查或獨自進行抽查。

3.當地消防監督機關定期檢查。

第十一條　防火檢查的內容

1.員工對防火安全的意識和重視程度。

2.各部門安全防火規章制度、操作規範、防火設備。

3.各部門人員是否按安全防火規範的程序進行操作。

4.各種設備、物品（尤其是易燃、易爆品）的存放是否符合防火的安全要求。

第十二條　公司員工一旦發現火警，能自己撲滅時，應立刻採取措施，根據火警的性質，就近使用水或滅火器材進行撲救。

第十三條　火勢較大，在場人員又不懂撲火方法時，應立刻通知就近其他人員或巡查的保全員進行撲滅工作。

第十四條　若火勢發展很快，無法立刻撲滅時，應立刻通知總機，打 119 報警執行火災處理的撲救工作。

防火安全制度

第一條　本制度根據有關消防法規，結合本公司具體情況制定。

第二條　本制度旨在加強本公司的防火安全工作，保護通訊設備、企業財產及工作人員生命安全，保障各項·工作的順利進行。

第三條　本公司的防火安全工作，實行「預防爲主，防消結合」的方針，由防火安全領導小組負責實施。

防火安全的組織與機構

第四條　公司、分公司及各部門均實行防火安全責任制，設防火責任人。本公司的防火責任人由總經理擔任，分公司及部門防火責任人按有關要求由分公司或部門經理擔任。

第五條　爲確保各項防火安全措施的落實，公司成立防火安全領導小組，負責本公司的防火安全工作，各分公司設立相應的防火安全領導小組。此外，各生產班組和要害工作部位設負責消防工作的兼職防火安全員。

第六條　各分公司要建立義務消防隊，以備在萬一發生火災而專業消防隊未到達前，能發揮到控制火勢蔓延或把火撲滅在初起階段的作用。

防火安全職責

第七條　公司全體員工都應增強消防意識，承擔安全防火的責任和義務。

第八條　公司防火責任人和各分公司或部門的防火責任人分別對本公司和本部門的防火安全負責。

第九條　各級防火安全責任人的職責

1.貫徹政府有關部門的消防工作指示，嚴格執行才消防法規。

2.將消防工作列入議事日程，做到與生產經營同計畫、同佈置、同檢查、同總結、同評比。

3.執行防火安全制度，依法糾正違章行爲。

4.協助公安機關調查火災原因，提出處理意見。

第十條　防火安全領導小組的職責

1.處理本公司防火安全工作。

2.制定公司的防火安全制度。

3.組織防火安全檢查，減少火險與事故隱患。

4.組織交流經驗，評比表彰先進。

第十一條　各施工生產班組和要害工作部門的兼職防火安全員在防火安全領導小組領導下，落實本工作部門的防火安全措施。

第十二條　義務消防隊接受防火安全領導小組的指揮調動，認真履行消防職責。

防火安全措施

第十三條　公司的防火安全工作，要本著「預防爲主，防消結合」的原則，防患於未然。

第十四條　各部門在生產和工作中，均須嚴格執行各級政府頒佈的有關防火規定，並根據自身實際情況，採取具體措施。

第十五條　防火安全領導小組應經常對全體員工進行防火安全教育，並組織義務消防隊進行消防訓練。

第十六條　各生產班組的兼職防火安全員，應在每日下班和交接班前，對本工作部位進行一次防火安全檢查；其他各部門每星期做一次檢查；各分公司或部門的防火責任人應每月對本單位的防火安全工作做一次檢查；本公司防火安全領導小組每半年進行一次檢夜，每季度進行一次抽查；完善逐級檢查制度，及時發現和消除火險隱患。

第十七條　各辦公大樓原設計安裝的消防設施，如消防龍頭、水管、煙感報警器，以及其他消防器材要保證有效，此外，還應給各施工和要害部門及本部門其他工作地點配置相應的充足的消防器材。上述消防設備及器材不得挪作他用。

第十八條　對從事電工、焊工、易燃易爆等特殊工種的人員，要按規定進行防火安全技術考核，取得合格證後方可操作。

第十九條　施工作業中需用明火的，事前按規定由動火單位填寫「臨時動火作業申請表」，並按不同級別進行審核批准。一級動火作業指可能發生一般性火災事故，由安全技術人員和保衛人員提出意見，經本單位的防火責任人審核批准；二級動火作業指可能發生重大火災事故，由有關分公司或部門保衛室提出意見，經防火責任人審核，報總公司保衛部主管審核批准；三級動火作業由責任人提出意見，經總公司保衛部審核，報消防監督機關審核批准。有關人員要嚴格辦理審核批准手續，待批准後發給「臨時動火許可證」方可進行動火作業，下班前嚴格執行檢查制度，確認安全後方可離開。全體員工不論在宿舍或工作區，一律不許使用電爐等電器用品。

第二十條　倉庫的庫存物資和器材，要按管理部公布的《倉庫防火安全管理規則》要求堆放和管理，對易燃、易爆等物品，要按規定妥善管理。

第二一條　任何人發現火險，都要及時、準確地向保衛部門或消防機關報警，並積極參加撲救工作。單位接到火災報警後，應及時組織力量配合消防部門進行撲救。

獎勵與懲罰

第二二條　防火安全工作定期進行檢查評比，對取得下列成績的單位或個人，給予適當的表彰和獎勵。

1.進行消防技術革新，改善防火安全條件，促進安全生產的。

2.堅持執行防火安全規章制度，勇於與違章行爲做鬥爭，保障生產安全的。

3.不怕危險，勇於排除隱患，制止火災爆炸事故發生的。

4.及時撲滅火災，減少損失的。

5.其他對消防工作有貢獻的。

第二三條　對無視防火安全上作，違反有關消防法規，經指出拒不執行的單位或個人，應視情節輕中給予處分，必要時可給予經濟處罰。

第二四條　對怠忽職守造成火災事故的，應對直接責任者和所在部門的防火責任人追究責任；觸犯法律的，還應上報司法機關追究其法律責任。

第二五條　本制度自頒佈之日起施行。

突發事件處理規定

第一條　目的

1.明確突發事件的定義，並使之得到及時有效的處理。

2.加強公司制度建設，增強公司凝聚力和向心力。

第二條　適用範圍

本規定適用於公司總部全體員工及所有駐外機構的員工。具有獨立法人資格的子公司、合資合作公司可參照執行。

第三條　突發事件定義

突發事件主要包括員工人身突發重大的病、傷、亡或重大的刑事案件、家庭惡性糾紛等，它們具有突然性、特殊性等特點。

第四條　突發事件處理程序

1.突發重大事件一經發生，當事人或知情人須向相關管理部及行政部報告，由行政部會同相關管理部門協同解決，在解決的過程中，需要向公司有關部門求助時，有關部門應主動配合與支持，不得推諉延誤。

2.在時間不允許的情況下，有關管理部門可以採取邊報告邊處理的方法，對事件直接進行處理。

3.行政部在緊急情況下有權調動公司一切必要的資源；全權處理後，進行經驗總結，待處理下次類似事件時參考。

4.突發重大事件處理過程中涉及公司以外的人和事，統一由公司行政部和人力資源部對外交涉。

5.突發重大事件的事發報告、請示過程及事後結果報告統一由行政部窗口向公司主管報告，報告可以由行政管理部門擬定，報請行政部轉送，亦可以由行政部擬定並直接報送公司主管。

第五條　經驗教訓及文件管理

1.對突發事件的起因進行調在分析，必要時可將分析報告通報給相關人員吸取教訓。

2.對處理政策的把握和公司意圖的理解方面進行認真總結，供其他管理者參考借鑑。

第六條　附則

1.本規定自簽發之日起生效。

2.本規定的解釋權和修改權屬於行政部門。

參考書目

毛海峰，現代安全管理理論與實務（北京：首都經濟貿易大學出版，2000）

王緝思，中國學者看世界 — 非傳統安全（香港：和平圖書公司，2006.7）

朱春瑞，做優秀的安全管理員（廣東：經濟出版社，2008.6）

角本定南著、呂山海譯，安全管理（台北：書泉出版，1989.11）

吳穹、許開立，安全管理學（北京：煤炭工業出版，2008.6）

邱毅，危機管理（台北：揚智出版，1999）

邵輝、邢志祥、王凱全，安全行爲管理（北京：化學工業出版社，2008.2）

周茂林，風險管理作業指南（台北：國防大學，2007.12）

黃秋龍，非傳統安全研究的理論與實際（台北：法務部調查局，2004.6）

楊士隆、何明洲、傅美惠，保全概論（台北：五南出版，2005.9）

蔡永明，現代安全管理（台北：揚智出版，2009.11）

陳寶智、王金波，安全管理（天津：天津大學出版，1999）

鄭家駒，安全防護（台北：清流雜誌社，1998.12）

崔國璋，安全管理（北京：海洋出版社，1997）

劉景良，安全管理（北京：化學工業出版，2008.7）

羅雲、程五一，現代安全管理（北京：化學工業出版，2004.2）

Robert J.Fischer,Gion Green 翻譯：李振昌，企業安全管理（完全手冊）Introduction to Security，紐奧良文化公司）

英文參考書目

Adams, J.D.（1980）.Understanding and Managing Stress. San Diego. University Associates.

Bird, F, E. Jr.& Loftus, R.G,.(1989).Loss Control Management. Loganville, Georgia: Institute Press.

Bird, F.,& Schlesinger, L.（1970,June）. “Safe Behavior Reinforcement”.

Bush, V. G.（1975）. Safety in the Construction Industry. Reston, Va.: Reston Publishing Co.

Cooper, Dominic（1998）. Improving Safe Culture, A Practical Guide. New York, N.Y. : John Wiley & Sons.

Drake, C .A.(1942). Personnel Selection by Standard Job Test, New York: McGraw-Hill.

Geller, E. S.（1996）. “The Psychalogy of Safety: How to Improve Beharions and Attitudes on the job”.

Geller, E.S.（2005）.People-Based Safety: The Source. VA, Virginia Beach: Costal Training Technologies Corporation.

Grimaldi, J.V., & Simonds , R. H.(1989). Safety Management.（5 th ed.）, Boston ,MA: Richard D. Irwin, INC.

Kase, Donald W., & Wiese, Kay J.（1990）. Safety Auditing: A Management Tool. New York, N.Y.: Van Nostrand Reinhold.

Keanan, V., Kerr, W., and Sherman, W.（1951）. "Psychological Climate and Accidents in an Automotive Plant", Journal of Applied Psychology.

Manuele, Fred A.（1997）. On the Practice of Safety. New York, N.Y. : Van Nostrand Reinhold.

National Safety Council（1988）. "Accident Prevention Manual for Industrial Operations".

Petersen, Dan（2000, March）. "The Behavioral Approach to Safety Management".

Rom, W.N.（ed.）（1983）. Environmental and Occupational Medicine. Boston : Little, Brown and Company.